Marcel Hänggi
Weil es Recht ist

MARCEL HÄNGGI
WEIL ES RECHT IST

VORSCHLÄGE FÜR EINE ÖKOLOGISCHE BUNDESVERFASSUNG

Rotpunktverlag

Der Rotpunktverlag wird vom Bundesamt für Kultur mit einem Strukturbeitrag für die Jahre 2021 bis 2025 unterstützt.

© 2024 Rotpunktverlag, Zürich
www.rotpunktverlag.ch

Korrektorat: Jürg Fischer

Druck und Bindung: Friedrich Pustet, Regensburg

ISBN 978-3-03973-042-1
1. Auflage 2024

Dieser Titel ist auch als E-Book erhältlich.

Inhalt

7   Einleitung

TEIL I **WAS WIR HABEN**

23   1   Die Bundesverfassung vom 18. April 1999
27   2   Nachhaltigkeit
37   3   Vorsorge- und Verursacherprinzip
47   4   Schutzobjekte und Schutzmotive
53   5   Grundrechte und Grundpflichten
59   6   Eigentum und Wirtschaftsfreiheit
75   7   Suffizienz und eingebaute Wachstumsspirale
87   8   Finanzordnung
99   9   Kantonale Verfassungen

INTERMEZZO EINE ANREGUNG VON AUSSEN

107   10 Pachamama und Rechte der Natur

TEIL II   WAS WIR BRAUCHEN

121   11 System, Systemstabilität und Kipppunkte

127   12 Verfassungszweck der Mitigation: Grenzen

139   13 Verfassungszweck der Anpassung: Resilienz

155   14 Verfahren der Information

169   15 Verfahren der Entscheidungsfindung

191   16 Instanzen des Entscheidungsvollzugs

199   **Anhang**

201   Überblick über die Vorschläge

216   Die wichtigsten Eigenheiten und Begriffe des schweizerischen Politsystems

218   Zitierte Rechtstexte

221   Anmerkungen

236   Literatur

247   **Nachwort**

254   Dank / Autor

Einleitung

Am 9. April 2024 gab die Vorsitzende der Großen Kammer des Europäischen Gerichtshofs für Menschenrechte (EGMR) in Straßburg, Síofra O'Leary, das Urteil im Fall »Verein Klimaseniorinnen gegen die Schweiz« bekannt. In 727 Erwägungen auf 260 Seiten befand der EGMR mit sechzehn gegen eine Stimme, dass die Schweiz die Menschenrechte der klagenden alten Frauen verletzt habe, weil sie sie zu wenig vor der Klimakrise schützt.▸

Das Urteil löste in der Schweiz Empörung aus. Der Ständerat und der Nationalrat verabschiedeten eine »Erklärung«, wonach »die Schweiz keinen Anlass sieht, dem Urteil [...] weitere Folge zu geben, da durch die bisherigen und laufenden klimapolitischen Bestrebungen der Schweiz die menschenrechtlichen Anforderungen des Urteils erfüllt sind«. Das höchste Menschenrechtsgericht betreibe »gerichtlichen Aktivismus«.[1]

▸ Konkret hat die Schweiz Art. 6, Recht auf ein faires Verfahren, und Art. 8, Recht auf Achtung des Privat- und Familienlebens, der Europäischen Menschenrechtskonvention (EMRK) verletzt. Die Verletzung von Art. 6 EMRK stellte der Gerichtshof sogar einstimmig fest. Affaire Verein Klimaseniorinnen Schweiz et autres c. Suisse (Requête no 53600/20), Urteil, 9. April 2024.

Viele Medien schrieben von einem Konflikt zwischen Rechtsstaat, der die Einhaltung von Regeln erfordere, und Demokratie, die anders entscheide. Aber diesen Konflikt gibt es nicht, denn das Gericht fordert nur ein, worauf die Schweiz sich bereits demokratisch festgelegt hat. Die Unverschämtheit des EGMR bestand nicht darin, der Schweiz etwas befohlen, sondern darin, sie an die eigenen Werte und Regeln erinnert zu haben, die sie missachtet. Es gibt keinen Konflikt zwischen Demokratie und Rechtsstaat, sondern einen zwischen konsensualen Werten und Zielen einerseits und einem Handeln, das diesen Werten und Zielen widerspricht, andererseits. In der Sprache der Psychologie ausgedrückt: Die Reaktionen auf das Urteil machten eine kognitive Dissonanz sichtbar.

Die Welt steckt in mehreren schweren Umweltkrisen, und wir erleben gerade erst den Anfang ihrer Auswirkungen. Um die Krisen zu begrenzen, bedarf es »systemischen Wandels in nie dagewesenem Umfang« – das ist wissenschaftlicher Konsens.▶ Weitermachen wie bisher und mehr erneuerbare Energie erzeugen, mehr rezyklieren und die Umwelt weniger belasten, das reicht nicht mehr. Stände- und Nationalrat irren, wenn sie meinen, dass »die bisherigen und laufenden klimapolitischen Bestrebungen der Schweiz« genügten.

Wir brauchen systemischen Wandel in nie dagewesenem Umfang und müssen uns demokratisch darauf verständigen.

▶ Der Weltklimarat Intergovernmental Panel on Climate Change (IPCC), der periodisch den Konsens der Wissenschaften zur Klimakrise zusammenfasst, schrieb 2018 (IPCC 2018, »Summary for Policy Makers«, Erw. C.2): »Pfade zur Begrenzung der globalen Erwärmung auf 1,5°C [...] würden rasche und weitreichende Umstellungen in den Bereichen Energie, Land, Stadt und Infrastruktur [...] sowie in den industriellen Systemen erfordern (hohes Vertrauen). Diese Systemübergänge sind beispiellos in Bezug auf ihr Ausmaß, aber nicht unbedingt in Bezug auf ihre Geschwindigkeit«. Der Biodiversitätsrat (IPBES) schrieb ein Jahr später (IPBES 2019, Erw. C., S. 14): »Die Ziele für den Erhalt und die nachhaltige Nutzung der Natur und die Verwirklichung der Nachhaltigkeit [...] können nur durch transformative Veränderungen wirtschaftlicher, sozialer, politischer und technologischer Faktoren erreicht werden.« Transformative Veränderungen definiert der Bericht als »eine grundlegende, systemweite Neuordnung der technologischen, wirtschaftlichen und sozialen Faktoren, einschließlich der Paradigmen, Ziele und Werte«.

Zeit dafür haben wir keine mehr. Diese Ausgangslage ist bedrückend. Was können wir tun, um nicht zu resignieren? Vielleicht sollten wir endlich umsetzen, worauf wir uns demokratisch verständigt haben und was wir in unsere Gesetze geschrieben und zur Basis unserer Demokratie – der Bundesverfassung – gemacht haben.

Wir sollten tun, was Recht ist.

Die Basis ist da

Den Anstoß zu diesem Buch gab ein Studienauftrag von Greenpeace Schweiz, der wiederum von einer angedachten Volksinitiative für eine Totalrevision der Bundesverfassung (vgl. Nachwort S. 247) angeregt war.[2] Die Frage des Studienauftrags lautete: Taugt die schweizerische Bundesverfassung für das Zeitalter der multiplen Umweltkrisen, des Anthropozäns, oder wie müsste sie allenfalls revidiert werden?

Ich nahm den Auftrag als juristischer Laie an. Meine Arbeitsmethode ist eine wissenschaftsjournalistische. Der Blick durch die ausgeliehene juristische Brille auf ein Thema, mit dem ich mich seit Jahrzehnten befasse, hat mir neue

▶ »Anthropozän« ist ein vom Chemiker Paul Crutzen im Jahr 2000 vorgeschlagener Begriff für ein neues Erdzeitalter, das das Holozän, das vor 11700 Jahren begann, ablöst. Das Definieren der Erdzeitalter ist Aufgabe der International Union of Geological Sciences (IUGS). Sie hat eine jahrelange Debatte darüber geführt, ob man das neue Zeitalter verkünden und wann man es beginnen lassen solle. Im März 2024 hat es die zuständige Subkommission der IUGS schließlich abgelehnt, ein neues Erdzeitalter namens Anthropozän zu definieren. Ein solches, im 20. Jahrhundert beginnendes Zeitalter, so lautet die Begründung, würde den menschlichen Einfluss zu eng fassen, prägten die Menschen ihre Umwelt doch seit Jahrtausenden (Witze 2024). Eine Minderheit argumentierte dagegen, dass diese Prägung in jüngster Zeit eine neue Qualität erreicht habe: »Das System Erde – d.h. die wirklich grundlegenden Dinge wie die Zusammensetzung der Atmosphäre, das Klima und alle Ökosysteme – sind in letzter Zeit stark von der Stabilität abgewichen, die sie während des Holozäns über Tausende von Jahren gezeigt hatten; eine Stabilität, die es der menschlichen Zivilisation ermöglichte, zu wachsen und zu gedeihen.« (Turner et al. 2024). Während es nun also offiziell kein Erdzeitalter namens »Anthropozän« gibt, hat der Begriff sich in den Geistes- und Sozialwissenschaften längst etabliert, und auch ich verwende ihn. Alternativ zum »Anthropozän« wurden auch Begriffe wie »Kapitalozän« oder Chthuluzän« (Haraway 2018) vorgeschlagen.

Einsichten ermöglicht. Vielleicht kann ich mit meinem Blick von außen etwas zur verfassungsrechtlichen Debatte beitragen.

So viel vorweg: Meine Antwort auf die Frage, was die Bundesverfassung im Anthropozän taugt, wird ambivalent ausfallen. Das schweizerische Rechtssystem stellt taugliche Lösungen für Umweltprobleme bereit. Als Antwort auf die systemischen Krisen des Anthropozän aber genügt der klassische Umweltschutz, wie ihn die Schweiz kennt, nicht mehr. Das hat auch der Bundesrat festgestellt.[3]

Doch die rechtliche Basis, um vorbereitet zu sein, ist vorhanden. Die Bundesverfassung, nähme man sie denn ernst, böte nicht nur Hand für die nötige Transformation. Sie erforderte geradezu eine radikale Umgestaltung unserer Wirtschafts- und Lebensweise hin zu Nachhaltigkeit – in einem strikten Sinne und nicht als Marketingleerformel. Nicht nur haben sich Volk und Kantone die Verfassung »in der Verantwortung gegenüber der Schöpfung« und »im Bewusstsein der Verantwortung gegenüber den zukünftigen Generationen« gegeben (Präambel); nicht nur sind die »nachhaltige Entwicklung« und die »Erhaltung der Lebensgrundlagen« Zwecke der Eidgenossenschaft (Art. 2 Abs. 2 und 4). Die Bundesverfassung gibt darüber hinaus auch Handlungsrichtlinien vor, die so richtig wie unerfüllt sind. Rücksicht auf künftige Generationen, das Vorsorgeprinzip, der Vorrang des Ökologischen vor dem Ökonomischen, die politisch so unbeliebte Suffizienz, Grenzen – die Bundesverfassung enthält das alles.

Dieser Befund macht Hoffnung. Zwar müssen wir die Politik der Normalität überwinden, um Antworten für postnormale Krisen zu finden. Das ist bislang nicht gelungen, ja, eigentlich nicht versucht worden. Doch wir können uns dabei auf bestehendes Recht stützen. »Die meisten Konzepte einer bewussten Transformation betonen die Bedeutung gemeinsamer Ziele und Grundsätze«, stellt der Weltklimarat IPCC fest.[4] In der Bundesverfassung haben wir diese gemeinsamen Ziele und Grundsätze.

Man kann den Befund aber auch pessimistisch lesen, und zwar als Beleg für die große Fähigkeit unserer Gesellschaft, die Werte, über die eigentlich Einigkeit herrscht, auszublenden, wenn sie mit den Alltagsgewohnheiten kollidieren.

Ich will sie mit diesem Buch einblenden.

Zwiespätige Demokratieerfahrung
2017 habe ich zusammen mit Heribert Rausch, dem emeritierten Professor für öffentliches Recht und insbesondere Umweltrecht der Universität Zürich, einen Klimaartikel für die Bundesverfassung verfasst. Es war der Initiativtext zur Gletscher-Initiative[5], aus der als indirekter Gegenvorschlag das Klimaschutzgesetz[6] hervorging, das am 18. Juni 2023 an der Urne angenommen wurde.

Ein Anstoß für mich, die Gletscher-Initiative zu lancieren, war eine Begegnung mit der damaligen Bundesrätin und Umweltministerin Doris Leuthard an der Uno-Klimakonferenz in Paris, an der ich als Journalist teilnahm.[7] Dort hatte sich in der zweiten Konferenzwoche eine neue Verhandlungsgruppe gebildet, die »Koalition der Hochambitionierten«, die die Konferenz schließlich zum Erfolg und zur Verabschiedung des Pariser Klima-Übereinkommens führte.

Als Bundesrätin Leuthard in Paris verkündete, dass auch die Schweiz dieser Verhandlungsgruppe beigetreten sei,[8]

fragte ich sie, ob sie nun bereit sei, auch zu Hause eine
»hochambitionierte« Klimapolitik zu verfolgen. »Ach«, sagte sie, »wir wären ja schon froh, für 2 Grad auf Kurs zu sein.
Und Sie kennen ja unser Parlament. Und glauben Sie denn,
die Amerikaner meinten es ernst?«

Das Übereinkommen kam zustande.[9] Es wurde im Konsens beschlossen und von fast allen Staaten der Welt ratifiziert. Kaum ein Land der Welt ist aber bis heute auf Kurs, es zu erfüllen.

Mit der Gletscher-Initiative wollte ich den Bundesrat zwingen, ernstzunehmen, was er in Paris versprochen hatte. Ein politischer Sieg krönte mein Engagement: Am 18. Juni 2023 sagten 59 Prozent der Abstimmenden Ja zum Klimaschutzgesetz. Die Schweiz beschloss als erstes Land der Welt das Netto-Null-Emissionsziel in einer Volksabstimmung. Doch die demokratische Auseinandersetzung, die zu diesem Sieg geführt hatte, war für mich eine zwiespältige Erfahrung.[10] (Vgl. Kap. 15 S. 169)

Die Gletscher-Initiative hätte vorgesehen, fossile Energien ab 2050 zu verbieten. Ein Verbot würde garantieren, dass aus der Energienutzung kein CO_2 mehr in die Atmosphäre gelangt: Kohlenstoff, der gar nicht auf den Markt kommt, kann ihn auch nicht als CO_2 verlassen. Im Klimaschutzgesetz fehlt dieses Verbot, und ob das Gesetz seine Ziele erreicht, ist ungewiss.

Dass das Initiativkomitee, auch auf meine Empfehlung, die Gletscher-Initiative dennoch zugunsten des Klimaschutzge-

◂ Wie selbst glasklare Verfassungsbestimmungen nicht umgesetzt werden, zeigt Art. 84 BV »Alpenquerender Transitverkehr«, der auf die 1994 angenommene Alpeninitiative zurückgeht. Er postuliert: »Der alpenquerende Gütertransitverkehr von Grenze zu Grenze erfolgt auf der Schiene.« Das Bundesgesetz über die Verlagerung des alpenquerenden Güterschwerverkehrs von der Strasse auf die Schiene (GVVG) vom 19. Dezember 2008, das den Artikel umsetzen sollte, setzt indes ein Ziel von »höchstens 650 000 Fahrten pro Jahr«.

setzes zurückzog, hatte seinen Grund letztlich in einer ernüchternden Erkenntnis. Selbst ein glasklar formuliertes Verbot in der Verfassung garantiert dessen Einhaltung nicht.◀ Wir zogen die Gletscher-Initiative nicht zuletzt aus der Einsicht zurück, dass ein Verfassungsartikel von begrenztem Wert ist, wenn Bundesrat und Parlament ihn nicht umsetzen wollen.

Grundlegende, für eine Demokratie zentrale Fragen ließen sich im Abstimmungskampf nicht diskutieren, beispielsweise wie viel Energie wir verbrauchen wollen und wie viel wir dafür zu opfern bereit sind? Wäre eine Gesellschaft, die weniger Energie verbraucht, vielleicht sogar eine bessere?[11] Die Diskussionen des Abstimmungskampfs verloren sich oft im Kleinklein wissenschaftlicher Studien, die sich in Details widersprachen, während von der Dimension der Bedrohung durch die Klimaerhitzung kaum die Rede war.

Die Bundesverfassung als Ganze auf ihre Anthropozäntauglichkeit in den Blick zu nehmen, war mir nun eine willkommene Gelegenheit, groß zu denken.

Demokratie hält einiges aus

Groß denken müssen wir, und zwar in zwei Richtungen. Wir müssen die Umwelt vor den Folgen unserer Tätigkeiten schützen, und wir müssen uns und unsere Institutionen vor der Umwelt schützen, wenn diese aus den Fugen gerät. Die Umweltkrisen der Gegenwart und der Zukunft zerstören nicht nur Ökosysteme, lassen Arten aussterben und töten Menschen. Sie gefährden auch die Demokratie.[12] Die modernen Demokratien sind Kinder der letzten zwei Jahrhunderte: des Zeitalters der zunehmenden Nutzung fossiler Energiequellen. Wir müssen heute das, was dieses Zeitalter an

Gutem hervorgebracht hat,▶ vor dem Schlechten schützen, das es ebenfalls hervorgebracht hat und noch hervorbringen wird.

Die Demokratiehistorikerin Hedwig Richter und der Journalist Bernd Ulrich weisen darauf hin, dass die Demokratie als eine Staatsform gelte, die erstens langsam sei und zweitens den Bürgerinnen und Bürgern nichts zumuten könne, was diesen nicht gefalle. Sie zeigen, dass die Demokratie den Bürgerinnen und Bürgern nicht nur etwas zumuten darf und kann, sondern dass Demokratie gar nicht möglich wäre ohne Zumutungen, ohne Selbstbeschränkungen und Disziplin. Namentlich könne Demokratie den Menschen zumuten, etwas nicht nur deshalb zu akzeptieren, weil es ihnen nützt (»Die Energiewende zahlt sich wirtschaftlich aus«), sondern weil es moralisch richtig ist,[13] – weil es Recht ist.

Es ist nicht lange her, dass eine Krise die Welt plötzlich und unerwartet traf, deren Bewältigung schnelles Handeln verlangte und den Menschen, wenn auch nur für kurze Zeit, einiges zumutete: die Covid-19-Pandemie. Sie dient Richter und Ulrich als Beispiel, dass Demokratie mit Krisen umgehen kann – bei allen Fehlern, die passiert sind. Denn Demokratie zeichnet sich nicht dadurch aus, dass sie keine Fehler macht, sondern dass sie Fehler korrigiert. (Vgl. Kap. 14 S. 156) Man sollte also nicht von vornherein in den Wind schlagen, was einer Mehr-

▶ Oft heißt es, die fossile Energie habe, bei all ihren Schattenseiten, doch auch für präzedenzlosen Wohlstand, eine markante Verbesserung der Lebensumstände, die Senkung der Kindersterblichkeit und so weiter gesorgt und letztlich zu Freiheit und Demokratie geführt. Charkrabarty (2021) weist darauf hin, wie eurozentrisch diese Sichtweise ist. Für die meisten Menschen weltweit, im globalen Süden und in den Unterschichten des globalen Nordens, bedeuteten die fossilen Energietechniken zunächst einmal vor allem, dass sie effizienter ausgebeutet werden konnten. Das Argument von den segensreichen Errungenschaften des Fossilenergiezeitalters übersieht auch, dass Freiheit und Demokratie keineswegs westliche Erfindungen sind. Und natürlich wissen wir nicht, wie die Welt aussähe, hätte es den Energieüberfluss dieses Zeitalters nicht gegeben.

heit zu missfallen scheint, und man sollte dies umso weniger tun, wenn konkreten, vielleicht unbeliebten Maßnahmen allgemein anerkannte Grundsätze und eine allgemein anerkannte Vorstellung von Recht und Gerechtigkeit zugrunde liegen.

Ich will in diesem Buch Lösungen vorschlagen, die nicht unbedingt mehrheitsfähig sind, die aber doch auf mehrheitsfähigen Grundprinzipien aufbauen können. Ich werde also beispielsweise nicht vorschlagen, den Kapitalismus abzuschaffen; aber selbstverständlich muss eine Verfassung Raum für nichtkapitalistische Organisationsformen wirtschaftlicher Tätigkeit bieten, zumal große Teile namentlich der Haus- und Pflegearbeit, der Wissensproduktion oder der Landwirtschaft nichtkapitalistisch verfasst sind. Wenn möglich, schlage ich Änderungen vor, die nicht »originell« sind, sondern bereits irgendwo existieren, etwa in kantonalem oder ausländischem Recht, oder schon einmal vorgeschlagen wurden.

Fertige Antworten gebe ich keine, weil es sie nicht gibt. Wir müssen unsere demokratischen Systeme resilient, also krisenfest machen. »Ein resilientes System kann mit dem Unvorhergesehenen umgehen«, schreiben die »Kollapsologen« Agnès Sinaï, Raphaël Stevens, Hugo Carton und Pablo Servigne.[14] Dazu braucht es nicht Endgültigkeit, sondern Flexibilität.

Zwei Verfassungszwecke und drei Voraussetzungen

Eine anthropozäntaugliche Verfassung hat zwei Zwecke zu erfüllen. Sie muss erstens »Menschen, Tiere und Pflanzen, ihre Lebensgemeinschaften und Lebensräume gegen schädliche oder lästige Einwirkungen schützen«, wie es Artikel 74 der Bundeserfassung formuliert. In der Fachsprache heißt dieser Zweck »Mitigation«. Ergänzen müsste man, dass bereits beschädigte Systeme zu regenerieren sind.

Und sie muss zweitens die menschlichen Systeme so gestalten, dass sie in den zu erwartenden Krisen bestehen können. Es ist der Zweck der Anpassung.

Mit dem Begriff ist vorsichtig umzugehen. Meist versteht man darunter in erster Linie technische Maßnahmen wie Hochwasserverbauungen oder eine Umstellung der Landwirtschaft auf Sorten, die zu einem wärmeren Klima passen. Und klimapolitische Bremserinnen und Bremser verlangen, man solle sich veränderten klimatischen Bedingungen anpassen statt zu versuchen, die Klimaerhitzung zu begrenzen. Beides, die Beschränkung auf technische Maßnahmen und die Forderung eines Anstelle-Von, verkennt die Dimensionen der Umweltkrisen. Je weniger es gelingt, die Klimaerhitzung oder den Biodiversitätsschwund zu begrenzen, je mehr also Mitigation und Regeneration versagen, desto schwieriger wird die Anpassung – bis sie nicht mehr möglich ist.[15] Und technische Anpassungen werden nicht genügen.

Anpassung, wie ich sie hier verstehe, heißt: Die demokratische Gesellschaft und ihre Institutionen sollen gegenüber den Krisen resilient, also widerstandsfähig[16] sein. Eine Staatsverfassung muss auf einem starken Fundament stehen, auf Werten und Zielen, die von den meisten Menschen geteilt werden und idealerweise keiner weiteren Begründung bedürfen.

Die schweizerische Bundesverfassung steht auf einem solchen Fundament. Die Nachhaltigkeit ist in ihr gut verankert; der deutsche Verfassungsrechtler Wolfgang Kahl nennt die Schweiz neben Frankreich[17] diesbezüglich sogar als Vorbild für Deutschland.[18] Man kann davon ausgehen, dass der Grundsatz, die Lebensgrundlagen seien zu erhalten, unbestritten ist. Der Umweltschutzartikel der Bundesverfassung, der heutige Artikel 74, wurde am 6. Juni 1971 von 92,7 Prozent der Stimmenden angenommen, was fast ein Rekord war. Es war die erste eidgenössische Volksabstimmung, an der Frauen teilnehmen durften.

Aber umgesetzt ist dieser Volksentscheid nur schlecht. Heribert Rausch hat aus Anlass des fünfzigjährigen Bestehens des Umweltschutzartikels gezeigt, wie der Artikel in den Gesetzen unzureichend und erst zwölf Jahre nach seiner Annahme an der Urne umgesetzt wurde,▶ wie die Verordnungen wiederum die Gesetze unzureichend umsetzen und wie schließlich die Bestimmungen der Verordnungen unzureichend durchgesetzt werden.[19] Der Rechtswissenschaftlerin Dunia Brunner zufolge wäre eine im strengen Sinne nachhaltige Wirtschaftsweise nicht nur mit der Bundesverfassung kompatibel, sie würde dieser sogar besser gerecht als der heutige Zustand.[20]

Die Bundesverfassung bietet zumindest, was den Zweck der Mitigation angeht, also schon fast alles, was wir brauchen.[21] Dass aber die Umwälzungen, derer es bedürfte, um die Umweltkrisen zu begrenzen und wie sie Brunner zufolge die Bundesverfassung eigentlich fordert, politische Mehrheiten finden könnten, erscheint heute unwahrscheinlich. Es ist ein Grundparadoxon der Umweltpolitik: Niemand will die Lebensgrundlagen zerstören, und doch fällen Gesellschaften demokratisch Entscheidungen, die genau das tun.

▶ Das Parlament verabschiedete das Umweltschutzgesetz (USG) 1983; am 1. Januar 1985 trat es in Kraft. Hauptgrund für die lange Dauer war der Widerstand der Wirtschaftsverbände Vorort und Schweizerischer Handels- und Industrieverein, die Vorgängerorganisationen der heutigen Economiesuisse.

Offensichtlich geht auf dem Weg vom Konsens im Grundsatz über die Ausarbeitung konkreter Rechtsbestimmungen bis zu deren Anwendung viel verloren. Die Erklärung, »die Menschen« seien einfach zu bequem, um sich zu verändern, ist jedoch zu einfach. Menschen sind bereit, sich zu ändern, wenn sie es als notwendig erkennen.

Wenn eine Gesellschaft frei und demokratisch Entscheidungen trifft, die einem geteilten Ziel widersprechen, so läuft etwas falsch. Ich sehe Fehler auf drei Ebenen: Die Entscheidungen fallen unzureichend informiert, die Verfahren der Entscheidungsfindung sind unzureichend, die Entscheidungen werden unzureichend vollzogen.

Aufbau dieses Buchs
Das Buch ist in zwei Teile gegliedert. Teil I, »Was wir haben«, nimmt die geltende Bundesverfassung unter die Lupe. Teil II, »Was wir brauchen«, fragt danach, was fehlt, um die genannten Zwecke und Voraussetzungen zu erfüllen. Teil I analysiert, was besteht; er ist präziser. Teil II ist notwendigerweise unbestimmter, denn hier geht es um die Zukunft.

Zwischen den beiden Teilen blicke ich als Intermezzo nach Ecuador und auf ein Element seiner Verfassung, das von der indigenen Kultur der Anden geprägt ist und von dem wir uns, wie ich argumentieren werde, inspirieren lassen sollten.

Ich schlage konkrete Änderungen vor. Die meisten Vorschläge zielen auf die Bundesverfassung, ein paar betreffen die Gesetzesebene. Im Anhang findet sich ein Überblick über die Vorschläge in der Abfolge der Verfassungsbestimmungen (vgl. S. 201). Wenn ich von »Vorschlägen« spreche, ist das kein Bescheidenheitsgestus. Käme jemand und sagte: »Wunderbar, lasst uns das genau so übernehmen!«, so wäre das nicht in meinem Sinne: Eine gute Verfassung entsteht partizipativ und demokratisch, und eine krisentaugliche Verfassung ist nie fertig, sondern muss stets angepasst werden.

TEIL I

WAS WIR HABEN

1 Die Bundesverfassung vom 18. April 1999

Die geltende Bundesverfassung wurde am 18. April 1999 von Volk und Ständen angenommen.▶ Sie ist die dritte Verfassung der Schweiz seit der Gründung des Bundesstaats 1848. Die Bundesverfassung von 1848 wurde bereits 1874 durch eine neue abgelöst, die dann 125 Jahre Bestand hatte. Die »weltweit fortschrittlichste Verfassung«[1] von 1874 führte mit dem Referendumsrecht ein direktdemokratisches Werkzeug ein, das Initiativrecht folgte 1891,▶▶ ebenso als Weltneuheit die Verfassungsgerichtsbarkeit, wenn auch nur für kantonale Erlasse (vgl. Kap. 16), und stellte nichtchristliche, also insbesondere jüdische Bürgerinnen und Bürger den christlichen gleich. In den 125 Jahren erfuhr diese Verfassung zahlreiche Änderungen – und widerstand manchem sehr lang, am auffälligsten dem Frauenstimmrecht, das die Schweiz als zweitletztes Land Europas 1971 einführte.

▶ Bei der bescheidenen Stimmbeteiligung von 36 Prozent nahmen 59 Prozent der Stimmenden die neue Bundesverfassung an; die Ja-Anteile lagen in den Kantonen zwischen 30 (Glarus) und 86 Prozent (Genf).

▶▶ Eine Form der Volksinitiative kannte bereits die Verfassung von 1848: die Volksinitiative für eine Totalrevision der Bundesverfassung.

Schon 1965 regten politische Vorstöße im Nationalrat an, die Verfassung zu revidieren.▼ 1977 legte eine 46-köpfige Expertenkommission unter dem Vorsitz von Bundesrat Kurt Furgler einen Verfassungsentwurf vor[2], der zunächst enthusiastisch aufgenommen wurde[3], dann aber in den Schubladen verschwand. Teile des Entwurfs wie die vom Schriftsteller Adolf Muschg verfasste Präambel schafften es 22 Jahre später in die heute geltende Bundesverfassung.

▼ Außerdem war 1935 eine Volksinitiative für eine Totalrevision der Bundesverfassung aus rechtsextremen Kreisen zur Abstimmung gekommen (»Fronteninitiative«, BBl 1934 III 593); sie scheiterte mit 28 Prozent Ja an der Urne. Immerhin drei Kantone stimmten Ja: Freiburg, das Wallis und, mit einer einzigen Stimme Vorsprung, Appenzell-Innerrhoden.

Der Verfassungsentwurf von 1977 entstand in einer Zeit des aufkeimenden Umweltbewusstseins. 1972 fand der Bericht *Die Grenzen des Wachstums* an den Club of Rome[4] großen Widerhall, und die Vereinten Nationen luden zur ersten Umweltkonferenz nach Stockholm; 1973 löste die OPEC die erste Ölpreiskrise aus, die bewirkte, dass der seit dem Zweiten Weltkrieg rasant angestiegene Energiekonsum kritisch hinterfragt wurde.

Die politischen Schriften der siebziger Jahre zeugen von einem größeren politischen Mut, als es heute üblich ist. So sah der Verfassungsentwurf von 1977 Schranken für Kapitalismus und Wirtschaftswachstum vor. Die prägende Figur für wirtschaftspolitische Fragen in der Expertenkommission war der St. Galler Wirtschaftsprofessor Hans Christoph Binswanger, ein ökologisch bewusster Kritiker des Wachstumszwangs der kapitalistischen Wirtschaft[5] mit freisinnigem Parteibuch. Diese Kombination ist heute schwer vorstellbar – und auch damals hatten Wirtschaftsverbände und rechtsbürgerliche Kreise wenig Freude an den eigentums- und wirtschaftspolitischen Vorschlägen des freisinnigen Ökonomen. Sie opponierten gegen den Entwurf und vermochten die Verfassungsrevision vorerst zu stoppen.

Frustriert, weil der Revisionsprozess nicht vorankam, publizierten die Professoren für Verfassungsrecht Alfred Kölz und Jörg Paul Müller 1984 einen eigenen Entwurf. Er nahm denjenigen der Expertenkommission von 1977 auf – Müller hatte der Kommission angehört –, korrigierte aber einige seiner strittigsten Punkte und legte noch konsequenter den Akzent auf ökologische Aspekte.[6] Dieser Entwurf wurde lebhaft diskutiert, doch war auch er der bürgerlichen Mehrheit im Parlament zu progressiv.▶[7]

Die Verfassung, die Volk und Kantone 1999 endlich verabschiedeten, war weniger visionär als die Entwürfe der Expertenkommission und von Kölz und Müller. Manches von dem, was es nicht aus den Entwürfen in die geltende Bundesverfassung geschafft hat, ist es wert, heute wieder erwogen zu werden. Manches hat die Bundesverfassung aber auch aus den Entwürfen übernommen. Dazu gehört insbesondere die breite Verankerung der Nachhaltigkeit.[8]

▶ Isabelle Häner war damals Kölz' Assistentin und brachte die Jungliberalen, deren Mitglied sie war, dazu, sich für den Verfassungsentwurf einzusetzen – auch das wäre heute kaum mehr vorstellbar.

2 Nachhaltigkeit

In Werbe- und Alltagssprache ist »Nachhaltigkeit« durch inflationären Gebrauch zur Floskel verkommen. Der Begriff hat aber eine klare und weit reichende Bedeutung.

Staatszweck und »Super-Prinzip«
Laut der Präambel geben sich »das Schweizervolk und die Kantone« die Bundesverfassung unter anderem »in der Verantwortung gegenüber der Schöpfung«, »im Bestreben, [...] Solidarität und Offenheit gegenüber der Welt zu stärken«, »im Willen, in gegenseitiger Rücksichtnahme [...] zu leben«, »im Bewusstsein [...] der Verantwortung gegenüber den künftigen Generationen« und »gewiss, [...] dass die Stärke des Volkes sich misst am Wohl der Schwachen«.

Zweck der Eidgenossenschaft sind neben anderem die »gemeinsame Wohlfahrt, die nachhaltige Entwicklung« und die »langfristige Erhaltung der natürlichen Lebensgrundlagen« (Art. 2 Abs. 2 und 4 BV). Artikel 73 der Bundesverfassung »Nachhaltigkeit« postuliert: »Bund und Kantone streben ein auf Dauer ausgewogenes Verhältnis zwischen der Natur und ihrer Erneuerungsfähigkeit einerseits und ihrer Beanspruchung durch den Menschen anderseits an.«

Der Nachhaltigkeitsartikel eröffnet den Abschnitt »Umwelt und Raumplanung« der Bundesverfassung (Art. 73–80), der die umweltrechtlichen Bestimmungen im engeren Sinne umfasst. (Vgl. Kap. 4) Nachhaltigkeitsbestimmungen finden sich darüber hinaus in den Artikeln 54, »Auswärtige Angelegenheiten«, 89, »Energiepolitik«, 104, »Landwirtschaft«, 104a, »Ernährungssicherheit«, und 120, »Gentechnologie im Ausserhumanbereich«. Manche Autor:innen zählen auch den Schuldenbremseartikel 126, »Haushaltführung«, zu den Nachhaltigkeitsbestimmungen. (Vgl. Kap. 9 S. 94)

All das verleiht der Nachhaltigkeit eine übergeordnete Bedeutung über die gesamte Verfassung. Sie ist, mit einem Wort der Lausanner Rechtsprofessorin Anne-Christine Favre, ein »Super-Prinzip«[1].

Allerdings kontrastiert dieser hohe Stellenwert »auffällig mit seiner geringen Durchschlagskraft in der politischen Praxis«, schreibt der Staatsrechtler Alain Griffel. »Oftmals zum Schlagwort degradiert, wird ›Nachhaltigkeit‹ meist dann ins Argumentarium aufgenommen, wenn dies gerade dienlich scheint. Eine konsistente, am Ziel der ökologischen Nachhaltigkeit oder am Konzept der nachhaltigen Entwicklung ausgerichtete Strategie des Gesetzgebers [...] ist – ungeachtet der umfangreichen bundesrätlichen Strategiepapiere – nicht auszumachen.«[2]

Was aber bedeutet Nachhaltigkeit?

Brundtland-Definition und ihre Fehlinterpretationen
Im rechtlichen Sprachgebrauch hat sich, in der Schweiz wie international, die Definition etabliert, die die Kommission für Umwelt und Entwicklung der Vereinten Nationen 1987 vorstellte. Die Brundtland-Kommission, wie sie nach ihrer Vorsitzenden, der norwegischen Politikerin Gro Harlem

Brundtland, meist genannt wird, definierte Nachhaltigkeit als Generationengerechtigkeit: »Nachhaltig ist eine Entwicklung, die die Bedürfnisse der heutigen Generation befriedigt, ohne die Fähigkeit künftiger Generationen zu gefährden, ihre eigenen Bedürfnisse zu befriedigen.« So wird die Definition meist zitiert; die Kantone Schaffhausen und Basel-Stadt haben den Satz sinngemäß in ihre Kantonsverfassungen übernommen.

Aber das ist nur die halbe Definition. Fast nie, auch in der rechtswissenschaftlichen Literatur nicht, wird die zweite Hälfte der Definition zitiert: »Sie [die Nachhaltigkeit] enthält zwei Schlüsselkonzepte: das Konzept der ›Bedürfnisse‹, insbesondere der grundlegenden Bedürfnisse der Armen der Welt, denen oberste Priorität eingeräumt werden sollte, und die Vorstellung von Grenzen, die der Stand der Technik und der sozialen Organisation der Fähigkeit der Umwelt auferlegt, gegenwärtige und künftige Bedürfnisse zu erfüllen.«[3] Die »Bedürfnisse«, um die es hier geht, sind also nicht einfach alles, was man auch noch gern hätte, sondern es geht um die Grundbedürfnisse. Und Nachhaltigkeit setzt Grenzen.

Darüber hinaus popularisierte der Brundtland-Bericht den Ausdruck der »nachhaltigen Entwicklung«, der in der französisch- und italienischsprachigen Verfassung auch den Titel von Artikel 73 abgibt[4]. Und er spricht von drei »Problembereichen« der Nachhaltigkeit, dem ökologischen, dem ökonomischen und dem sozialen.[5] Beide Formulierungen haben zu weit verbreiteten Fehllektüren geführt:

Zum Einen wird »nachhaltige Entwicklung« oft umstandslos als »nachhaltiges Wirtschaftswachstum« verstanden. Viele nahmen den Brundtland-Bericht bei seinem Erscheinen, fünfzehn Jahre nach dem Club-of-Rome-Bericht

Die Grenzen des Wachstums, erleichtert als die Botschaft auf, die Wirtschaft könne nachhaltig wachsen. Tatsächlich widerspricht der Brundtland-Bericht einer solchen Aussage zwar nicht grundsätzlich; er setzt »Entwicklung« aber keineswegs mit »Wirtschaftswachstum« gleich: »Nachhaltige Entwicklung erfordert eindeutig Wirtschaftswachstum an Orten, an denen diese [menschlichen Grund-]Bedürfnisse nicht befriedigt werden. Andernorts kann sie mit Wirtschaftswachstum vereinbar sein, vorausgesetzt, der Inhalt des Wachstums spiegelt die allgemeinen Grundsätze der Nachhaltigkeit und der Nichtausbeutung anderer wider. Aber Wachstum allein ist nicht genug.«[6]

Zum Zweiten ist häufig ist von drei »Säulen« der Nachhaltigkeit, Ökologie, Ökonomie und Gesellschaft, die Rede, auch in der rechtswissenschaftlichen Literatur[7]; das »Drei-Säulen-Modell der Nachhaltigkeit« verfügt sogar über einen Wikipedia-Eintrag. Die Metapher der »Säule« kommt allerdings im Brundtland-Bericht nicht vor. Sie suggeriert, die drei Bereiche stünden gleichberechtigt und unverbunden nebeneinander – und genau so wird die Rede von den drei Säulen oft verwendet. Ökologische Forderungen werden dann mit dem Hinweis abgewendet, »ökonomische Nachhaltigkeit« sei genauso wichtig, wobei unter dieser häufig und nochmals verkürzt Profitabilität verstanden wird.

Eine solche Sichtweise ist unsinnig. Während natürliche Ressourcen essenzielle Grundlage der Wirtschaft sind, ist das umgekehrt nicht der Fall.▶ Oder anders gesagt: Das Ziel der Nachhaltigkeit wird immer wieder mit ökonomischen Partikularinteressen und mit kurzfristigen gesamtwirtschaftlichen Erwägungen in Konflikt geraten. Mit ökonomischer Nachhaltigkeit, die immer langfristig und gesamtwirtschaftlich zu denken ist, kann die ökologische Nachhaltigkeit hingegen nicht kollidieren, denn diese ist eine Voraussetzung für jene und es kann keine ökonomische Nachhaltigkeit geben, wenn die ökologische Nachhaltigkeit nicht erfüllt ist. Ökonomische Nachhaltigkeit ist wichtig, aber nachgeordnet und darf nicht gegen die anderen Bereiche ausgespielt werden. Und sie darf nicht auf Profitabilität oder Wirtschaftswachstum reduziert werden. Wirtschaftlich so handeln, dass die ökonomischen Chancen künftiger Generationen intakt bleiben, ist oft gerade nicht das, was (kurzfristig) profitabel ist und auf dem Markt Erfolg hat. Wirtschaftliche Nachhaltigkeit muss heißen, die Krisenfestigkeit (Resilienz) der Wirtschaft zu stärken. (Vgl. Kap. 13)

Dass es essenziell ist, Ökologie, Ökonomie und Gesellschaft zusammenzudenken, hat einen ganz anderen Grund, als es die Säulen-Metapher suggeriert. Es geht nicht darum, dreierlei Interessen gegeneinander abzuwägen, sondern darum, dass die Art und Weise, wie wir wirtschaften und zusammenleben, für die ökologischen Krisen entscheidend ist. Die drei Bereiche der Nachhaltigkeit stehen eben gerade nicht wie Säulen nebeneinander, sondern sind untrennbar und asymmetrisch miteinander verflochten.

▶ So hält auch der Abschlussbericht der Enquetekommission des Deutschen Bundestags »Schutz des Menschen und der Umwelt«, der die Brundtland-Definition nachhaltiger Entwicklung aufgreift, fest (Bundestag 1998, S. 18): »Aufgrund der komplexen Zusammenhänge zwischen den drei Dimensionen bzw. Sichtweisen von Ökologie, Ökonomie und Sozialem müssen sie integrativ behandelt werden. Dabei geht es – bildhaft gesprochen – nicht um die Zusammenführung dreier nebeneinanderstehender Säulen, sondern um die Entwicklung einer dreidimensionalen Perspektive aus der Erfahrungswirklichkeit.« Marquardt (2003, S. 212) schreibt: »Die Drei-Säulen-Theorie geht davon aus, das Nachhaltigkeitsprinzip gebiete eine gleichrangige Berücksichtigung ökologischer, ökonomischer und sozialer Anliegen. Dabei werden die beiden letzteren Säulen im Sinne der während des letzten halben Jahrhunderts in den Industriestaaten praktizierten Konzepte der Wirtschafts- und Sozialpolitik interpretiert, die lediglich durch ein wenig Umweltschutz ergänzt werden. Damit aber verwandelt sich ein anspruchsvolles Reformkonzept wundersam in ein legitimatorisches Konzept des ›Weiter so wie bisher‹.«

Zum Dritten ist mit dem »Drei-Säulen-Konzept« das Konzept der »schwachen Nachhaltigkeit« eng verbunden. Es sieht Umweltressourcen als eine Kapitalform unter anderen, und als nachhaltig gilt ein Handeln, das das Gesamtkapital erhöht. Natürliche Ressourcen dürfen zerstört werden, wenn dadurch mindestens gleich viel ökonomisches Kapital neu entsteht. Dieses Konzept setzt voraus, dass alles miteinander verrechnet werden kann. Der Ökonom Herman E. Daly hat einmal gespottet, »schwache Nachhaltigkeit« sei wie der Glaube, man könne dasselbe Holzhaus auch mit halb so viel Holz bauen, wenn man nur doppelt so viele Sägen und Zimmerleute einsetze.[8]

Das kann man natürlich nicht, und deshalb brauchen verschiedene ökologische Einheiten je eigene Nachhaltigkeitsziele. Ein solches Nachhaltigkeitskonzept nennt man »starke Nachhaltigkeit«.▸

▸ Nicht erneuerbare Rohstoffe können gar nicht im engen Sinne »stark nachhaltig« verbraucht werden. Als nachhaltig auch in einem starken Sinne gilt der Verbrauch nicht erneuerbarer Rohstoffe, wenn gleichzeitig entsprechend Ersatz entwickelt wird.

Die Nachhaltigkeitsdefinition der Bundesverfassung

Der Artikel 73 der Bundesverfassung definiert Nachhaltigkeit als ein »auf Dauer ausgewogenes Verhältnis zwischen der Natur und ihrer Erneuerungsfähigkeit einerseits und ihrer Beanspruchung durch den Menschen anderseits«. Diese Formulierung ist aus dem ersten, gescheiterten Entwurf für ein Umweltschutzgesetz von 1973 übernommen und mithin älter als der

◂ Dass die Bundesverfassung von 1999 eine bereits 22-jährige Definition aus einem Gesetzesentwurf übernahm und die Definition des zwischenzeitlich publizierten Brundtland-Berichts ignorierte, dürfte mit einer personellen Zufälligkeit zu tun haben. Präsident der ständerätlichen Verfassungskommission war René Rhinow, der in den achtziger Jahren bereits den basellandschaftlichen Verfassungsrat präsidiert hatte. Der Kanton Baselland übernahm die Nachhaltigkeitsdefinition des USG-Entwurfs 1984 in seine Verfassung (Art. 112), noch ohne den Begriff der Nachhaltigkeit zu verwenden, der erst drei Jahre später durch den Brundtland-Bericht etabliert wurde. Über diesen Umweg fand er schließlich, mittlerweile etwas veraltet, Eingang in die Bundesverfassung.

Brundtland-Bericht. Als sie entstand, war sie »[ihrer] Zeit weit voraus«.[9]

Auf den ersten Blick bietet diese Definition gewissermaßen eine Zweisäulennachhaltigkeit mit einer ökologischen, der Natur und ihre Erneuerungsfähigkeit, und einer ökonomischen Säule, der Beanspruchung der Natur durch den Menschen, zwischen denen ein »ausgewogenes Verhältnis« zu schaffen sei. Sie kann den Eindruck erwecken, es gehe darum, ein Gleichgewicht zwischen zwei gleichwertigen Anliegen zu schaffen.

Bei genauerer Betrachtung besteht aber keine Symmetrie. Die Erneuerungsfähigkeit der Natur ist gegeben. Was der Artikel regelt, ist einzig ihre Beanspruchung durch den Menschen. Sie ist so zu begrenzen, dass die ökologischen Grenzen nicht überschritten werden. Artikel 73 widerspricht also der Säulenmetapher und gibt – wie auch Artikel 2 Absatz 4 – der ökologischen Dimension einen Vorrang.[10]

Die Nachhaltigkeit der Bundesverfassung ist also stärker, als eine Dreisäulennachhaltigkeit es sein kann. Ist sie aber schon eine starke? Rechtswissenschaftlerinnen und -wissenschaftler sind der Meinung, sie sei als stark zu verstehen.[11] Der Bundesrat spricht davon, dass er eine »schwache Nachhaltigkeit plus« anstrebe, und erkennt an, dass die »Kapitalstöcke« Umwelt, Wirtschaft und Gesellschaft nur begrenzt substituierbar seien und dass »insgesamt die Belastbarkeit der Biosphäre respektiert« werden müsse.[12] Ich würde dieses Verständnis eher »starke Nachhaltigkeit minus« nennen.

Die Nachhaltigkeitsdefinition der Bundesverfassung ist also gut, weil sie den Vorrang der Ökologie betont. Doch sie suggeriert einen Gegensatz zwischen »Natur und ihrer Erneuerungsfähigkeit« einerseits und »Beanspruchung durch den Menschen« anderseits, bekräftigt also eine Dichotomie, die gerade mitverantwortlich ist für die Umweltkrisen der Gegenwart. Dabei müsste es darum gehen, die »Natur« und den »Menschen« nicht als Gegensätze zu sehen, sondern menschliches Handeln als integralen Bestandteil der ökosozialen Lebensgrundlagen zu verstehen.

Dass schließlich die soziale Dimension in der Nachhaltigkeitsdefinition von Artikel 73 fehlt, wird in der Literatur als unproblematisch bezeichnet, da die Bundesverfassung das Soziale in anderen Bestimmungen regle. Doch das ist wieder ein Denken in Säulen, hier Umwelt, da Gesellschaft. Im Anthropozän muss die Art und Weise, wie eine Gesellschaft zusammenlebt, produziert und konsumiert, mit den Ursachen der Umweltkrise zusammengedacht werden.[13]

Vorschlag 2.1: Nachhaltigkeit ist als das Superprinzip ernstzunehmen, das es ist, und muss als Grundprinzip der Leitfaden für jegliches Handeln sein, das die Bundesverfassung regelt.

Vorschlag 2.2: Nachhaltigkeit ist, angelehnt an die (vollständige) Definition des Brundtland-Berichts, präziser zu definieren:
Artikel 73 Nachhaltigkeit
(1) Bund und Kantone stellen die Befriedigung der Grundbedürfnisse der heutigen Generation auf eine Weise sicher, welche die Chancen künftiger Generationen nicht schmälert, ihre Bedürfnisse zu befriedigen.
(2) Jegliches Handeln respektiert die Belastungsgrenzen ökologischer [und ökosozialer] Systeme. Das Gesetz legt

> die nicht zu überschreitenden Grenzen auf wissenschaftlicher Grundlage fest.
> (3) Sind Belastungsgrenzen überschritten, sorgen Bund und Kantone für die Reduktion der Belastung. Beschädigte Ökosysteme werden so weit regeneriert, bis ihre Fähigkeit zur Selbstregulierung wiederhergestellt ist.
> (4) Nachhaltigkeit umfasst eine ökologische, eine soziale und eine ökonomische Dimension. Die ökologische Dimension bildet die Grundlage.
> **Art. 74 Umweltschutz**
> (2bis) Zum Zweck der Einhaltung der ökologischen Belastungsgrenzen kann der Bund Import, Produktion und Konsum von Stoffen begrenzen oder verbieten.

Grenzen

Ein ganz zentrales Element der Nachhaltigkeit sind also Grenzen (vgl. Kap. 12). Wo die Grenzen liegen, die nicht überschritten werden dürfen, um die Funktionsfähigkeit von Systemen nicht zu zerstören, lässt sich nicht genau vorhersagen. Nachhaltiges Handeln ist Handeln unter Bedingungen unvollständigen Wissens. Solches Handeln muss nach dem Vorsorgeprinzip geschehen. Das Vorsorgeprinzip ist, zusammen mit den Verursacherprinzip, in Artikel 74 der Bundesverfassung »Umweltschutz« festgeschrieben.

3 Vorsorge- und Verursacherprinzip

Auf den Nachhaltigkeits- folgt in der Bundesverfassung der Umweltschutzartikel (Art. 74). In seinem Abschnitt 2 schreibt er zwei Prinzipien fest, das Vorsorge- und das Verursacherprinzip.

Vorsorgeprinzip

Von vielen Risiken weiß man nicht, ob und ab welcher Schwelle sie schädlich sind, und wollte man auf definitive Gewissheit warten, wäre es zu spät, den Schaden abzuwenden. Das gilt namentlich für die sogenannten Kipppunkte. Wird ein Kipppunkt überschritten, gerät ein System aus seinem Gleichgewicht; es werden Prozesse in Gang gesetzt, die das Kippen verstärken.

Solche Risiken müssen vermieden werden. Das ist der Sinn des Vorsorgeprinzips.▶ Juristisch gesprochen, führt das Vor-

▶ Eine Definition des Vorsorgeprinzips bietet beispielsweise das Rahmenübereinkommen der Vereinten Nationen über Klimaänderungen vom 9. Mai 1992 (UNFCCC; SR 0.814.01), Artikel 3 Absatz 3: »Die Vertragsparteien sollen Vorsorgemaßnahmen treffen, um den Ursachen der Klimaänderungen vorzubeugen, sie zu verhindern oder so gering wie möglich zu halten und die nachteiligen Auswirkungen der Klimaänderungen abzuschwächen. In Fällen, in denen ernsthafte oder nicht wiedergutzumachende Schäden drohen, soll das Fehlen einer völligen wissenschaftlichen Gewissheit nicht als Grund für das Aufschieben solcher Maßnahmen dienen.«

sorgeprinzip zu einer Umkehr der Beweislast. Es bedarf keines Beweises, dass eine Einwirkung schadet, um sie zu verbieten, sondern es bedarf des Beweises, dass sie nicht schadet, um sie zuzulassen. In den Worten des Umweltrechtlers Alain Griffel: »Sobald die Schwelle der hinreichenden Wahrscheinlichkeit überschritten ist, tritt eine Vermutung der Schädlichkeit bzw. Gefährlichkeit ein.«[1] Trotzdem sind in der Schweiz beispielsweise Pestizide zugelassen, die unter begründetem Verdacht stehen, krebserregend zu sein. ▶

Das Vorsorgeprinzip steht einem in der neoklassischen Umweltökonomie verbreiteten Kosten-Nutzen-Ansatz entgegen, demzufolge jeweils das Handeln anzustreben ist, bei dem zwischen erwartbarem Nutzen und erwartbarem Schaden das »optimale« Verhältnis besteht. Dieser Ansatz beruht auf einem schwachen Nachhaltigkeitsbegriff und setzt voraus, dass sowohl Nutzen wie Kosten beziehungsweise Schäden von Handlungen erstens abschätzbar sind und zweitens miteinander verrechnet werden können.

Das Vorsorgeprinzip wird vom Umweltschutzartikel der Bundesverfassung postuliert, allerdings nur mit einer knappen und »wenig geglückten Formulierung«, schreibt Griffel.[2] In dem Artikel heißt es, der Bund sorge dafür, dass schädliche oder lästige Einwirkungen »vermieden werden«.

Wesentlich griffiger ist die Definition im Umweltschutzgesetz (Art. 1 Abs. 2): »Im Sinne der Vorsorge sind Einwirkungen, die schädlich oder lästig werden könnten, frühzeitig zu begrenzen.« Nach dem sogenannten zweistufigen Immissionsschutz-

▶ In der Schweiz ist beispielsweise S-Metolachlor zugelassen, das innerhalb der EU Anfang 2024 verboten wurde. In der Schweiz wie in der EU zugelassen ist Glyphosat, eines der am weitesten verbreiteten Pflanzenschutzmittel. Ob es krebserregend ist oder nicht, wird seit vielen Jahren mit Studien und Gegenstudien heftig diskutiert. Gemäß dem Vorsorgeprinzip müsste der Stoff verboten sein, bis die Kontroverse mit dem Resultat beigelegt ist, dass Glyphosat nicht krebserregend ist.

konzept, das in Artikel 11 des Gesetzes festgeschrieben ist, müssen Emissionen wie Luftverunreinigungen, Lärm, Erschütterungen und Strahlen, auf einer ersten Stufe »an der Quelle« und »unabhängig von der bestehenden Umweltbelastung« soweit begrenzt werden, wie es »technisch und betrieblich möglich und wirtschaftlich tragbar« ist. Wenn aber, auf der zweiten Stufe, »feststeht oder zu erwarten ist, dass die Einwirkungen unter Berücksichtigung der bestehenden Umweltbelastung schädlich oder lästig werden«, müssen die Emissionsbegrenzungen verschärft werden. Die wirtschaftliche Tragbarkeit ist kein Kriterium mehr. Der Schutz der Umwelt genießt also Priorität vor den ökonomischen Interessen.

Es ist bemerkenswert, dass die Verfassung nicht nur vor schädlichen, sondern auch vor lästigen Einwirkungen schützt, ja vor solchen, die bloß lästig sein könnten. In einer Zeit, in der Menschen an den Folgen der Umweltzerstörung sterben, mag das Vermeiden von bloßer Belästigung als Luxus erscheinen. Doch es geht, wie der Bundesrat in seiner Botschaft zum Umweltschutzartikel betont, um viel: »Die Belästigungen können beim Menschen dazu führen, dass die Leistungsfähigkeit und die Lebensfreude, der Naturgenuss, das Gefühl der Ungestörtheit, das private Leben überhaupt beeinträchtigt werden. Darin liegt ein Angriff auf die Persönlichkeit und damit auf die Freiheit.«[3]

Das Vorsorgeprinzip entspricht auch der »Rio-Erklärung« der Vereinten Nationen von 1992, auf die sich wiederum das Bundesgericht 2016 bezieht, wenn es feststellt, dass dem Vorsorgeprinzip »der Gedanke zugrunde[liegt], unüberschaubare Risiken zu vermeiden; es schafft eine Sicherheitsmarge, welche Unsicherheiten über längerfristige Wirkungen von Umweltbelastungen berücksichtigt.«[4]

Griffel schreibt, dass das Vorsorgeprinzip im schweizerischen Umweltrecht »anders als das Nachhaltigkeitsprinzip [...] kein ›Papiertiger‹ geblieben, sondern von sehr grosser praktischer Bedeutung« sei.[5] Allerdings genügt beispielsweise das 2023 an der Urne angenommene Klimaschutzgesetz der Definition des Vorsorgeprinzips aus dem Umweltschutzgesetz nicht, indem es die Emissionsziele einem Vorbehalt der »wirtschaftlichen Tragbarkeit« unterstellt, obwohl die Schädlichkeit der CO_2-Emissionen längst bewiesen ist.

▼ In einem anderen Entscheid, BGE 139 II 185, Erw. 11.3, hat das Bundesgericht eine Abstufung vorgenommen in erstens Risiken, die »absolut unzulässig sind«, zweitens Risiken, die mittels immissions- oder risikoreduzierender Maßnahmen einzuschränken seien, »wenn sie mit dem Betrieb der Anlage unter allen Aspekten (technisch, betrieblich, wirtschaftlich) vereinbar sind« und drittens Risiken, die in Kauf zu nehmen sind, namentlich »wenn Massnahmen möglich sind, welche die Gefährdungen, sollten sie sich dereinst realisieren, wirksam begrenzen können«.

Vorschlag 3.1: Das Vorsorgeprinzip in Artikel 74 Absatz 2 der Bundesverfassung ist entsprechend Artikel 1 Absatz 2 und Artikel 11 des Umweltschutzgesetzes nach dem zweistufigen Immissionsschutzkonzept zu definieren.

Verursacherprinzip

Der zweite Satz von Artikel 74 Absatz 2 der Bundesverfassung lautet: »Die Kosten der Vermeidung und Beseitigung [schädlicher oder lästiger] Einwirkungen tragen die Verursacher.«

Das Verursacherprinzip leuchtet unmittelbar als gerecht ein; es ist aber zu weiten Teilen unerfüllt.[6] Weder trägt beispielsweise der Verkehr seine externen Kosten, noch kommen CO_2-Emittenten für die Folgen ihrer Emissionen auf.▶ Betreiber von Atomkraftwerken müssen nur einen Teil ihres Unfallrisikos versichern.[7]

Würde das Verursacherprinzip vollständig umgesetzt, wäre das heute weit verbreitete Geschäftsmodell unattraktiv, das darin besteht, mehr Schaden als Nutzen zu verursachen, den Nutzen zu ernten und den Schaden zu »externalisieren«, also auf die Allgemeinheit abzuwälzen. Es gäbe, ökonomisch gesprochen, keine externen Kosten mehr. Die Wirtschaft wäre »schwach nachhaltig«; die Umweltzerstörung könnte aber weitergehen, solange der Nutzen, der daraus resultiert, als größer bewertet würde als der Schaden.

Warum die »schwache Nachhaltigkeit« ein fragwürdiges Konzept ist, habe ich oben ausgeführt. (Vgl. S. 32) Und die Idee, man müsse nur alle externen Kosten internalisieren und »Kostenwahrheit« schaffen, beispielsweise durch eine CO_2-Lenkungsabgabe, und alles wäre gut, ist naiv. Naiv ist sie nur schon deshalb, weil externe Kosten wie ökologische und soziale Schäden nicht einmal annähernd objektiv bestimmt werden können. Darum muss das Verursacherprinzip durch das Vorsorgeprinzip ergänzt werden. Das Verursacherprinzip ist keine ausreichende, aber eine wesentliche Voraussetzung für Nachhaltigkeit.

Dass das Verursacherprinzip heute in so vielen Fällen missachtet wird, hat natürlich viel mit Lobbyinteressen zu tun, aber nicht nur. Seine Umsetzung ist nicht trivial. Am einfachsten ist es umsetzbar, wenn eine klare Ursache-Wirkung-Beziehung besteht. Wer einen klar begrenz-

▶ In seiner Medienmitteilung vom 15. Mai 2024 begründet der Bundesrat seine Ablehnung der Volksinitiative »Für eine gerechte Energie- und Klimapolitik: Investieren für Wohlstand, Arbeit und Umwelt (Klimafonds-Initiative)« (BBl 2022 2070) damit, dass ein Klimafonds »das im Umweltrecht verankerte Verursacherprinzip schwächen« könnte – als wäre es heute in der Klimapolitik berücksichtigt. In seiner Botschaft zur Revision des CO_2-Gesetzes nach 2024 (BBl 2022 2651) erwähnt er das Verursacherprinzip hingegen nur nebenbei, während er darauf verzichtet, neue Abgaben oder die Erhöhung bestehender Abgaben vorzuschlagen, die dem Verursacherprinzip entsprächen. Er benutzt das Verursacherprinzip mithin dazu, klimapolitische Schritte abzulehnen, verzichtet aber darauf, es zu benutzen, um Maßnahmen zu begründen.

ten Schaden verursacht, kommt für dessen Behebung auf – so muss ein Chemiewerk, das Boden verseucht hat, für dessen Sanierung aufkommen.

Griffel unterscheidet zwischen einem Verursacherprinzip im engeren und einem im weiteren Sinn. Obengenanntes Beispiel wird durch das Verursacherprinzip im engeren Sinn abgedeckt: Es besteht ein »individualisierbarer« Kausalzusammenhang. Geht es um die Folgen von CO_2-Emissionen, lässt sich ein Kausalzusammenhang nicht mehr individualisieren – doch er besteht. Hier wirkt das Verursacherprinzip im weiteren Sinne; ihm dient die CO_2-Abgabe.[8]

In vielen Fällen kann aber gar kein Kausalzusammenhang nachgewiesen werden, oder der Verursacher existiert nicht mehr oder ist nicht zahlungsfähig. Betreiber von Atomkraftwerken müssen deshalb Rückstellungen in den Stilllegungs- und Entsorgungsfonds tätigen, damit nicht die Allgemeinheit für die Beseitigung der strahlenden Hinterlassenschaft zuständig ist, falls der Betreiber Konkurs geht. Aber auch bei diesem Modell haftet die Allgemeinheit, sollte sich erweisen, dass die Rückstellungen nicht ausreichen.

Das Verursacherprinzip hat ferner ein politisches Akzeptanzproblem. Im Grundsatz ist es gut akzeptiert, doch seine Akzeptanz schwindet rasch, wenn es konkret wird und beispielsweise durch Lenkungsabgaben. Benzin oder Heizöl teurer würden (vgl. Kap. 8 S. 91). Ob eine Abgabe im Sinne des Verursacherprinzips akzeptiert wird, dürfte viel damit zu tun haben, ob ein Verhalten, das durch eine solche Abgabe teurer würde, von den betroffenen Personen als ein freiwillig gewähltes oder aber ein unausweichliches wahrgenommen wird: Als Mieterin eines ölbeheizten Hauses muss man Heizöl kaufen; als Stellensuchender muss man unter Umständen bereit sein, mit dem Auto zu einer fernen Arbeitsstelle zu pendeln.▶

Auch bezüglich Sozialverträglichkeit schneidet das Verursacherprinzip nicht in allen Fällen gleich gut ab. Abgaben auf Luxuskonsum, beispielsweise Flüge, tangieren ärmere Haushalte kaum und sind sozialverträglich. Maßnahmen, die das Wohnen, die Mobilität oder das Essen verteuern, belasten ärmere Haushalte hingegen prozentual stärker als reichere, wobei eine Lenkungsabgabe auf Treibstoffe, die es heute nicht gibt, sozialverträglicher wäre als die existierende CO_2-Abgabe auf Brennstoffe.[9]

▶ Im persönlichen Austausch im Januar 2024 bezeichnet Isabelle Stadelmann-Steffen, Professorin für Vergleichende Politik der Universität Bern, diese Vermutung als »plausibel«. Für eine eindeutige Antwort gebe es aber zu wenig empirische Forschung zur Frage, wie sich eine (wahrgenommene) Unausweichlichkeit eines bestimmten Verhaltens auf die Akzeptanz von Lenkungsabgaben auswirkt. Die Gelbwestenproteste in Frankreich Ende 2018 / Anfang 2019 wurden durch eine angekündigte Erhöhung der CO_2-Preise ausgelöst, die das Autofahren verteuert hätte. Dass die Steuerpolitik der Regierung gleichzeitig die Reichen entlastete, verstärkte das Gefühl der Ungerechtigkeit. Vgl. Gagnebin et al. 2019.

Das Verursacherprinzip ist richtig und gerecht, aber unzureichend umgesetzt. Es stößt an Grenzen, und die Allgemeinheit wird in manchen Fällen, in denen es nicht greift, immer solidarisch haften müssen. Das legitimiert die Allgemeinheit auch, Akteuren, die Risiken eingehen, Vorschriften zu machen und gewisse Tätigkeiten zu verbieten.

> **Vorschlag 3.2:** Das Verursacherprinzip ist beizubehalten. Wo es angewendet werden kann, ist es konsequent anzuwenden.

> **Vorschlag 3.3:** Wo das Verursacherprinzip soziale Härten bewirkt, sind diese durch flankierende Maßnahmen zu mildern.

Vorschlag 3.4: Wo das Verursacherprinzip nicht angewendet werden kann, sind die Kosten von Umweltwirkungen solidarisch und sozialverträglich zu tragen.

Verantwortung über die Landesgrenzen hinaus

Das Verursacherprinzip wird auch dann nicht angewandt, wenn Akteure Schäden in Drittstaaten verursachen, die nicht in der Lage sind, die Verursacher zu belangen. Für solche Fälle bräuchte es griffige Unternehmensverantwortungsvorschriften, wie sie die Konzernverantwortungsinitiative einführen wollte. Sie wurde Ende 2020 vom Volk knapp angenommen, scheiterte aber am Ständemehr.[10] In der Europäischen Union bringt das 2024 verabschiedete Lieferkettengesetz die grenzüberschreitende Unternehmensverantwortung.[11] Es ist gut möglich, dass die Schweiz früher oder später unter Druck aus dem Ausland nachziehen muss.

Da die Schweiz über wenig Industrie und kaum Schwerindustrie verfügt, aber als Land mit hohem Pro-Kopf-Einkommen im internationalen Vergleich überdurchschnittlich viel Industriegüter konsumiert, fällt der größte Teil der Umweltwirkung des schweizerischen Konsums im Ausland an. Dieser Befund verschärft sich noch massiv, wenn man auch die Verantwortung von Unternehmen mit Sitz in der Schweiz und die Wirkungen von Investitionen von Schweizer Kapital berücksichtigt. Die Bundesverfassung gewährt der Umwelt außerhalb der Schweizer Grenzen keinen Schutz vor den Folgen von Tätigkeiten, die unter Schweizer Recht fallen – zumindest nicht explizit.

Zwar sieht Artikel 54 der Bundesverfassung, »Auswärtige Angelegenheiten«, vor, dass der Bund auch mit seiner Außenpolitik »zur Erhaltung der natürlichen Lebensgrundlagen« beiträgt. Eine Anerkennung einer Umweltverpflichtung über die eigenen Grenzen hinaus ist das aber nicht. Diese Verpflichtung ergibt sich hingegen aus dem Völkerrecht: Der Grundsatz der Souveränität, dem zufolge ein Staat auf seinem Territorium die rechtliche Hoheit ausübt, verpflichtet die Staaten, auf diesem Territorium die Rechte anderer Staaten zu schützen.[12]

Auch zahlreiche völkerrechtliche Abkommen verpflichten die Schweiz, ihre globale Umweltverantwortung wahrzunehmen. Als reiches Land hat die Schweiz aufgrund des Grundsatzes der »gemeinsamen, aber unterschiedlichen Verantwortlichkeiten, jeweiligen Fähigkeiten sowie sozialen und wirtschaftlichen Lage« im Rahmenübereinkommen der Vereinten Nationen über Klimaänderungen von 1992[13] eine größere Verantwortung als ärmere Staaten. Der Grundsatz spielt in der schweizerischen Klimapolitik indes praktisch keine Rolle.▸

Die Schweiz nimmt die Verantwortung für ihr staatliches Handeln wie auch für das Handeln Privater, die dem schweizerischen Recht unterstehen, kaum wahr. Es kommt auch immer wieder vor, dass die Schweiz trotz Artikel 54 Abschnitt 2 Bundesverfasung beispielsweise als Mitglied internationaler Entwicklungsbanken Finanzierungen von Projekten der Erdöl- oder Erdgasförderung zustimmt.

Ein wichtiger Aspekt der globalen Umweltverantwortung ist schließlich der Schutz von Men-

▸ Eine regelrecht groteske Interpretation des Grundsatzes der gemeinsamen, aber unterschiedlichen Verantwortlichkeiten bot die Schweiz mit ihrer »Intended Nationally Determined Contribution« (INDC), der Erklärung der eigenen Treibhausgas-Senkungsabsicht zuhanden der UN-Klimakonferenz COP21 in Paris 2015: Da die Schweiz bereits eine praktisch CO_2-freie Stromproduktion und wenig Schwerindustrie habe, fehle es ihr an »Potenzial, die Emissionen kurzfristig kosteneffizient zu senken«, was eine Reduktion der Treibhausgasemissionen bis 2050 unter Anrechnung eingekaufter CO_2-Zertifikate um bloß 50 Prozent gegenüber dem Stand von 1990 rechtfertige. Bundesrat 2015.

Vorsorge- und Verursacherprinzip

schen, die aufgrund der Umweltkrisen ihre Heimat verlieren. Die Schweiz kann solchen Menschen nicht allein Zuflucht gewähren, aber hat eine moralische Verantwortung, sich in der Staatengemeinschaft für deren Schutz zu engagieren.

Vorschlag 3.5: Die Bundesverfassung anerkennt in einem neuen Artikel[14], »Globale Verantwortung«, die Verantwortung der Schweiz für die Wirkungen ihres Handelns auch außerhalb des eigenen Territoriums.

Vorschlag 3.6: Der neue Artikel »Globale Verantwortung« verpflichtet Schweizer Unternehmen zur Einhaltung von Umwelt- und Menschenrechtsstandards auch im Ausland.

Vorschlag 3.7: Der Verfassungsartikel zur Außenpolitik (Art. 54 Abs. 2) ist so zu verstehen oder allenfalls zu präzisieren, dass die Schweiz explizit verpflichtet ist, als Mitglied internationaler Organisationen, insbesondere internationaler Entwicklungsbanken, ihre Stimmrechte im Sinne der Erhaltung der Lebensgrundlagen auszuüben.

Vorschlag 3.8: Der Verfassungsartikel zur Außenpolitik (Art. 54) ist durch einen neuen Absatz zu ergänzen: Auf dem Grundsatz der gemeinsamen, aber unterschiedlichen Verantwortlichkeiten und jeweiligen Fähigkeiten der Länder setzt sich der Bund ein für a) eine solidarische Aufteilung der sich aus den globalen Umweltveränderungen ergebenden Lasten und b) die Gewährung von Aufenthalt für Menschen, die durch solche Umweltveränderungen ihre Heimat verlieren.

4 Schutzobjekte und Schutzmotive

Bestimmungen zum Schutz der Umwelt finden sich verstreut über weite Teile der ganzen Bundesverfassung.[1] Den Schutz der Umwelt zum Hauptinhalt haben die Artikel im Abschnitt Umwelt und Raumplanung (Art. 73–80 BV), der vom Nachhaltigkeitsartikel eingeleitet wird.

Abschnitt »Umwelt und Raumplanung«
Die Artikel des Abschnitts »Umwelt und Raumplanung« schützen »den Menschen und seine natürliche Umwelt« (Art. 74), den Boden (Art. 75), die Wasservorkommen und Gewässer (Art. 76), den Wald (Art. 77), die Tier- und Pflanzenwelt und ihre Lebensräume, insbesondere »Moore und Moorlandschaften von besonderer Schönheit und gesamtschweizerischer Bedeutung« (Art. 78), die »Artenvielfalt der Fische, wild lebenden Säugetiere und Vögel« (Art. 79) sowie Tiere als Individuen (Art. 80). Sie regeln Vermessung (Art. 75a), Zweitwohnungsbau (Art. 75b) sowie Fischerei und Jagd (Art. 79). Die »genetische Vielfalt der Tier- und Pflanzenarten« schützt außerhalb dieses Abschnitts Artikel 120, »Gentechnologie im Ausserhumanbereich«. Ein Schutz von Arten, die weder Tiere noch Pflanzen sind, beispielsweise Pilze,▼ fehlt.

Insgesamt ist der Abschnitt »Umwelt und Raumplanung« unsystematisch und der Katalog schützenswerter Einheiten unvollständig; es fehlt beispielsweise ein Klimaschutzartikel, während die Biodiversität in Artikel 78 mit einer Formulierung geschützt ist, die der Definition von Biodiversität im Übereinkommen über die Biologische Vielfalt der Vereinten Nationen nahekommt.▶ Eine Vereinheitlichung und Ergänzung wäre gewiss sinnvoll, ist aber nicht unbedingt nötig, da das Gebot der Nachhaltigkeit (Art. 73) oder der Staatszweck der Erhaltung der natürlichen Lebensgrundlagen (Art. 2 Abs. 4) einen umfassenden Schutz auch des Klimas beinhalten.

▼ Pilze werden durch kantonale Bestimmungen geschützt. Zu den Lebewesen gehören aber neben Tieren, Pflanzen und Pilzen (Eukaryoten) auch Bakterien und Archäen (Prokaryoten). Die Frage, inwieweit auch sie Gegenstand von Umweltschutzbestimmungen sein müssten, ist mir in der Literatur nicht begegnet. Angesichts der enormen Bedeutung, die Mikroorganismen für die Funktion des menschlichen Körpers, aber auch für die Bodenfruchtbarkeit oder die Nahrungsmittelverarbeitung haben, ist die Frage aber nicht unerheblich.

▶ Das Übereinkommen über die Biologische Vielfalt von 1992 (SR 0.451.43) versteht unter Biodiversität die »Vielfalt innerhalb der Arten und zwischen den Arten und die Vielfalt der Ökosysteme«; Artikel 78 Abschnitt 4 schützt »Tier- und Pflanzenwelt« sowie »ihre Lebensräume in der natürlichen Vielfalt«.

Vorschlag 4.1 (optional): Der Katalog der Schutzobjekte ist zu vereinheitlichen und zu ergänzen, namentlich um das Klima.

Auf die Raumplanung gehe ich später ein. (Vgl. Kap. 7 S. 81)

Anthropozentrismus und Eigenwert der Natur

Die Bundesverfassung ist von Menschen für Menschen gemacht. Weil gerade der anthropozentrische Blick auf die Welt die Krisen unserer Zeit mitverantwortet, fordern Stimmen aus Philosophie und Rechtswissenschaften zunehmend, diese Perspektive zumindest aufzuweichen.▶ Der Anthropozentrismus der Bundesverfassung ist allerdings schon heute nicht konsequent; einige ihrer Bestimmungen lassen sich zumindest nichtanthropozentrisch lesen.

Das gilt schon für den Zweck der »Erhaltung der Lebensgrundlagen« in Artikel 2 Abschnitt 4, der nicht als Erhaltung der nur menschlichen Lebensgrundlagen gelesen werden muss; die semantisch abweichende französische Formulierung »*ressources naturelles*« legt allerdings stärker als die deutsche die anthropozentrische Lesart nahe.[2]

Die Schutzwürdigkeit des Waldes wird in Artikel 77 begründet: »Der Bund sorgt dafür, dass der Wald seine Schutz-, Nutz- und Wohlfahrtsfunktionen erfüllen kann.« Es ist eine instrumentelle, also vom Nutzen für den Menschen aus gedachte Begründung. Moore und Moorlandschaften von gesamtschweizerischer Bedeutung sind aufgrund »besonderer Schönheit« geschützt (Art. 78 Abs. 5), eine Begründung, die nicht auf den praktischen Nutzen abzielt, aber gleichwohl auf die menschliche Wahrnehmung bezogen ist.

Demgegenüber stellt Artikel 78 lapidar fest, dass der Bund auf »Anliegen des Natur- und Heimatschutzes« Rücksicht zu nehmen habe. Auch die »Tier- und Pflanzenwelt« und »ihre Lebensräume in der natürlichen Vielfalt« (Art. 78), die Tiere (Art. 80) oder die »genetische Vielfalt der Tier- und Pflanzenarten« (Art. 120) sind ohne Begründung geschützt. Indem sie die Schutzwürdigkeit von Naturgütern ohne Begründung postuliert, spricht ihnen die Bundesverfassung

▶ So forderte der Neuenburger Verfassungsrechtler Pascal Mahon in seiner Abschiedsvorlesung, die »sehr, ja sogar ausschließlich anthropozentrische Konzeption« zu hinterfragen, die uns dazu gebracht habe, »die Dimension der Natur als kosmisches Ganzes zugunsten individueller Rechte zu ignorieren und zu vernachlässigen, ja zu opfern« (Mahon 2023, S. 423).

implizit einen intrinsischen Wert zu, also einen Eigenwert unabhängig vom Nutzen für den Menschen.

1961, in seiner »Botschaft zum Natur- und Heimatschutzartikel«, dem heutigen Artikel 78, argumentierte der Bundesrat noch strikt vom Menschen aus: Es gehe darum, »im Interesse des ganzen Volkes und der Volksgesundheit dafür [zu] sorgen, dass Erholungsräume für Leib und Seele erhalten bleiben«.[3] 24 Jahre später indes, in seiner »Botschaft zur ›Rothenturm-Initiative‹«, schrieb er vom »Daseinsrecht«, das »der Pflanzen- und Tierwelt als Teil der Schöpfung schon aus ethischen Gründen zugeordnet« werden müsse.[4]

Am explizitesten nichtathropozentrisch ist ein Ausdruck in Artikel 120, »Gentechnologie im Ausserhumanbereich«: die »Würde der Kreatur« (französisch unbestimmter: »*l'intégrité des organismes vivants*«). Der Bund muss dieser Würde »im Umgang mit Keim- und Erbgut von Tieren, Pflanzen und anderen Organismen [...] Rechnung tragen«, während die Menschenwürde »zu achten und zu schätzen« ist (Art. 7). Die Würde der Kreatur ist also nur im Kontext der Biotechnologie explizit geschützt. Die Bundesverfassung postuliert aber, dass Kreaturen eine Würde haben; laut Rechtswissenschaftlern gilt das für die Bundesverfassung als Ganze.[5]

Die Eidgenössische Ethikkommission für die Biotechnologie im Ausserhumanbereich hat sich 2000 in mehreren Publikationen mit dem Begriff auseinandergesetzt und festgestellt, dass er eine »moralische Berücksichtigung von Pflanzen um ihrer selbst willen« impliziere.[6] Sie erntete dafür viel Spott.▶ Möglicherweise gäbe es dafür heute mehr Verständnis.

▶ So verlieh die US-amerikanische Zeitschrift *Annals of Improbable Research* der EKAH 2008 ihren »Ig-Nobel«-Spottpreis – die Zeitschrift hatte nicht gemerkt, dass der Ausdruck »Würde der Kreatur« keine Schöpfung der EKAH ist.

Aus philosophischer Sicht ist es etwas anderes, ob man einer Sache einen intrinsischen Wert zuerkennt oder diese Sache nur schätzt und schützt, weil sie nützlich ist, mit anderen Worten, ob etwas Subjekt ist oder Objekt. Doch selbst wenn man am anthropozentrischen Blick festhält und es ablehnt, der nichtmenschlichen Natur einen Eigenwert und somit Subjektstatus zuzugestehen, greift es zu kurz, diese Natur nur wegen ihres Nutzens zu schützen. Denn unser Wissen ist unvollständig und vielleicht erweist sich eine als unwichtig geglaubte Art als wichtig, sobald sie fehlt. Man muss Natur also unabhängig von ihrem bekannten Nutzen für die Menschen schützen, mindestens so, als ob sie einen intrinsischen Wert hätte.

Vorschlag 4.2: Natürliche Einheiten wie Ökosysteme, Artenvielfalt, Klimastabilität, Landschaftsschönheit und so weiter sind unabhängig von einem (bekannten) konkreten Nutzen für die Menschheit zu schützen. Die Würde der Kreatur ist aus dem Kontext der Gentechnologie zu lösen.

5 Grundrechte und Grundpflichten

Die in Artikel 7 bis 36 der Bundesverfassung definierten Grundrechte und die in Artikel 6, »Individuelle und gesellschaftliche Verantwortung«, postulierte Grundpflicht nehmen nicht explizit auf die Umwelt Bezug. In dieser Hinsicht ist die Bundesverfassung im Vergleich zu anderen Staatsverfassungen, die ein Recht auf eine gesunde Natur oder Grundrechte für nichtmenschliche Natur kennen, konservativ. Aber natürlich sind die Grundrechte auch der schweizerischen Bundesverfassung umweltrelevant, und zwar in zwei Richtungen. Die Art und Weise, wie die Grundrechte ausgeübt werden, hat einen Einfluss auf die Umwelt. Umgekehrt ist der Zustand der Umwelt relevant dafür, wie die Menschen ihre Grundrechte wahrnehmen können.

Recht auf eine gesunde Umwelt

Brauchen Menschen ein Grundrecht auf eine gesunde Umwelt, weil in einer zerstörten Umwelt alle anderen Grundrechte zumindest beeinträchtigt sind? Die Verfassungen zahlreicher Staaten und auch der Kanton Genf kennen ein solches Recht.

Im Rahmen der Vereinten Nationen wird das Recht auf eine gesunde Umwelt seit über einem halben Jahrhundert diskutiert. 1972 erwähnte die Stockholm-Erklärung das Recht, ohne es zu deklarieren. Fünfzig Jahre später verabschiedete die UN-Generalversammlung ohne Gegenstimmen bei acht Enthaltungen eine Resolution, die ein »Recht auf eine saubere, gesunde und nachhaltige Umwelt« postuliert.[1] Eingebracht hatten die Resolution fünf Staaten, darunter die Schweiz.[2] Der Beschluss schafft kein bindendes Recht.

Er ist knapp formuliert und definiert nicht, was eine »saubere, gesunde und nachhaltige Umwelt« sei. Konkreter wurde der UN-Sonderberichterstatter für Menschenrechte und Umwelt. Er stellte sechzehn Prinzipien auf, darunter Bildung und Aufklärung in Umweltfragen, eine Umweltfolgenabschätzung für geplante Projekte, öffentliche Mitsprache in umweltrelevanten Entscheidungen, die effektive Anwendung der Umweltnormen gegenüber öffentlichen und privaten Akteuren, die Schaffung eines effektiven internationalen Rechtsrahmens oder den Schutz besonders verletzlicher Personen durch zusätzliche Maßnahmen.[3]

Die regionalen Menschenrechtserklärungen Afrikas, Amerikas, der arabischen Welt und Südostasiens kennen ein Grundrecht auf eine gesunde Umwelt, nicht aber die Europäische Menschenrechtskonvention (EMRK). 2021 hat die Parlamentarische Versammlung des Europarats empfohlen, das Recht auf eine gesunde Umwelt in die EMRK aufzunehmen.[4] Der Weg dahin ist aber noch lang.[5]

Parallel zu diesen politischen Bestrebungen findet in der Rechtsprechung etwas statt, was als »Greening« der Grundrechte bezeichnet wird. Es setzt sich in den Gerichten mehr und mehr die Erkenntnis durch, dass eine gesunde Umwelt die Voraussetzung dafür ist, dass die Grundrechte überhaupt wahrgenommen werden können.[6]

2021 hat das deutsche Bundesverfassungsgericht die Bundesregierung zu ambitionierteren Klimazielen verpflichtet. Das Urteil beginnt mit dem Satz »Der Schutz des Lebens und der körperlichen Unversehrtheit [...] schließt den Schutz vor Beeinträchtigungen grundrechtlicher Schutzgüter durch Umweltbelastungen ein.«[7] Das Gericht berief sich namentlich auch auf das Recht auf Freiheit. Der Freiheitsgebrauch der heutigen Generation stoße an »verfassungsrechtliche Grenzen«, soweit damit CO_2-Emissionen verbunden seien, die »künftige Freiheit« gefährdeten.[8] Die deutsche Verfassung, das Grundgesetz, kennt kein Recht auf eine gesunde Umwelt, aber das Bundesverfassungsgericht hat auch ohne ein solches entschieden, dass die Bundesregierung verpflichtet ist, ihre heutigen Bürgerinnen und Bürger wie auch künftige Generationen vor der Klimakrise zu schützen.

Der Europäische Gerichtshof für Menschenrechte (EGMR) hat Anfang 2024 im Fall »Verein Klimaseniorinnen gegen die Schweiz« geurteilt, dass die Schweiz Artikel 8 des EMRK »Recht auf Achtung des Privat- und Familienlebens« verletzt habe. Der Artikel verpflichte die Staaten, besonders verletzliche Menschen – im konkreten Fall alte Frauen – vor den Folgen der Klimaerhitzung zu schützen.[9]

Auch der EGMR hat sich nicht angemaßt, das Recht auf eine gesunde Umwelt eigenmächtig einzuführen, wie der Präsident der nationalrätlichen Rechtskommission, Philipp Matthias Bregy, im Nationalrat behauptete.[10] Das Urteil hält ausdrücklich fest, dass die EMRK kein Recht auf eine gesunde Umwelt per se kenne. Der Gerichtshof bewerte aber, ob der Zustand der Umwelt die durch die EMRK garantierten Rechte berühre.[11]

Die Antwort darauf lautet: Ja, das tut er.

Ein Recht auf eine gesunde Umwelt brächte juristisch womöglich nichts, was sich nicht schon aus dem heutigen Recht ableiten ließe,[12] aber es brächte doch Klarheit.

> **Vorschlag 5.1:** Die Bundesverfassung anerkennt das Recht auf eine gesunde Umwelt oder erweitert das bestehende Recht auf Leben und persönliche Freiheit (Art. 10 BV) so, dass es das Recht auf eine gesunde Umwelt einschließt.

Wenn es das Recht gäbe, so bestünde doch die Gefahr, dass es »leere Hülle« bliebe, warnt Francesca Magistro. Um diese Gefahr abzuwenden, empfiehlt sie, das Recht auf künftige Generationen zu erweitern und von einer nur anthropozentrischen Sicht zu lösen.[13]

Grundrechte für die Natur und für künftige Generationen

Die Frage, ob und inwieweit die Natur Rechte haben, also Rechtssubjekt sein könne, ist ebenfalls schon ein halbes Jahrhundert alt[14] und wird in jüngster Zeit wieder intensiv diskutiert; auch die Frage, ob die Grundrechte auch für künftige Generationen gelten sollen und wie sie durchzusetzen wären.

Die Idee, Tieren, Pflanzen, Landschaften oder ganzen Ökosystemen Rechte zuzugestehen, mag merkwürdig erscheinen. Aber schon heute gelten gewisse Grundrechte nicht nur für Menschen, sondern auch für juristische Personen, also Unternehmen, Organisationen oder staatliche Einheiten. (Vgl. Kap. 10)

Was die Rechte künftiger Generationen angeht, kann man argumentieren, dass das Nachhaltigkeitsgebot der Bundesverfassung bereits fordert, solche Rechte zu respektieren; die Präambel spricht von der »Verantwortung gegenüber den künftigen Generationen«. Dabei geht es nicht darum, dass künftige Menschen, die noch nicht geboren sind, bereits heute ein Recht auf Leben hätten. Sondern es geht darum anzuerkennen, dass sie ein solches Recht haben werden, wenn sie einmal geboren sind, so wie es das deutsche Bundesverfassungsgericht getan hat. Die Unterscheidung ist wichtig, weil ein Recht auf Leben für künftige Generationen, das schon heute gälte, mit den reproduktiven Rechten kollidieren würde.[15] Hier stellt sich vor allem die Frage, wie die Interessen künftiger Generationen in der Gegenwart repräsentiert werden könnten. (Vgl. Kap. 15 S. 175)

> **Vorschlag 5.2:** Es ist zu prüfen, ob das Recht auf Leben und persönliche Freiheit (Art. 10 BV) um die Anerkennung erweitert werden soll, dass auch künftige Generationen ein Recht auf Leben und Freiheit haben werden.

Grundpflichten

Noch vor den Grundrechten deklariert Artikel 6 der Bundesverfassung eine Grundpflicht: »Jede Person nimmt Verantwortung für sich selber wahr und trägt nach ihren Kräften zur Bewältigung der Aufgaben in Staat und Gesellschaft bei.« Diese Grundpflicht ließe sich auf eine Verpflichtung gegenüber der Umwelt und/oder künftigen Generationen ausweiten, wie es die Verfassungen der Kantone Glarus und

Appenzell Ausserrhoden tun[16]. Aber auch diese Erweiterung ergibt sich eigentlich schon aus der bestehenden Bestimmung und dem Nachhaltigkeitsgebot.

> **Vorschlag 5.3:** Die Pflicht auf individuelle und gesellschaftliche Verantwortung (Art. 6 BV) wird um die Pflicht des verantwortlichen Handelns gegenüber der Umwelt wie gegenüber künftigen Generationen erweitert.

6 Eigentum und Wirtschaftsfreiheit

»Das Eigentum ist gewährleistet«, deklariert kurz und bündig Artikel 26 der Bundesverfassung. Von Umwelt oder Nachhaltigkeit ist in diesem Artikel keine Rede. Eigentum ist aber, wie der deutsche Rechtswissenschaftler Jens Kersten schreibt, eine »ökologische Kernfrage«.[1] Dasselbe gilt für die Wirtschaftsfreiheit (Art. 27 BV).

Eigentumsgarantie[2]
Was Eigentum ist, definiert die Bundesverfassung nicht – es gibt im ganzen Schweizer Rechtssystem keine klare Definition. Vermutlich wären die meisten Leute, fragte man sie auf der Straße, der Meinung, das verstehe sich von selbst: Eigentum ist, was mir gehört; ich kann damit tun und lassen, was ich will. Ich kann aus einem Weinglas, das mir gehört, Wein trinken oder es an die Wand schmeißen, das geht niemanden etwas an – wobei ich, wenn die Wand und der Boden darunter nicht ebenfalls mir gehören, doch zumindest sauber machen muss. Und da wird es schon ein wenig komplizierter.

In diesem Alltagssinne ist auch in der politischen Debatte oft von Eigentum die Rede, und auf den ersten Blick definiert auch das Zivilgesetzbuch Eigentum so: »Wer Eigentümer einer Sache ist, kann in den Schranken der Rechtsordnung über sie nach seinem Belieben verfügen.«[3] Nur eben: »in den Schranken der Rechtsordnung«.

Dieses Alltagsverständnis von Eigentum – das Recht, eine Sache zu benutzen oder zu missbrauchen, *ius utendi et abutendi re sua* – entspricht dem *dominium* des römischen Rechts, dem Recht des Hausherrn *(dominus)*. Dieses Recht bezog sich im alten Rom ausdrücklich auch auf Menschen (Sklavinnen und Sklaven), die dadurch den rechtlichen Status von Sachen hatten. Die Möglichkeit, Menschen zu besitzen, respektive besessen zu werden, bestand in vielen historischen Gesellschaften. Eine der größten zivilisatorischen Errungenschaften der letzten 200 Jahre, die Abschaffung der Sklaverei, war eine Einschränkung des Rechts auf Eigentum.

Menschen können also nicht Eigentum sein, aber kann Boden Eigentum sein? Ja. Das ist allerdings manchen Kulturen genauso fremd wie uns der Besitz von Menschen, und auch bei uns ist stark reglementiert, was Eigentümer mit ihrem Boden tun dürfen. Können Tiere Eigentum sein? Ja, aber rechtlich sind sie trotzdem keine Sachen[4]. Wasser? Nein. Aber die Nutzung des Wassers als Energiequelle vergeben die Kantone in langjährigen Konzessionen an Energieunternehmen.[5] Luft, Wind oder Sonne? Nein. In Irland sind sie jedoch Eigentum des Staats.[6]

Eigentum ist kein Recht, sondern ein Bündel von Rechten in Bezug auf eine Sache oder ein Gut, etwa das Recht, etwas zu benutzen, das Recht, es aufzubrauchen oder zu zerstören, das Recht, etwas zu verschenken oder zu verkaufen, und das Recht, solche Rechte anderen Menschen zuzugestehen oder vorzuenthalten.

Oft umfasst Eigentum nur einen Teil dieser Verfügungsrechte. Besitze ich ein Tier, darf ich es nicht quälen. Besitze ich Land, gibt die Zonenordnung vor, ob ich darauf bauen darf oder nicht, und wenn auf dem Land ein Wegrecht liegt, muss ich zulassen, dass andere es betreten,[7] und landwirtschaftliches Land darf ich nur eingeschränkt verkaufen. Besitze ich ein denkmalgeschütztes Haus, darf ich es bewohnen oder darin arbeiten, je nach Zonenordnung, darf es aber nur eingeschränkt verändern; man könnte etwas salopp sagen: Das äußere Erscheinungsbild gehört nicht mir, sondern der Allgemeinheit. Namentlich Eigentum an Boden und Immobilien verdankt seinen Wert zu einem guten Teil staatlichen Leistungen wie zum Beispiel der Erschließung eines Grundstücks durch Verkehrswege, Wasser-, Abwasser- oder Stromanschlüsse. Der Staat ist also gut legitimiert, die Nutzung des Eigentums zu reglementieren.

Dem *dominium*, also dem Eigentum, mit dem der *dominus* tun und lassen kann, was er will, steht im römischen Recht das *patrimonium* gegenüber – ein Eigentumsbegriff, der historisch viel weiter verbreitet war als *dominium*. Er versteht Eigentum als Dauerleihgabe auf Lebenszeit, das man nutzen darf und gleichzeitig erhalten und allenfalls mehren soll, um es an die nächste Generation weiterzugeben.[8] Es ist gewissermaßen ein Eigentumsverständnis mit eingebauter Nachhaltigkeit. Ein Echo davon findet sich heute im deutschen Grundgesetz (Art. 14): »Eigentum verpflichtet. Sein Gebrauch soll zugleich dem Wohle der Allgemeinheit dienen.«[9]

Eigentum verpflichtet
Die Bundesverfassung nennt die Eigentumsgarantie erst seit 1969.[10] Damals gab es Diskussionen, die Eigentumsgarantie um Bestimmungen einer Eigentumspolitik zu ergänzen. Auch der Verfassungsentwurf der Expertenkommission von 1977 enthielt einen Artikel zur Eigentumspolitik mit acht Zielen. Die ersten drei lauteten: »die Umwelt vor übermässiger oder das Gemeinwohl schädigender Beanspruchung schützen«; »eine sparsame Nutzung des Bodens, eine geordnete Besiedlung des Landes und harmonische Landschafts- und Siedlungsbilder fördern«; »die natürliche und die kulturelle Eigenart des Landes wahren«. Die weiteren Ziele waren nicht unmittelbar ökologisch, sondern sozial und ökonomisch; die Eigentumspolitik sollte etwa »eine übermässige Konzentration von Vermögen und Grundeigentum verhüten« und »volkswirtschaftlich oder sozial schädliches Gewinnstreben bekämpfen«.[11] Aber diese sozialen und ökonomischen Ziele sind – ganz im Sinne der Mehrdimensionalität der Nachhaltigkeit – auch ökologisch relevant: Höhere Ungleichheit geht mit stärkerer Umweltbelastung einher (vgl. Kap. 12 S, 130).[12] Es erstaunt nicht, dass diese Bestimmungen den Widerstand der Wirtschaftsverbände weckten.

In einem weiteren Punkt greift das Alltagsverständnis von Eigentum zu kurz. Es geht meistens davon aus, dass Eigentum individuell ist und einer natürlichen oder juristischen Person oder mehreren Personen anteilsmäßig gehört. Aber so muss es nicht sein. Historisch und etwa in der Alpwirtschaft bis heute bedeutsam ist vor allem im Bodenrecht das

▶ Auch Kölz, Müller (1995 [1984]) sahen einen entsprechenden Artikel (Art. 50) vor, allerdings ohne die besonders umstrittenen Ziele der Verhütung einer »übermäßigen Konzentration von Vermögen und Grundeigentum« und der Bekämpfung »volkswirtschaftlich oder sozial schädlichen Gewinnstrebens«.

Gemeineigentum, Allmende oder *commons*, das von einer Gemeinschaft verwaltet wird. Es gibt Nutzungsregeln, aber keine Besitzanteile wie bei einer Aktiengesellschaft. Man kann auch öffentliche Infrastrukturen oder Umweltgüter wie sauberes Wasser, die Schutzfunktion eines Waldes, die Biodiversität oder ein schönes Ortsbild als gemeinsames Eigentum verstehen.

Gemeineigentum hat es im politischen Alltag schwer, sich gegen Privateigentum durchzusetzen. Private Interessen sind konzentrierter und daher einfacher zu organisieren als öffentliche Interessen. Das zeigte sich etwa bei der Revision des Stromversorgungsgesetzes 2023. Der Vorschlag, bei Neubauten Fotovoltaikanlagen vorzuschreiben, wurde mit dem Argument, es sei ein zu weitgehender Eingriff ins Eigentum, auf große Gebäude beschränkt, gleichzeitig wurde der Naturschutz bei Energieprojekten abgeschwächt.▶ Die intakte Natur, die allen gehört, unterlag dem Interesse individuellen Eigentums.

Der schlichte Satz »Das Eigentum ist gewährleistet« könnte also in verschiedene Richtungen erweitert werden, mit der Feststellung, dass Eigentum verpflichtet, mit einer Eigentumspolitik, die diese Verpflichtung präzisiert, und mit der expliziten Anerkennung von Gemeingütern als gleichberechtigte Eigentumsformen.

Juristisch ist das nicht nötig. Was nicht explizit festgeschrieben ist, ist in der Rechtspraxis gleichwohl etabliert. Gemeingüter werden zwar nicht unter

▶ Die Änderung des Stromversorgungsgesetzes (Geschäftsnummer 21.047), die im Juni 2023 an der Urne gutgeheißen wurde, sieht – rechtlich heikel – vor, dass bei sechzehn namentlich aufgeführten Wasserkraftanlagen sowie bei »Solar- und Windkraftanlagen von nationalem Interesse« das »Interesse an ihrer Realisierung anderen nationalen Interessen grundsätzlich vorgeht« (Art. 9a [neu] Abs. 3 Bst. d und Abs. 4 Bst. c StromVG). Der Ständerat wollte ursprünglich Energieanlagen sogar in Gebieten erlauben, die im Bundesinventar der Landschaften und Naturdenkmäler (BLN) verzeichnet sind.

dem Titel der Eigentumsgarantie, aber als öffentliche Interessen gegen das Recht auf Eigentum abgewogen. Eigentum verpflichtet auch in der Schweiz.

Das stellte das Bundesgericht etwa in einer Entscheidung von 2023 klar. Die Luzerner Gemeinde Hochdorf hatte die kommunale Volksinitiative »Hochdorf heizt erneuerbar« für ungültig erklärt, weil sie das Recht auf Eigentum verletze, indem sie Hauseigentümerinnen und -eigentümern vorschreiben wollte, ihre Häuser ab 2030 erneuerbar zu beheizen – was bedeutet hätte, dass manche Heizungen vor Ende ihrer Lebenszeit hätten ausgewechselt werden müssen. Das Bundesgericht befand dagegen, die Eigentumsgarantie gewährleiste das Eigentum »nur in den Schranken, die ihm im öffentlichen Interesse durch die Rechtsordnung gezogen sind«. Die Vorschrift, nicht erneuerbare Heizungen zu ersetzen, sei verhältnismäßig, wenn die Eigentümerinnen und Eigentümer entschädigt würden.[13]

Politisch könnte es von Vorteil sein, wenn in der Verfassung explizit festgeschrieben würde, was implizit gilt, oder wenn Gemeingüter als Eigentum verstanden und somit sprachlich dem Privateigentum gleichgesetzt würden.

Vorschlag 6.1: Das Grundrecht auf Eigentum wird mindestens um den Zusatz »Eigentum verpflichtet [gegenüber Mitmenschen und Umwelt]« erweitert (analog zu Art. 14 des deutschen Grundgesetzes), oder es wird ein zusätzlicher Artikel »Eigentumspolitik« geschaffen, der eine ökologisch, sozial und ökonomisch nachhaltige Nutzung von Eigentum bezweckt (analog zu Art. 30 des Verfassungsentwurfs von 1977).

Vorschlag 6.2: Das Grundrecht auf Eigentum ist so zu definieren, dass das Gemeineigentum der Bevölkerung an natürlichen und ideellen Werten sowie öffentlichen Infrastrukturen *(commons)* dem individuellen Eigentum gleichwertig ist.

Wirtschaftsfreiheit

Was für die Eigentumsgarantie gesagt wurde, gilt ähnlich auch für die Wirtschaftsfreiheit. Sie wird im zweiten Absatz von Artikel 27 definiert: »Sie umfasst insbesondere die freie Wahl des Berufes sowie den freien Zugang zu einer privatwirtschaftlichen Erwerbstätigkeit und deren freie Ausübung.«

Abweichungen vom Grundsatz der Wirtschaftsfreiheit müssen in der Bundesverfassung oder in kantonalen Regalrechten vorgesehen sein (Art. 94 Abs. 4 BV). Damit ist die Wirtschaftsfreiheit besser geschützt als andere Grundrechte, zu deren Einschränkung ein Gesetz genügt (Art. 36 BV).

Wie das Eigentum hat auch wirtschaftliche Tätigkeit weitreichende Auswirkungen auf die Gesellschaft. Wie das Eigentum bringt auch sie Verpflichtungen mit sich – beziehungsweise müsste sie mit sich bringen.

Der Verfassungsentwurf von 1977 sah neben einem Artikel »Eigentumspolitik« auch einen Artikel »Wirtschaftspolitik« vor: »Der Staat strebt eine marktwirtschaftliche Ordnung an, welche die sozialen Pflichten beachtet.«[14] Namentlich sollte die Wirtschaftspolitik »eine ausgeglichene wirtschaftliche Entwicklung fördern«, »im Rahmen der Raumordnung die Umwelt schützen«, »die Versorgung des Landes mit Energie, lebenswichtigen Gütern und Dienstleistungen sicherstellen« oder »für eine sparsame Verwendung von Rohstoffen und Energie sorgen«. Eine Variante des Entwurfs beinhaltet, dass der Staat »in den Wirtschaftsablauf eingreifen und Wirtschaftspläne aufstellen« kann, »wenn diese Ziele es verlangen«.

Alfred Kölz und Jörg Paul Müller schlugen in ihrem Verfassungsentwurf auch noch die »Rücksichtnahme auf die besonderen Probleme der Entwicklungsländer« als ein Ziel der Wirtschaftspolitik vor, und der Bund sollte die »rohstoffschonenden Produktionsweisen und die Wiederverwertung von Materialien«, die »Produktion dauerhafter Gebrauchsgüter« oder die »auf betriebseigener Bodennutzung basierende Landwirtschaft und den biologischen Landbau« fördern.¹⁵ Der vorgeschlagene Artikel war eine klare Gegenposition zur neoliberalen »Friedman-Doktrin«, die der Chicagoer Ökonom Milton Friedman aufgestellt und 1970 auf die Formel »The business of business is business« gebracht hatte und deren politischer Aufstieg in den siebziger Jahren einsetzte.

Die geltende Bundesverfassung kennt keinen Wirtschaftspolitikartikel.▶ Zwar kann der Bund »Vorschriften erlassen über die Ausübung der privatwirtschaftlichen Erwerbstätigkeit« (Art. 95 Abs. 1 BV), aber die Wirtschaft wird nicht auf einen bestimmten Zweck verpflichtet. Von der Idee, dass die Wirtschaft eine Verantwortung trägt, zeugt lediglich der Satz, dass Bund und Kantone »mit der privaten Wirtschaft zur Wohlfahrt und zur wirtschaftlichen Sicherheit der Bevölkerung« beitrügen (Art. 94 Abs. 2 BV).

Mit ihrem Nachhaltigkeitsgebot und dem Vorsorgeprinzip verpflichtet die Bundesverfassung den

▶ Einen Verfassungsartikel, der Grundsätze der Wirtschaftspolitik festlegt, kennt heute der Kanton Genf: (Art. 185): »Der Staat schafft ein günstiges Umfeld für eine freie, verantwortungsvolle, diversifizierte und solidarische Wirtschaft«.

Bund aber im Grunde ausreichend, eine in einem strikten Sinne zirkuläre Wirtschaft anzustreben, eine Wirtschaft also, die Ressourcenverbrauch und Abfallproduktion minimiert, nicht in erster Linie durch Recycling, sondern durch Vermeidung und Wiederverwendung. Der Bund müsste nicht einmal von seinem verfassungsmäßigen Recht Gebrauch machen, vom Grundsatz der Wirtschaftsfreiheit abzuweichen (Art. 94 Abs. 4 BV), um die Einhaltung ökologischer Grenzen einzufordern. Es bedürfe dafür auch keiner Interessensabwägung, schreibt Dunia Brunner in ihrer Dissertation, denn das Einhalten von Grenzen, die in den physischen Realitäten der Biosphäre begründet sind, sei keine Abweichung von der Wirtschaftsfreiheit, sondern dem Wirtschaften inhärent.[16]

Mit der im März 2024 beschlossenen Umsetzung der Parlamentarischen Initiative »Kreislaufwirtschaft«[17] im Umweltschutzgesetz unternimmt das Parlament einen wichtigen Schritt hin zu einer zirkulären Wirtschaft – aber eben doch nur einen Schritt. Der Gesetzestext umfasst zahlreiche Bestimmungen, die den Bundesrat ermächtigen, nicht aber verpflichten zu handeln.

Der gescheiterte Entwurf einer neuen Verfassung für den Kanton Wallis sah vor, dass Kanton und Gemeinden »die Interessen der lokalen Wirtschaft [wahren] und kurze Wertschöpfungsketten [fördern]«; verschiedene Kantone kennen Programme zur Förderung einer *économie de proximité*.[18]

▶ Den Begriff der *économie de proximité* hat der französische Historiker Fernand Braudel geprägt. Der Conseil économique, social et environnemental der Republik Frankreich (République Française 2010, S. I-5) definiert ihn so: »Die *économie de proximité* wird zunächst als eine Organisationsform der Wirtschaft rund um direkte Beziehungen definiert: Beziehungen der Unternehmen zu den Verbrauchern, Beziehungen zwischen Unternehmen, Verankerung im lokalen Leben. Ihr Ziel ist es, das Wohlbefinden zu steigern, indem das Gebiet durch die und für die Akteure aufgewertet wird, die in einer Region leben. Sie definiert sich dann über ihren Bezug zur lokalen Entwicklung. Sie ist auch eine Quelle der Beschäftigung und stärkt die Vitalität des Gebiets.«

Eine Regionalisierung der Wirtschaft hätte ökonomische, ökologische und soziale Vorteile. Erstens würde die Wirtschaft weniger verletzlich gegenüber Störungen der globalen Warenströme wie durch Pandemien, durch Niedrigwasserstand im Rhein, durch eine Blockade des Suezkanals, durch einen Vulkanausbruch, der die Luftfahrt verunmöglicht, oder durch Kriege. Zweitens nähme die Nachfrage nach Verkehrsleistungen im Gütertransport ab. Und drittens wäre die Wirtschaft besser im gesellschaftlichen Leben verankert und wertete die Funktion der Arbeit auf, soziale Teilhabe zu vermitteln.

> **Vorschlag 6.3:** Die Bundesverfassung definiert eine Wirtschaftspolitik, die die Schonung der Umwelt und den Nutzen für die Allgemeinheit anstrebt (analog zu Art. 31 des Verfassungsentwurfs von 1977 oder Art. 44 von Kölz, Müller). Soweit es die Ziele der wirtschaftlichen Entwicklung, namentlich deren Nachhaltigkeitsziele, verlangen, kann der Bund in den Wirtschaftsablauf eingreifen.

> **Vorschlag 6.4:** Die Wirtschaftspolitik des Bundes fördert eine *économie de proximité* mit kurzen Wertschöpfungsketten.

Werbung und geplanter Verschleiß

Ein wichtiger Treiber einer nichtnachhaltigen Wirtschaft ist die Werbung. Der Verfassungsentwurf von 1977 sah einen Artikel »Schutz der Konsumenten« vor: »Das Gesetz schützt die Konsumenten und setzt der Werbung Schranken.«[19]

Artikel 97 der Bundesverfassung verpflichtet den Bund zum Schutz der Konsumentinnen und Konsumenten, sagt aber nicht, wovor diese zu schützen seien. Man könnte sehr wohl den Schutz vor Werbung darunter verstehen. Das Bundesgericht hat festgestellt, dass Verbote kommerzieller Werbung auch auf privatem Grund zulässig seien, um die Bevölkerung vor »visueller Verschmutzung« und den Folgen der Werbung wie »Überkonsum, geplantem Verschleiß und Überschuldung« zu schützen.[20]

Der Schutz vor geplantem Verschleiß▶ und ein Recht auf Reparatur könnten weitere Ziele des Konsumentenschutzes sein. Letzteres hat das Europäische Parlament im April 2024 beschlossen,[21] während die Umsetzung der Parlamentarischen Initiative »Kreislaufwirtschaft« dem Bundesrat die Möglichkeit gibt, Vorschriften festzulegen über »die Verwertbarkeit sowie die Lebensdauer, Verfügbarkeit von Ersatzteilen und Reparierbarkeit bei Produkten«.[22]

▶ Unter »geplantem Verschleiß« (planned obsolescence) versteht man Strategien, Produkte so zu gestalten, dass die Konsumentinnen und Konsumenten sie rasch ersetzen – von absichtlich eingebauten Materialschwächen über das Verunmöglichen von Reparaturen bis zu schnell wechselnden Moden; vgl. Slade 2006.

Vorschlag 6.5: Der Konsumentinnen- und Konsumentenschutz (Art. 97 BV) ist um den Schutz vor übermäßiger Werbung (vgl. Expertenkommission 1977, Art. 33) und geplantem Verschleiß sowie um das Recht auf Reparatur zu erweitern.

Landwirtschaft

Im ganzen Abschnitt »Wirtschaft« der Bundesverfassung (Art. 94 bis 107) gibt es explizite Umweltbestimmungen nur in Artikel 104 »Landwirtschaft« und Artikel 104a »Ernährungssicherheit«. Beide gehen auf direkte Gegenentwürfe zu Volksinitiativen des Schweizerischen Bauernverbands zurück.▶ Die Artikel verlangen eine »nachhaltige Produktion« der Landwirtschaft; die Nachhaltigkeit wird gleichrangig mit der Ausrichtung auf den Markt bewertet.

Artikel 104 Absatz 1 definiert drei Zwecke der Landwirtschaft: Sie soll einen Beitrag leisten zur »sicheren Versorgung der Bevölkerung«, zur »Erhaltung der natürlichen Lebensgrundlagen und zur Pflege der Kulturlandschaft« und zur »dezentralen Besiedlung des Landes«. Hier anerkennt die Bundesverfassung also für die Landwirtschaft, was der Wirtschaftspolitikartikel des Verfassungsentwurfs von 1977 für die gesamte Wirtschaft anerkennen wollte: Dass es um mehr geht als um ökonomisches Handeln. »Produktionsformen, die besonders naturnah, umwelt- und tierfreundlich sind«, werden mit »lohnenden Anreizen« gefördert, und die Umwelt wird »vor Beeinträchtigungen durch überhöhten Einsatz von Düngstoffen, Chemikalien und anderen Hilfsstoffen« geschützt (Art. 104 Abs. 3).

Gemäß Artikel 104a schafft der Bund außerdem Voraussetzungen für die »Sicherung der Grundlagen für die landwirtschaftliche Produktion«, eine »standortangepasste und ressourceneffiziente Lebensmittelproduktion« und einen »ressourcenschonenden Umgang mit Lebensmitteln«. Grenzüberschreitende Handelsbeziehungen sollen »zur nachhaltigen Entwicklung der Land- und Ernährungswirtschaft beitragen«. Diese Bestimmung findet etwa in Handelsverträgen ihren Niederschlag.

Die Landwirtschaft ist nicht

▶ Der Artikel 104 war der direkte Gegenentwurf zur Volksinitiative »Für eine umweltgerechte und leistungsfähige bäuerliche Landwirtschaft« (BBl 1992 VI 292), abgestimmt am 9. Juni 1996. Der Artikel 104a war der direkte Gegenentwurf zur Volksinitiative »Für Ernährungssicherheit« (BBl 2015 5753), abgestimmt am 24. September 2017. Schon diese Volksinitiative war gewissermaßen ein Gegenvorschlag des Schweizerischen Bauernverbands gegen einen Initiativvorschlag einer Gruppe um den damaligen Berner SVP-Nationalrat Rudolf Joder, der eine fixe Rate der Selbstversorgung festschreiben wollte.

nur der einzige Wirtschaftszweig, dem die Bundesverfassung Umweltziele gibt; nur sie wird durch die Bundesverfassung auch auf eine Marktausrichtung verpflichtet, und dies gleich doppelt, in Artikel 104 und 104a.[23] Das Wort »Markt« kommt in der ganzen restlichen Bundesverfassung nicht vor.[24] Dass ausgerechnet die Landwirtschaft explizit auf den Markt ausgerichtet werden soll, hat damit zu tun, dass sie vor der Einführung des Direktzahlungssystems 1993 stark staatlich gesteuert war, was immer wieder zu Überproduktion sowie zu hohen Preisen führte. Laut der Kommission für Wirtschaft und Abgaben des Ständerats meint »auf den Markt ausgerichtet« schlicht »nicht vom Staat gelenkt«.[25]

Die Dichotomie »auf den Markt ausgerichtet« versus »vom Staat gelenkt« führt aber in die Irre. Die Selbstversorgung oder auch die solidarische Landwirtschaft sind weder das eine noch das andere. Beide Formen könnten in Krisenzeiten an Bedeutung gewinnen. Die in Artikel 104 und 104a festgehaltene Marktausrichtung richtet sich nicht gegen solche Produktionsformen, diese Bestimmungen sind aber heute obsolet und missverständlich.

> **Vorschlag 6.6:** Die Ausrichtung auf den Markt in Artikel 104 Absatz 1 und Artikel 104a Buchstabe c der Bundesverfassung ist obsolet und kann gestrichen werden.

Dass das Nachhaltigkeitsziel der Artikel 104 und 104a bis heute kaum umgesetzt ist – für das Artensterben ist die Landwirtschaft die Hauptverursacherin –, hat mit der enormen Lobbymacht dieser Branche respektive ihres mächtigsten Verbands zu tun. Man kann hier besonders deutlich feststellen, dass die Verfassungsgrundlage gut, aber die Umsetzung mangelhaft ist. Um die Landwirtschaft auf einen umweltverträglichen Kurs zu bringen, bedarf es keiner Änderung des Verfassungstexts, sondern der Umsetzung des bestehenden.

Einem umfassenden Verständnis von Nachhaltigkeit, das deren soziale und kulturelle Dimension mitberücksichtigt, ist die Ernährungssouveränität verpflichtet, ein Konzept, das die weltweite Kleinbäuerinnen- und Kleinbauernbewegung La Via Campesina in den neunziger Jahren entwickelt hat. Die Generalversammlung der Vereinten Nationen hat sich 2018 zu dem Konzept bekannt und definiert es als das »Recht der Völker, ihre Ernährungs- und Landwirtschaftssysteme zu definieren, und das Recht auf gesunde und kulturell angemessene Nahrungsmittel, die mit ökologischen und nachhaltigen Methoden unter Wahrung der Menschenrechte erzeugt werden«.[26] Ecuador, Bolivien, Venezuela, Nepal, Mali, Ägypten und Senegal haben die Ernährungssouveränität in ihren Verfassungen verankert

Eine Volksinitiative der Kleinbäuerinnen- und Kleinbauerngewerkschaft Uniterre wollte die Ernährungssouveränität in die Bundesverfassung schreiben; sie wurde 2018 deutlich abgelehnt.[27] Zuvor schon hatte das schweizerische Parlament mehrere Vorstöße zugunsten einer Verankerung der Ernährungssouveränität abgelehnt, die mehrheitlich, aber nicht nur von linker Seite kamen.[28] Auch der Kanton Bern hat sich mit einer Standesinitiative für die Ernährungssouveränität starkgemacht.[29]

Vorschlag 6.7: Die Ernährungssicherheit im Artikel 104a der Bundesverfassung ist zur Ernährungssouveränität zu erweitern.

Das Wirtschaftsverständnis vom Kopf auf die Füße stellen

Wirtschaften bedeutet, aus vorhandenen Ressourcen das Beste zu machen und haushälterisch damit umzugehen. Es hat sich aber in der Wirtschaftspolitik – namentlich mit Bezug auf Energie und Verkehr – eine Haltung herausgebildet, die besagt: Die Wirtschaft braucht die und die Ressourcen, die der Staat gefälligst in ausreichendem Umfange bereitstellen muss. Das verkehrt, was »Wirtschaft« ursprünglich bedeutet, und macht aus Verfassungsbestimmungen, die Suffizienzbestimmungen sein sollten, Wachstumstreiber. (Vgl. Kap. 7)

Der Verfassungsrechtler Bernd Marquardt meint denn auch, die Schwierigkeiten unserer Gesellschaften mit dem Begriff der Nachhaltigkeit lägen »weniger daran, dass das Nachhaltigkeitsprinzip besonders kompliziert wäre oder unscharfe Konturen hätte, als vielmehr an der heiklen Tatsache, dass es die Fundamente der Kultur der Industriellen Revolution berührt«.[30]

7 Suffizienz und eingebaute Wachstumsspirale

Ohne Suffizienz gibt es keine Nachhaltigkeit. Suffizienz ist, neben der Effizienz und der Substitution oder Konsistenz, eine von drei Strategien, Ressourcen zu sparen. Effizienz heißt, dasselbe mit weniger Ressourcen zu tun.▶ Substitution heißt, dasselbe mit anderen Ressourcen zu tun. Suffizienz heißt, weniger zu tun.

Suffizienz wird verkürzt oft mit Verzicht gleichgesetzt und ist in der politischen Debatte verpönt. So sehen beispielsweise die Energieperspektiven des Bundes[1], auf denen wiederum die »Langfristige Klimastrategie« des Bundesrats[2] aufbaut, keine Suffizienz vor, was eine bewusste Entscheidung der auftraggebenden Bundesämter ist.[3]

Dabei ist Suffizienz nicht nur etwas anderes als Verzicht, sondern mitunter das Gegenteil davon. Eine Suffizienzpolitik zielt darauf ab, dass Bedürfnisse mit weniger Aufwand – an Energie, Material, Verkehr und so weiter – besser befriedigt werden können. Suffizienz ist Effizienz, systemisch gedacht.

▶ Effizienz kann auch heißen, mit ein bisschen mehr Ressourcen viel mehr zu tun, was natürlich keine Entlastung bringt. Tatsächlich sind die Energieanwendungen im Verlauf der Technikgeschichte stets effizienter geworden, und der Energieverbrauch ist dabei fast immer gestiegen, nicht gesunken. Auch die Strategie der Substitution führt allzu häufig dazu, dass eine neue Ressource zusätzlich zur alten und nicht an ihrer Stelle verbraucht wird. Vgl. Hänggi 2018, S. 121–151.

Suffizienz und missverstandene Suffizienz

So sehr sich die politische Debatte vor der Suffizienz scheut, der Bundesverfassung ist sie vertraut. Boden und Wasser sollen »haushälterisch« (Art. 75 resp. 76 BV) und Energie »sparsam« (Art. 89 BV) genutzt werden, der Bestand an Zweitwohnungen ist begrenzt (Art. 75b BV) und die Kapazität der Transitstraßen im Alpenraum darf nicht erhöht werden (Art. 84 BV; die letzten beiden Beispiele gehen auf Volksinitiativen zurück). Auch die Schuldenbremse (Art. 126 BV) ist in gewissem Sinne ein Suffizienzinstrument.

Mehrfach verpflichtet die Bundesverfassung Bund und Kantone, etwas »ausreichend« (französisch *suffisant)* bereitzustellen. Der Staat ist verpflichtet zu gewährleisten, dass wichtige Bedürfnisse befriedigt werden können. Aber es gibt keine staatliche Pflicht, Überfluss bereitzustellen. Das passt zur Nachhaltigkeit im brundtlandschen Verständnis, in deren Zentrum die Grundbedürfnisse stehen.

Artikel 19 der Bundesverfassung verlangt einen »ausreichenden Grundschulunterricht«, Artikel 92 eine »ausreichende und preiswerte Grundversorgung mit Post- und Fernmeldediensten«, Artikel 117a eine »ausreichende, allen zugängliche medizinische Grundversorgung von hoher Qualität«. In den Artikeln zu Energie und Verkehr, die das Wort »ausreichend« kennen, fehlt jeweils die Vorsilbe »Grund-«: Artikel 81a fordert »ein ausreichendes Angebot an öffentlichem Verkehr auf Schiene, Strasse, Wasser und mit Seilbahnen in allen Landesgegenden«, Artikel 83 »eine ausreichende Strasseninfrastruktur in allen Landesgegenden« und Artikel 89 »eine ausreichende, breit gefächerte, sichere, wirtschaftliche und umweltverträgliche Energieversorgung«[4].

Natürlich wäre das Attribut »ausreichend« auch in der Verkehrs- und Energiepolitik auf eine Grundversorgung zu beziehen. So schrieb der Bundesrat in seiner »Botschaft zum Energiegesetz«, »ausreichend« beziehe sich »nicht [auf] die Deckung aller Bedürfnisse, sondern nur jener, die übrig bleiben, wenn die Energieverschwendung abgebaut und Sparmassnahmen wirksam sind«.[5]

Diese Worte waren vergessen, als im Herbst 2022 in der angespannten geopolitischen Lage seit dem Überfall Russlands auf die Ukraine aufgrund eines alarmistischen Berichts der Eidgenössischen Elektrizitätskommission (ElCom) vom Vorjahr[6] und des Stillstands von mehr als der Hälfte der französischen Atomkraftwerke eine allgemeine »Stromlücken«-Panik ausbrach.▶ Der Bundesrat erließ eine Notverordnung, auf deren Basis er »angesichts der unmittelbar drohenden schweren Mangellage bei der Stromversorgung«[7] einem Gasreservekraftwerk in Birr im Kanton Aargau eine befristete Betriebsbewilligung erteilte und weitere notrechtliche Maßnahmen ergriff. (Vgl. Kap. 13 S. 152)

Die Betriebsbewilligung war bereits abgelaufen, als das Bundesverwaltungsgericht einer Beschwerde stattgab und den Bundesrat in deutlichen Worten rügte: Von einer »schweren Mangellage« habe im Winter 2022/23 nicht die Rede sein können. Die Betriebsbewilligung für das Reservekraftwerk sei rechtswidrig erfolgt.[8]

▶ Der ElCom-Bericht warnte vor einer Unterversorgung für 47 Stunden, falls ein »Worst-Case-Szenario« eintrete (ElCom 2021, S. 10). Viele Medien berichteten, als wäre dies nicht das Worst-Case-, sondern das zu erwartende Szenario, und es etablierte sich in Nullkommanichts der Begriff der »Stromlücke«, ein Begriff, der im ElCom-Bericht nicht vorkommt. Es folgte dann nach dem Überfall Russlands auf die Ukraine im Februar 2022 ein starker Anstieg der Energiepreise; außerdem fielen im Sommer mehr als die Hälfte aller französischen Atomkraftwerke aus. Der politischen Rechten kam eine »Stromlücken«-Panik zupass, und dass Bundesrätin Simonetta Sommaruga zum Notrecht griff, hatte auch mit der Angst zu tun, im Falle einer tatsächlichen Stromknappheit die Referendumsabstimmung über das Klimaschutzgesetz im Juni 2023 zu verlieren.

Diese Geschichte illustriert, wie das Gebot, eine ausreichende Energieversorgung sicherzustellen, in der politischen Praxis verstanden wird, nämlich als Pflicht des Staats, jede prognostizierte Nachfrage zu decken, unabhängig davon, ob es um den Energiebedarf eines Spitals oder um den eines Vergnügungsparks geht. Im Sinne des Energieartikels der Verfassung – so ausgelegt, wie es der Bundesrat seinerzeit in seiner Botschaft erklärte – hätte man zuerst die Verschwendung abbauen und sparen müssen, bevor man nach Produktionsreserven sucht.

Heute funktionieren die Energie- und die Verkehrspolitik so, dass die Bundesverwaltung Szenarien über die künftige Entwicklung der Nachfrage erstellen lässt und dann ihre Angebotsplanung darauf ausrichtet. Weil aber jede Nachfrage auf dem Markt ihr eigenes Angebot schafft, sind solche Szenarien letztlich selbsterfüllende Prophezeiungen. Die Suffizienzforderung nach einem ausreichenden Angebot verkehrt sich, derart missverstanden, in eine Formel für Insuffizienz.

Die Energieversorgung soll laut Energieartikel auch »wirtschaftlich« sein. In der politischen Debatte wird dies oft so verstanden, dass Energie möglichst billig zu sein habe.[9] Auch das ist falsch, denn angesichts ihrer externen Kosten ist Energie heute ja nicht deswegen unwirtschaftlich, weil sie zu teuer, sondern, weil sie zu billig ist. Die mit der ausreichenden Versorgung gleichrangige Forderung des Energieartikels nach einem »sparsamen und rationellen Energieverbrauch« wird in der Praxis, wenn sie überhaupt zur Kenntnis genommen wird, als Effizienz- und nicht als Suffizienzforderung verstanden.

Vorschlag 7.1: Die Bestimmungen der Bundesverfassung, die Energie und Verkehr und weitere Infrastrukturen betreffen, sind so auszulegen, wie sie intendiert waren, nämlich als auf die Befriedigung der *Grund*bedürfnisse ausgerichtet.

Raumplanung als Wachstumstreiberin

Einer der größten Treiber eines besonders ressourcenintensiven Wachstums ist die Raumordnung. Sie bestimmt, wie weit man sich fortbewegen muss, um Bedürfnisse des Alltags zu befriedigen.

Die Raumplanung obliegt den Kantonen, aber der Bund legt ihre Grundsätze fest. Ihr Sinn ist die »zweckmässige und haushälterische Nutzung des Bodens und die geordnete Besiedlung des Landes« (Art. 75 Abs. 1 BV).[10] Diese Suffizienzbestimmung wird in der zersiedelten Schweiz eklatant missachtet. Für den Umweltrechtler Alain Griffel ist die Raumplanung »das Paradebeispiel für die Nichtumsetzung von Umweltrecht«.[11]

Dass die Raumplanung nicht nur unmittelbar die Nutzung des Bodens betrifft, sondern auch mittelbar entscheidend dafür ist, wie sich Menschen und Güter im Raum bewegen, wird in der Politik heute kaum reflektiert. Versuche, die Umweltbelastung des Verkehrs zu reduzieren, adressieren in erster Linie mit Abgasvorschriften und Ähnlichem die Fahrzeuge, in zweiter Linie die Verkehrsinfrastrukturen, kaum aber die Raumplanung. Eine gute Raumplanung sorgt für kurze Distanzen zwischen Wohngelegenheiten, Arbeitsplätzen, Ausbildungsstätten, Einkaufsmöglichkeiten und Freizeitangeboten – in der Sprache der Verkehrswissenschaften: für hohe »Erreichbarkeiten« *(accessibilities)*. Sie ermöglicht viel Mobilität mit wenig Verkehr.▶

Entscheidend sind in der Verkehrs- und Raumplanung die Geschwindigkeiten. Die Zeit, die Menschen durchschnittlich unterwegs verbringen, ist mehr oder weniger konstant.▶▶ Eine Beschleunigung des Verkehrs hat somit zur Folge, dass längere Wege zurückgelegt werden. Seit der Bund 1932 das erste Bundesgesetz über den Motorfahrzeug- und Fahrradverkehr[12] erlassen hat, ist die Verkehrsplanung wesentlich am Auto orientiert.▶▶▶ Namentlich die schwächeren Verkehrsteilnehmerinnen und -teilnehmer, Kinder, Betagte, körperlich Beeinträchtigte, haben dadurch drastisch an Mobilität eingebüßt. Eine solche Verkehrspolitik widerspricht der Präambel der Bundesverfassung, wonach »die Stärke des Volks sich misst am Wohl der Schwachen«. Mit der Beschleunigung des Verkehrs, nicht nur des Auto-, sondern auch des Bahnverkehrs, sind die Wege länger und die Mobiliät für alle teurer geworden. 1912 wandte ein Schweizer Haushalt im Durchschnitt 1,9 Prozent seines Budgets für Mobilitätskosten auf; 2021 waren es bei viel höheren Haushaltseinkommen

▶ »Mobilität« und »Verkehr« werden in der politischen, medialen und sogar wissenschaftlichen Debatte sehr oft synonym verwendet, bezeichnen aber nicht dasselbe. Gerade angesichts eines Nachhaltigkeitsbegriffs, dessen Kern die Befriedigung von Bedürfnissen innerhalb von Grenzen ist, müsste die Unterscheidung zentral sein. Mobilität ist das Vermögen, Bedürfnisse zu befriedigen, die mit Ortswechseln verbunden sind (vgl. Becker 2016, S. 17).

▶▶ Die Verkehrswissenschaften sprechen vom »konstanten Reisezeitbudget«. Für die Schweiz erhebt das Bundesamt für Statistik die »Unterwegszeiten« periodisch im Mikrozensus Mobilität und Verkehr.

▶▶▶ Zunächst gab es keinerlei Geschwindigkeitsbegrenzung für Fahrzeuge. Erst das Strassenverkehrsgesetz (SVG) von 1958 führte – gegen den Willen des Bundesrats – Höchstgeschwindigkeiten ein, nachdem die Zahl der im Verkehr Getöteten die Schwelle von 1000 pro Jahr überschritten hatte (Rausch 2019). Die Privilegierung des Automobils zeigt sich unter anderem auch daran, dass die Artikel über den öffentlichen Verkehr (Art. 81a) und den Fuß- und Veloverkehr (Art. 88) erst 2014 respektive 2018 in die Bundesverfassung aufgenommen wurden, beide aufgrund von Gegenentwürfen zu Volksinitiativen (BBl 2013 4725 resp. BBl 2018 1481). Zuvor wurden die Eisenbahnen lediglich summarisch in Art. 87 als weiterer Verkehrsträger genannt.

6,8 Prozent.[13] Diese Entwicklung ist sowohl ökologisch wie sozial und ökonomisch falsch.[14]

> **Vorschlag 7.2:** Artikel 75 der Bundesverfassung, »Raumplanung«, ist zu ergänzen um die Ziele einer guten Durchmischung, kurzer Wege und hoher Erreichbarkeiten, namentlich auch für Menschen mit Beeinträchtigungen, Kinder und alte Menschen.

Öffentliche Werke und Verkehr

Auf den Abschnitt »Umwelt und Raumplanung« folgt der Abschnitt »Öffentliche Werke und Verkehr« (Art. 81–88), der, entgegen dem breiter gefassten Titel, praktisch nur den Landverkehr regelt. Die Umwelt wird im ganzen ökologisch höchst relevanten Abschnitt nur zweimal erwähnt. Die Artikel 86 Absatz 3 Buchstabe c und 87b Buchstabe a regeln Beiträge an »Schutzbauten gegen Naturgewalten und an Massnahmen des Umwelt- und Landschaftsschutzes«, die der Straßenverkehr verlangt, und Beiträge an »Umweltschutzmaßnahmen, die der Luftverkehr nötig macht«. Natürlich gilt das Nachhaltigkeitsgebot auch für den Verkehr, ohne dass es noch einmal explizit genannt wird, aber das Fehlen von Umweltbestimmungen ist hier doch sehr auffällig.

Es mangelt auch im ganzen Abschnitt an der Benennung eines Zwecks, den die öffentlichen Werke erfüllen sollen. Artikel 81 bestimmt lediglich, dass sie »im Interesse des ganzen oder eines grossen Teils des Landes« zu sein haben. Der Zweck der öffentlichen Werke müsste sein, die Befriedigung der Grundbedürfnisse von Menschen und Wirtschaft auf möglichst ressourcenschonende Weise zu ermöglichen.

> **Vorschlag 7.3:** Die öffentlichen Werke sind in Artikel 81 der Bundesverfassung auf die Erfüllung der Grundbedürfnisse und sparsame Nutzung auszurichten und so auszugestalten, dass sie sowohl in ihren direkten wie indirekten Wirkungen die Ressourcen schonen.

Während der Energieartikel der Bundesverfassung einen »sparsamen und rationellen Energieverbrauch« einfordert, ist von einem »sparsamen und rationellen Verkehr« nirgends die Rede. Und während Energiesparen, wenn auch nur mittels Effizienz und nicht mittels Suffizienz, immerhin ein Thema ist, dem das Bundesamt für Energie beispielsweise sein Programm EnergieSchweiz widmet, ist Verkehrsparen kein Thema, für das irgendjemand zuständig wäre.

Im Verkehrsbereich gibt es eine sehr konkrete und wirksame Suffizienzbestimmung. Artikel 84, »Alpenquerender Transitverkehr«, Absatz 3, verbietet, die Transitstraßenkapazität zu erhöhen. Dieselbe Formel sollte sinnvollerweise auf den gesamten Straßen- und auf den Luftverkehr ausgedehnt werden.▶

Beachtet wird auch diese sehr klare Bestimmung nicht. Die zweite Gotthard-Autobahntunnelröhre, die der Bund derzeit baut, erhöht selbstverständlich die Transitstraßenkapazität im Alpengebiet, auch wenn der Bund erklärt, nur eine der beiden Röhren für den Verkehr öffnen zu wollen.

▶ Eine entgegengesetzte Verfassungsbestimmung kennt, zurückgehend auf eine Volksinitiative der SVP von 2017, der Kanton Zürich: »Der Kanton sorgt für ein leistungsfähiges Staatsstrassennetz für den motorisierten Privatverkehr. Eine Verminderung der Leistungsfähigkeit einzelner Abschnitte ist im umliegenden Strassennetz mindestens auszugleichen« (Art. 104 Abs. 2bis). Die Bestimmung steht einer auf Suffizienz ausgerichteten Verkehrspolitik, wie sie namentlich die Städte Zürich und Winterthur verfolgen möchten, entgegen.

Vorschlag 7.4: Das Verbot, die Verkehrskapazitäten zu erhöhen, ist auf die Verkehrsinfrastruktur als Ganze, Land- und Luftverkehr, auszudehnen. Kapazitäten des öffentlichen Verkehrs werden nur so weit ausgebaut, als gleichzeitig die Kapazitäten der Infrastruktur für den motorisierten Individualverkehr reduziert werden. Überkapazitäten im Nationalstraßennetz werden abgebaut.

Eine Förderung regionaler Wirtschaftsweisen *(économie de proximité,* vgl. Vorschlag 6.4) würde die Nachfrage nach Verkehrsleistungen im Gütertransport senken.

Seit 2018 genießen die suffizientesten aller Verkehrsarten, der Fuß- und Veloverkehr, den Schutz der Verfassung (Art. 88 »Fuss-, Wander- und Velowege«). Gleichwohl werden die im Verwaltungsjargon »Langsamverkehr«[15] genannten Verkehrsarten nicht als gleichwertig mit dem motorisierten Individual- und dem öffentlichen Verkehr ernst genommen. Es genügt nicht, dem Fuß- und Veloverkehr Wege bereitzustellen; die physisch gegenüber dem Motorverkehr schwächeren Verkehrsarten brauchen besonderen Schutz.

Vorschlag 7.5: Der Fuß- und der Veloverkehr sind als vollwertige Verkehrsarten zu behandeln. Die physisch schwächeren Verkehrsarten brauchen gegenüber den stärkeren besonderen Schutz. Im innerörtlichen Bereich hat der Fußverkehr Vorrang.

Verkehrsfinanzierung

Sehr viel Raum in Abschnitt »Öffentliche Werke und Verkehr« nimmt die Finanzierung des Verkehrsinfrastrukturen ein. Vor allem Artikel 86, »Verwendung von Abgaben für Aufgaben und Aufwendungen im Zusammenhang mit dem Strassenverkehr«, trägt nicht nur einen sehr langen Titel, sondern regelt auch Details, die auf Gesetzesstufe gehören. Dieser Umstand ist ein Indiz dafür, wie politisch umkämpft die Verkehrsfinanzierung ist.

Die Verkehrsinfrastrukturen zu Land werden, soweit der Bund dafür zuständig ist, aus einem Fonds finanziert, der sich hauptsächlich aus Treibstoffabgaben speist (Art. 86 Abs. 2). Die Benutzung der Straßen ist, abgesehen von der Schwerverkehrsabgabe (Art. 85) und der Autobahnvignette (Art. 85a), gebührenfrei (Art. 82 Abs. 3).[16] Die Gebührenfreiheit der Straßenbenutzung steht aber politisch unter Druck; der Bundesrat möchte sie aufheben,[17] und auch Umweltorganisationen plädieren für die Einführung eines »Mobility Pricing«[18] – der Name ist falsch, da der Verkehr, nicht die Mobilität bepreist werden soll.

Dass der öffentliche Raum allen gleich offensteht, ist ein sozialpolitisch wichtiges Gut. Es wird freilich dadurch konterkariert, dass heute bedeutende Teile des öffentlichen Raums Motorfahrzeugen vorbehalten sind. Aus Nachhaltigkeitssicht ist gegenüber einer Aufhebung der Gebührenfreiheit zugunsten eines »Mobility Pricing« größte Vorsicht angebracht.

Erstens sollen so, wie »Mobility Pricing« diskutiert wird, abgestufte Tarife die Nutzung der Verkehrsinfrastrukturen effizienter machen. Eine Effizienzerhöhung bedeutet aber eine Kapazitätserhöhung, was wiederum Mehrverkehr hieße.▶

Zweitens brächte ein »Mobility Pricing« scheinbar eine verursachergerechte Finanzierung

▶ London oder Stockholm werden oft als positive Beispiele genannt, bei denen Straßengebühren den Verkehr deutlich reduziert hätten – was tatsächlich so ist. Doch diese Systeme sind nicht auf eine bessere Auslastung der Kapazitäten, sondern auf Verkehrsreduktion ausgerichtet.

der Straßeninfrastrukturen. Anerkennt man aber, dass Verkehrswege immer einen gewissen Zwang ausüben, sie auch zu benutzen, sind nicht die Autofahrerinnen und Autofahrer die Letztverursacher, sondern der Staat, der die Straßen baut.▶

Drittens schafft ein System mit abgestuften Preisen eine Unterscheidung zwischen wichtigeren und weniger wichtigen Verkehrsteilnehmerinnen und Verkehrsteilnehmern. Wer weniger zahlen will oder kann, soll auf Randzeiten oder weniger attraktive Wege ausweichen, damit Zahlungswilligere zügiger unterwegs sein können. Das ist sozial nicht nachhaltig.▶▶

▶ Interessanterweise argumentieren selbst Fürsprecherinnen und Fürsprecher des Automobilverkehrs damit, dass gewisse Menschen auf das Auto angewiesen seien, und anerkennen somit, in scharfem Kontrast zum Freiheitspathos der Autowerbung, dass das Verkehrssystem Zwänge mit sich bringt.

▶▶ Ivan Illich (1974) schreibt: »Jenseits einer kritischen Geschwindigkeit kann niemand Zeit ›sparen‹, ohne dass er einen anderen zwingt, Zeit zu ›verlieren‹. Derjenige, der einen Platz in einem schnelleren Fahrzeug beansprucht, behauptet damit, seine Zeit sei wertvoller als die Zeit dessen, der in einem langsameren Fahrzeug reist.« Auch Caritas (2024, S. 5, 7) weist darauf hin, dass Lenkungsabgaben und flankierende Maßnahmen sozialpolitisch heikel sind, weil es Wenigverdienende gibt, die auf ein Auto angewiesen sind, etwa, weil sie Früh- oder Spätschicht arbeiten. Mobility Pricing schränke »Menschen mit wenig Geld noch mehr ein«, weil sie oft vor Ort und zu fixen Zeiten arbeiteten und somit nicht flexibel seien, auszuweichen.

Vorschlag 7.6: Die Gebührenfreiheit der Straßenbenutzung ist beizubehalten.

Eine echte Verkehrswende, die auf Suffizienz, das heißt auf mehr Mobilität mit weniger Verkehrsleistung abzielt, braucht weniger Verkehrsflächen. Eine Zukunft mit häufigeren Starkniederschlägen braucht mehr unversiegelte Flächen, auf denen Wasser versickern kann – davon würde auch die Biodiversität profitieren. Man wird in Zukunft Straßen rückbauen müssen. Der Rückbau ist heute in den Aufgaben, die gemäß Artikel 86 Absatz 3 zu finanzieren sind, nicht enthalten.

Vorschlag 7.7: Der Artikel 86 der Bundesverfassung »Die Verwendungszwecke der Abgaben für Aufgaben und Aufwendungen im Zusammenhang mit dem Strassenverkehr« ist um den Rückbau von Überkapazitäten im Straßennetz inklusive Renaturierung zu ergänzen.

8 Finanzordnung

Das Kapitel »Finanzordnung« der Bundesverfassung (Art. 126–135) nimmt keinen Bezug auf Fragen der Umwelt. Mehrere Versuche, die Besteuerung »ökologisch« auszurichten, waren erfolglos. Eine Volksinitiative der Grünen, die Energie besteuern und dafür AHV und Arbeitslosenversicherung entlasten wollte, wurde 2001 an der Urne von 77 Prozent der Abstimmenden abgelehnt, die Volksinitiative »Energie- statt Mehrwertsteuer« der Grünliberalen 2015 sogar von 92 Prozent. Bestrebungen für eine »ökologische Steuerreform« der Eidgenössischen Finanzverwaltung in den zehner Jahren scheiterten 2017 im Parlament.[1] Heute schreibt die Bundesverfassung für die Besteuerung vor, dass diese, »soweit es die Art der Besteuerung zulässt«, die »Grundsätze der Allgemeinheit und der Gleichmässigkeit der Besteuerung sowie den Grundsatz der Besteuerung nach der wirtschaftlichen Leistungsfähigkeit« zu beachten habe (Art. 127 Abs. 2).

Einsparungen für höhere Ausgaben

Mit den Umweltkrisen kommen große Kosten auf den Staat zu. Nicht aufgrund von Maßnahmen zur Senkung der Treibhausgasemissionen, wie dies das Finanzdepartement auf tönerner Grundlage behauptet;▶ die zur Bewältigung der Klimakrise benötigte Energie- und Verkehrswende werden die Volkswirtschaft ent- und nicht belasten, vor allem, wenn man die externen Kosten der Verbrennung fossiler Energieträger mitrechnet.▶▶ Sehr teuer werden aber die Auswirkungen der Umweltkrisen sein, die Schäden und Ertragseinbußen durch Umweltereignisse, die Kosten von Anpassungsmaßnahmen, Entschädigungen, wenn beispielsweise Siedlungen aufgegeben werden müssen.▶▶▶ Man muss riesige Mengen CO_2 aus der Atmosphäre entfernen und sicher lagern, was teuer ist. Die Schweiz als reiches Land wird sich weit mehr als bisher an den Umweltkosten in ärmeren Ländern beteiligen müssen.▶▶▶▶

In der heutigen finanzpolitischen Debatte dominiert das Mantra, jede zusätzliche Ausgabe sei durch eine entsprechende Einsparung woanders zu kompensieren. Steuererhöhungen oder neue Abgaben sind für viele Politikerinnen und Politiker tabu.[2] Aber die neuen Kosten wird man nicht mit Einsparungen kompensieren können. Einsparungen bei Sozialausgaben, Bildung, Gesundheit, Geflüchteten oder der Entwicklungszusammenarbeit würden außerdem die soziale Dimension der Nachhaltigkeit verletzen.

Es gibt aber Sparmöglichkeiten, deren Realisierung aus Umweltsicht wünschenswert ist.

▶ In einer Medienmitteilung schreibt das Finanzdepartement (EFD 2024), dass »der Weg zu Netto-Null vor allem den Bund und die Sozialversicherungen finanziell belasten« werde. Die Aussage beruht auf einer Studie, die methodisch zweifelhaft ist, weil sie den »Nutzen der ›gebremsten‹ Klimaerwärmung und damit die geringeren Kosten des Klimawandels« nicht berücksichtigt (Ecoplan 2023, S. 16).

▶▶ Die meisten auf Modellrechnungen beruhenden seriösen Studien zeigen, dass die Energiewende für die Schweizer Volkswirtschaft entlastend sei, selbst wenn man die externen Kosten der fossilen Energie vernachlässige (Patt 2022). Diese Kosten sind aber sehr hoch; allein die externen Kosten der Luftverschmutzung durch die Verbrennung fossiler Treibstoffe werden auf mehrere Milliarden Franken pro Jahr geschätzt (ARE 2023).

Eine Studie des Instituts für Wald, Schnee und Landschaft (WSL) hat 2020 160 Subventionen von Bund und Kantonen identifiziert, die die Biodiversität schädigen. Sie kosten die öffentliche Hand 40 Milliarden Franken pro Jahr. Die Autorinnen und der Autor der Studie empfehlen, 40 Prozent dieser Subventionen abzuschaffen und 51 Prozent umzugestalten.[3]

Heute kann das Parlament Subventionen, die »neue einmalige Ausgaben von mehr als 20 Millionen Franken oder neue wiederkehrende Ausgaben von mehr als 2 Millionen Franken nach sich ziehen«, nur mit qualifizierter Mehrheit (Mehrheit der Mitglieder beider Räte statt Mehrheit der Abstimmenden) beschließen (Art. 159 Abs. 3 Bst. b BV). Diese Bestimmung könnte auf potenziell umweltschädigende Subventionen erweitert werden.

▶▶▶ Eine Studie des Potsdam Instituts für Klimafolgenforschung (Kotz, Levermann, Wenz 2024) schätzt, dass die Folgekosten der heute schon unvermeidbaren Klimaerwärmung sechsmal so hoch ausfallen werden wie die Kosten der Mitigation, die es braucht, um die Erwärmung bis 2050 auf 2 Grad zu begrenzen. Nach 2050 werde sich dieser Faktor je nach Emissionsszenario stark erhöhen.

▶▶▶▶ Das Sekretariat der UN-Rahmenkonvention über den Klimawandel schätzt, dass »die Entwicklungs- und Schwellenländer ohne China vor einer Klimafinanzierungslücke von 2,4 Billionen US-Dollar pro Jahr bis 2030 stehen« (UNFCCC 2024, S. 4). Den weltweiten ungedeckten Finanzbedarf zur Erreichung der UN-Entwicklungsziele (Sustainable Development Goals) beziffert die UNCTAD (2024, S. 147) auf 4 Billionen Dollar pro Jahr. Eine in der Zeitschrift *Nature Sustainability* publizierte Studie schätzt, dass die Länder des Globalen Nordens denen des Globalen Südens 192 Billionen Dollar schulden. Das ergäbe durchschnittlich 940 Dollar pro Kopf und Jahr (Fanning, Hickel 2023). Ein fairer Beitrag der Schweiz wird sich im Milliardenbereich bewegen.

> **Vorschlag 8.1:** Subventionen sind auf ihre Umweltwirkung zu prüfen. Diejenigen, die sich potenziell negativ auf die Umwelt auswirken, sind nur ausnahmsweise zuzulassen und bedürfen eines qualifizierten Mehrs nach Artikel 159 der Bundesverfassung. Bestehende Subventionen, die sich negativ auf die Umwelt auswirken, sind innerhalb einer nützlichen Frist aufzuheben.

Höhere Einnahmen für höhere Ausgaben
Die Schweiz ist reich genug. Viel ärmere Länder müssen heute schon viel mehr aufwenden, um sich gegen Folgen der Klimakrise wie Hurrikane, Dürren oder Extremregen zu schützen. Das ist der Grund, warum sich die reichen Länder mit dem Pariser Übereinkommen (Art. 9–11) verpflichtet haben, die ärmeren zu unterstützen.

Am naheliegendsten ist es, Einnahmen, die dem Staat zustehen, konsequent einzufordern. Heute leistet sich die Schweiz den Luxus des Bankgeheimnisses, das es unredlichen Steuerpflichtigen erleichtert, ihr Geld auf Schweizer Banken zu verstecken, während die Informationen über im Ausland steuerpflichtige Kundinnen und Kunden der Schweizer Banken mit den entsprechenden Staaten geteilt werden müssen. Dem Fiskus entgehen so schätzungsweise Einnahmen in Milliardenhöhe.▶ Zur Abschaffung des Bankgeheimnisses bedürfte es keiner Verfassungsänderung. Umgekehrt, die Allgemeinheit und Gleichmäßigkeit der Besteuerung aus Artikel 127 der Bundesverfassung, »Grundsätze der Besteuerung«, müsste als Grundsatz ernst genom-

---

▶ Der Lausanner Ökonom Marius Brülhart schätzt, dass dem Fiskus, vor allem den Kantonen und Gemeinden, durch das Bankgeheimnis jährlich 2,5 Milliarden Franken Steuereinnahmen entgehen. Es handelt sich um eine Schätzung, die Brülhart in einem Post auf der Plattform X anstellte, indem er empirische Daten aus dem Kanton Luzern auf die Schweiz hochrechnete (11. März 2024).

◀ Die Juso verlangt in ihrer im Februar 2024 eingereichten Volksinitiative »Für eine soziale Klimapolitik – steuerlich gerecht finanziert (Initiative für eine Zukunft)« (BBl 2022 1934) eine Steuer von 50 Prozent auf sehr hohen Nachlässen und Schenkungen von natürlichen Personen (über 50 Millionen Franken). Die Einführung einer Bundeserbschaftssteuer wird auch im Zusammenhang mit der Finanzierung der AHV immer mal wieder diskutiert. Eine Mikrosteuer auf Finanztransaktionen schlägt der Zürcher Finanzprofessor Marc Chesney vor; die von ihm mitlancierte, aber politisch nicht abgestützte Volksinitiative »Mikrosteuer auf den bargeldlosen Zahlungsverkehr« scheiterte 2021 im Sammelstadium (BBl 2021 2591).

men werden. Abgeschafft werden müsste das Bankgeheimnis im Bankengesetz (Art. 47 BankG).

Darüber hinaus wird es nötig sein, Steuern zu erhöhen oder neue Steuern wie eine Finanztransaktions- oder eine Erbschafts- oder Vermögenssteuer auf Bundesebene einzuführen.◄ Artikel 128 der Bundesverfassung, »Direkte Steuern«, gibt dem Bund das Recht, eine Steuer zu einem begrenzten Satz zu erheben. Ein zusätzlicher Absatz 1bis könnte vorsehen, diese Begrenzung in Krisenzeiten aufzuheben. Höhere Steuern nach dem Grundsatz der wirtschaftlichen Leistungsfähigkeit würden als Nebeneffekt die wirtschaftliche Ungleichheit reduzieren. Dieser Nebeneffekt wäre aus ökologischer Sicht positiv, da höhere soziale Ungleichheit auch mit höherer Umweltbelastung verbunden ist.[4]

Vorschlag 8.2: Die Begrenzung des zulässigen Steuersatzes der direkten Bundessteuern ist für Krisenzeiten aufzuheben.

Lenkungsabgaben

Ein Instrument, Maßnahmen des Umweltschutzes und der Anpassung sowie Entschädigungen für Umweltschäden im In- und Ausland verursachergerecht zu finanzieren, ist die Lenkungsabgabe. Der Bund kann sie erheben, wenn die Bundesverfassung ihm eine entsprechende Sachkompetenz erteilt und die Steuer das Steuersubstrat der Kantone nicht beeinträchtigt. Artikel 74 der Bundesverfassung, »Umweltschutz«, bildet eine Verfassungsgrundlage für eine Umweltlenkungsabgabe; Artikel 54, »Auswärtige Angelegenheiten«, bildet eine Grundlage dafür, Erträge aus solchen Abgaben auch im Ausland einzusetzen; in Abschnitt 2 heißt es: »namentlich zur Linderung von Not und Armut in der Welt [...] sowie zur Erhaltung der natürlichen Lebensgrundlagen«. ▶

Obwohl Lenkungsabgaben gut zu einem liberalen Wirtschaftsverständnis passen und wirtschaftsnahe Kreise gern marktförmige politische Instrumente fordern, haben sie es gerade in wirtschaftsnahen Kreisen schwer. Der Entwurf für ein Umweltschutzgesetz (USG) scheiterte in den siebziger Jahren daran, dass er Lenkungsabgaben einführen wollte. Erst 1995 schuf eine Revision des USG die Grundlage für Lenkungsabgaben auf flüchtige organische Stoffe (VOC) und Schwefel in Brenn- und Treibstoffen[5]; die Umweltkommission des Ständerats möchte die VOC-Abgabe heute wieder abschaffen, da »ihr Ziel weitgehend erreicht wurde«.[6] 1999 sah das erste CO_2-Gesetz die CO_2-Abgabe vor; 2008 wurde sie erstmals erhoben.[7] Die erwähnte »ökologische Steuerreform« des Bundesrats hätte ein System von Lenkungsabgaben gebracht; sie scheiterte 2017 im Parlament. (Zur Akzeptanz von Lenkungsabgaben und zu ihrer Sozialverträglichkeit vgl. Kap. 3 S. 42)

Das Verursacherprinzip legt es bei allem politischen Widerstand nahe, dieses Instrument weiterzuverfolgen. Weil aber Lenkungsabgaben lenken sollen und also das Verhalten, das mit der Abgabe belegt wird, zurückgedrängt werden soll, werden die Einnahmen mit der Zeit abnehmen respektive verschwinden. Lenkungsabgaben eignen sich deshalb vor allem für eine Übergangsphase.

▶ Das Recht des Bundes, Lenkungsabgaben zu erheben, ergibt sich aus dem Gesamtzusammenhang der Finanzordnung der Bundesverfassung. Dass eine Lenkungsabgabe das Steuersubstrat der Kantone nicht gefährden darf, erfordert nach gängiger Praxis, den Ertrag der Abgabe zu mehr als der Hälfte an Bevölkerung und Wirtschaft rückzuverteilen. Brunner, Hauser, von Büren 2019 zeigen in einem Gutachten im Auftrag von AllianceSud aber, dass auch eine CO_2-Abgabe ohne Rückverteilung, deren Ertrag vollständig für die Klimafinanzierung eingesetzt würde, verfassungskonform sei. Denn der Ertrag wäre zu gering, um das Steuersubstrat der Kantone zu beeinträchtigen.

Vorschlag 8.3: Übergangsbestimmung: Zur Finanzierung zusätzlicher Kosten der Transition sind Lenkungsabgaben im Sinne des Verursacherprinzips einzusetzen. Wo Lenkungsabgaben zu sozialen Härten führen, sind Ausgleichsmaßnahmen vorzusehen (vgl. Vorschläge 3.2 und 3.3).

Artikel 131 der Bundesverfassung, »Besondere Verbrauchssteuern«, gibt dem Bund das Recht, auf Alkoholika, Autos und ihre Bestandteile, Erdöl, Erdgas und daraus gewonnenen Produkten, außer Flugtreibstoffen,▶ und »anderen Antriebsmitteln als Treibstoffen« eine Verbrauchssteuer zu erheben. Verbrauchssteuern haben den Nachteil, dass sie degressiv wirken; sie belasten Menschen mit tiefen Einkommen tendenziell stärker. Eine Möglichkeit, dem zu begegnen, wären progressive Energiekosten: Wer mehr Energie verbraucht, zahlt pro Energieeinheit einen höheren Preis. Das müsste ärmere Haushalte, die tendenziell weniger konsumieren, entlasten und sollte für Haushalte, die Energie verschwenderisch verbrauchen, einen Sparanreiz geben.

Allerdings wäre ein solches Modell sehr genau zu prüfen, denn mitunter haben gerade auch Wenigverdienende einen hohen Verbrauch, den sie nicht so einfach senken können, da sie sich beispielsweise keine effizienteren Geräte anschaffen oder als Mieterinnen und Mieter nicht über Heizung und Dämmung ihrer Wohnung entscheiden können.[8]

▶ Rund 150 bilaterale Luftverkehrsabkommen zwischen der Schweiz und anderen Staaten verbieten Steuern auf Flugtreibstoffe. Eine Abgabe auf Flugtickets, wie sie das an der Urne 2021 gescheiterte CO_2-Gesetz vorsah, wäre ohne Verfassungsänderung und ohne Aufkündigung dieser Abkommen möglich. Die Motion 20.3383, »Der Bundesrat muss sich auf internationaler Ebene für die Einführung einer Kerosinsteuer einsetzen«, der Grünen hat der Nationalrat 2022 abgelehnt.

Progressive Energiepreise kennt beispielsweise Kalifornien, Italien kannte sie bis 2017, jeweils nur für elektrische Energie. In der Schweiz sind sie politisch bisher kein Thema. Ihre Akzeptanz wird wissenschaftlich unterschiedlich eingeschätzt.[9] Können progressive Verbrauchssteuern so ausgestaltet werden, dass sie tatsächlich wirtschaftlich Leistungsfähigere stärker belasten, wären sie mit Artikel 127 BV vereinbar. Ist das nicht der Fall, sollte darauf verzichtet werden.

> **Vorschlag 8.4:** Es ist zu prüfen, ob die Bundesverfassung dem Bund erlauben soll, progressive Verbrauchsabgaben namentlich auf Energie zu erheben.

Schuldenbremse

Mehrere Rechtswissenschaftler erkennen in Artikel 126 der Bundesverfassung, »Haushaltführung«, eine Nachhaltigkeitsbestimmung.[10] Er verlangt, dass der Bund »seine Ausgaben und Einnahmen auf Dauer im Gleichgewicht« hält, die sogenannte »Schuldenbremse«[11]. Ausnahmen sind nur »bei ausserordentlichem Zahlungsbedarf« erlaubt und bedürfen eines qualifizierten Mehrs im Parlament (Mehrheit der Mitglieder beider Räte statt Mehrheit der Abstimmenden, Art. 159 Abs. 3 BV).

Tatsächlich entspricht die Regel, dass man nicht mehr ausgeben darf, als man einnimmt, ziemlich genau der ursprünglichen Bedeutung von »Nachhaltigkeit« in der Waldwirtschaft, obwohl diese Nachhaltigkeit nur eine Nachhaltigkeitsdimension, die ökonomische, oder genauer, nur eine Subdimension, die der Staatsfinanzen, umfasst. Die Schuldenbremse greift und hat nicht nur dazu geführt, dass der Bund sich nicht weiter verschuldet, sondern dass er die Schulden seit ihrer Einführung 2003 markant gesenkt hat.

Es ist hier nicht der Ort, über Sinn und Unsinn der Schuldenbremse zu diskutieren. Ich will aber doch feststellen, dass der Vergleich des Verbots, die Schulden zu erhöhen, mit dem ökologischen Gebot der Nachhaltigkeit hinkt. In der Geldwirtschaft sind Schulden etwas Normales; es ist problemlos möglich, mehr Geld auszugeben, als man besitzt. In der Ökologie und im Sozialen gibt es nichts Entsprechendes.

Was mich hier an der Schuldenbremse interessiert, ist etwas anderes. Müsste einem Staat, der zum Schutz seiner Finanzen besonders strenge Regeln einführt, der Erhalt der Lebensgrundlagen nicht ebensolche Regeln wert sein?

Fürsprecherinnen und Fürsprecher der Schuldenbremse loben ihre disziplinierende Wirkung.[12] Ein entsprechendes disziplinierendes Instrument fehlt für die in der Bundesverfassung so breit verankerte ökologische Nachhaltigkeit. Es gab im Parlament Vorstöße, eine »Klima-« oder »CO_2-Bremse« einzuführen; sie wurden abgelehnt.[13]

> **Vorschlag 8.5:** Die Bundesverfassung schafft ein der Schuldenbremse vergleichbares Instrument zur Durchsetzung des Nachhaltigkeitsgebots.

Finanzplatz

Bezüglich der Finanzwirtschaft, der privaten und der der Nationalbank, kennt die Bundesverfassung keine expliziten umweltrelevanten Vorschriften. Aber das Übereinkommen von Paris von 2015 verpflichtet dazu, »die Finanzmittelflüsse in Einklang [zu bringen] mit einem Weg hin zu einer hinsichtlich der Treibhausgase emissionsarmen und gegenüber Klimaänderungen widerstandsfähigen Entwicklung« (Art. 2 Abs. 1 Bst. c).

Artikel 2 des Klimaschutzgesetzes legt diese Ausrichtung des Finanzplatzes als einen von drei Zwecken des Gesetzes fest. Der ausführende Artikel 9 ist allerdings sehr schwach formuliert: »Der Bund sorgt dafür ...«, »Der Bundesrat kann ...«, und der politische Wille, ihn umzusetzen, scheint beim Bundesrat und Parlament zu fehlen. Eine Volksinitiative, die das ändern will, ist in Vorbereitung.

Heute verbietet das Kriegsmaterialgesetz (KMG) die direkte und indirekte Finanzierung der Entwicklung, der Herstellung oder des Erwerbs von verbotenem Kriegsmaterial (Art. 8b und 8c KMG); mit indirekter Finanzierung sind Beteiligungen an Unternehmen gemeint. Ein entsprechendes Finanzierungsverbot wäre sinnvoll für Tätigkeiten, die die Umwelt schwer schädigen, beispielsweise die Förderung fossiler Energien oder die Zerstörung von Wäldern und Feuchtgebieten. Das Kriegsmaterialgesetz stützt sich auf Artikel 107 der Bundesverfassung, »Waffen und Kriegsmaterial«, sowie auf Artikel 54, »Auswärtige Angelegenheiten«, der bestimmt, dass der Bund »namentlich bei[trägt] zur Linderung von Not und Armut in der Welt, zur Achtung der Menschenrechte und zur Förderung der Demokratie, zu einem friedlichen Zusammenleben der Völker sowie zur Erhaltung der natürlichen Lebensgrundlagen«. Letzteres müsste in Verbindung mit dem Übereinkommen von Paris auch Grundlage für ein Finanzierungsverbot für umweltzerstörende Tätigkeiten sein.

> **Vorschlag 8.6:** Die finanzielle Beteiligung an und die Versicherung von ökologisch und sozial unverträglichen Unternehmungen ist auf Gesetzesstufe zu verbieten.

Die Nationalbank (SNB) müsste aufgrund des Übereinkommens von Paris wie des Nachhaltigkeitsgebots der Bundesverfassung umweltverträglich investieren. Der direkt die SNB betreffende Artikel 99 bestimmt, dass die Bank »als unabhängige Zentralbank eine Geld- und Währungspolitik [führt], die dem Gesamtinteresse des Landes dient«. Es versteht sich von selbst, dass die Schädigung der natürlichen Lebensgrundlagen dem Gesamtinteresse des Landes nicht dient.

Oder es versteht sich eben doch nicht von selbst. Die Bank weigert sich bis heute, nennenswerte Umweltkriterien in ihrer Anlagestrategie zu berücksichtigen. Sie schreibt, es sei nicht ihre Aufgabe, »gezielt Einfluss auf die Entwicklung bestimmter Wirtschaftssektoren auszuüben«.[14] Sie beruft sich auf das Nationalbankgesetz, nach dessen Artikel 5 die SNB die »Preisstabilität« gewährleisten muss. Aber auch Preisstabilität kann es ohne intakte Lebensgrundlagen nicht geben. Hier sind also, einmal mehr, nicht die rechtlichen Grundlagen unzureichend, sondern deren Auslegung durch ökologisch ignorante Personen an verantwortlicher Stelle. Das Parlament hat es mehrfach abgelehnt, den Auftrag an die SNB in diesem Punkt zu konkretisieren.[15]

Vorschlag 8.7: Der Verfassungsartikel zur Geld- und Währungspolitik (Art. 99 Abs. 2) ist so zu formulieren oder auf Gesetzesstufe zu konkretisieren, dass das Gesamtinteresse des Landes explizit auch ökologische sowie soziale Stabilität umfasst.

9   Kantonale Verfassungen

Als die Totalrevision der Bundesverfassung in den siebziger Jahren ins Stocken geriet, entstand mit dem Jura ein neuer Kanton, der einer Verfassung bedurfte. Die jurassische Verfassung von 1977 war für damalige Verhältnisse sehr modern und inspirierte mehrere Kantone, ihre Verfassungen zu revidieren. Die Schweiz hat mit ihren sechsundzwanzig Kantonen so etwas wie ein Experimentierfeld, in denen Dinge entstehen können, die der Bund allenfalls übernimmt.

Bezüglich des Umgangs mit den natürlichen Lebensgrundlagen bieten viele Kantonsverfassungen, einige davon sind sehr alt, wenig Interessantes. In den Verfassungen der Kantone Obwalden, Nidwalden, Zug, und Wallis taucht das Wort »Umwelt« nicht auf, wobei in Ob- und Nidwalden immerhin der Naturschutz Verfassungsrang hat. Viele weitere Kantonsverfassungen kennen nur knappe Umweltbestimmungen, darunter auch die jüngste, die des Kantons Appenzell Innerrhoden von 2024. Zwölf Kantonsverfassungen nennen neben dem Begriff »Umwelt« auch die Begriffe »nachhaltig« oder »Nachhaltigkeit«, darunter alle im 21. Jahrhundert erlassenen Kantonsverfassungen mit Ausnahme der Luzerner und Innerrhoder Verfassung.

Freilich verpflichtet die Bundesverfassung mit ihrem Artikel 73 nicht nur den Bund, sondern auch die Kantone auf Nachhaltigkeit, unabhängig davon, was in deren eigenen Verfassungen steht. Einen Klima-Verfassungsartikel kennen Bern, Glarus, Basel-Stadt, Genf und Aargau; die Schaffhauser Verfassung schützt die Artenvielfalt explizit.

Anfang 2024 befanden sich gleich drei Kantone in einem Prozess der Totalrevision ihrer Bundesverfassung. Im März lehnten die Walliserinnen und Walliser eine neue Verfassung ab, die die geltende von 1907 hätte ablösen sollen. Im April hieß die Landsgemeinde von Appenzell Innerrhoden eine neue Verfassung gut; sie löste die älteste Kantonsverfassung der Schweiz von 1872 ab.[1] Appenzell Ausserrhoden stimmt 2025 über eine neue Verfassung ab.

Den Anstoß zu einer Totalrevision der Walliser Verfassung hatte eine Volksinitiative gegeben. Der abgelehnte Entwurf war ausgesprochen progressiv.[2] Ausgearbeitet hat ihn ein gewählter Verfassungsrat. Dass der Entwurf scheiterte, lag nicht unbedingt an ihren progressiven Elementen. Die Parteien unterstützten die Vorlage mehrheitlich;▶ gestritten wurde im Abstimmungskampf vor allem über die Vertretung der deutschsprachigen Minderheit in Regierung und Parlament, die Neueinteilung der Distrikte und über angebliche Kosten. Zudem verwirrte ein komplizierter Abstimmungszettel viele Bürgerinnen und Bürger.

Sehr progressiv ist auch der Entwurf der neuen Ausserrhoder Verfassung.[3] Sie wurde von einer Kommission aus Bürgerinnen und Bürgern mit und ohne politisches Amt erarbeitet und danach von Regierung und Parlament beraten und hat eine

▶ Die FDP, die Grünliberalen, die Grünen und die SP haben die neue Verfassung unterstützt. Die Mitte-Partei beschloss Stimmfreigabe. Ihre Oberwalliser Sektion und die Oberwalliser Neo-Partei, die zur Mitte-Familie gehört, bekämpften sie. Als Gesamtwalliser Partei lehnte einzig die SVP die neue Verfassung ab.

Volksdiskussion durchlaufen – eine Spezialität der ausserrhodischen Demokratie –, bevor eine Volksabstimmung endgültig darüber entscheidet.

Der Verfassungsrechtler Pascal Mahon, der bei Verfassungsrevisionen in den Kantonen Neuenburg, Waadt, Genf und Wallis beratend mitwirkte, sagt, Verfassungsräte würden innovativere Verfassungstexte erarbeiten als Parlamente oder Regierungen; sie hätten mehr Gestaltungswillen.[4] Weil Verfassungsräte nach getaner Arbeit aufgelöst werden und es also keine Wiederwahl gibt, sind ihre Mitglieder unabhängiger, auch von Parteiprogrammen.

Ein paar interessante Punkte kantonaler Verfassungen will ich nennen:
- Basel-Stadt kennt einen Klimagerechtigkeitsartikel, der auf den Gegenentwurf zu einer Volksinitiative von 2022 zurückgeht.
- Genf kennt ein »Recht auf ein Leben in einer gesunden Umwelt«.
- In Genf schafft der Staat »ein günstiges Umfeld für eine freie, verantwortungsvolle, diversifizierte und solidarische Wirtschaft«.
- Die Kantonsverfassung Graubündens postuliert, dass der Kanton »günstige Rahmenbedingungen für eine leistungsfähige und nachhaltige Wirtschaft« schafft. »Nachhaltig« wird nicht näher definiert.[5]
- Während die meisten Kantonsverfassungen die Begriffe »Nachhaltigkeit« oder »nachhaltig« – falls überhaupt – ohne Definition verwenden, definieren zwei Kantonsverfassungen, Basel-Stadt und Schaffhausen, »Nachhaltigkeit« angelehnt an die Definition der Brundtland-Kommission – wenn auch ohne deren zweite Hälf-

te. (Vgl. Kap. 2 S. 29) Der Walliser Verfassungsentwurf definierte »Nachhaltigkeit« so, dass »die an die Realität des Kantons angepassten planetarischen [sic] Grenzen eingehalten werden«. (Vgl. zu planetaren Grenzen Kap. 12)

- Die Verfassung des Kantons Glarus verpflichtet alle Individuen, die Umwelt zu schonen, die des Kantons Appenzell Ausserrhoden zur »Verantwortung für sich selbst sowie Mitverantwortung für die Gemeinschaft und die Erhaltung unserer Lebensgrundlagen für künftige Generationen«. Der Walliser Verfassungsentwurf postulierte »persönliche Pflichten und Verantwortung« gegenüber der Gemeinschaft, zukünftigen Generationen, öffentlichen Gütern und natürlichen Ressourcen.
- Der Walliser Verfassungsentwurf enthielt mehrere weitere interessante Bestimmungen: Er sah einen Artikel »Zukunftsfragen« vor (zur Berücksichtigung von Anliegen der Zukunft vgl. Kap. 15 S. 175), erklärte Wasser zum »öffentlichen Eigentum«, und mehrere Artikel wollten durch eine »differenzierte und solidarische Raumplanung«, »angemessene Mobilität« und »umweltschonende Mobilitätsformen«, »Kreislaufwirtschaft« und »kurze Wertschöpfungsketten« den Ressourcenverbrauch senken. Der Kanton sollte »jede Form von Solidarität« fördern und in der Sozialpolitik »das solidarische Handeln der Privaten« unterstützen. (Vgl. Kap. 13 S. 148)
- Nach dem Entwurf für eine neue ausserrhodische Kantonsverfassung fördern Kanton und Gemeinden »die Umlagerung vom individuellen auf den kollektiven Verkehr sowie alternative Mobilitätskonzepte« und »streben nach einer Halbierung des durchschnittlichen jährlichen Energieverbrauchs pro Person bis 2050 gegen-

über dem Jahr 2015, nach einer Loslösung von fossilen Energiequellen sowie nach einer Deckung des Energiebedarfs durch erneuerbare Energien.«
- Die geltende Verfassung des Kantons Appenzell Ausserrhoden schreibt vor, dass »die natürliche Umwelt [...] für die gegenwärtigen und künftigen Generationen gesund zu erhalten und wo möglich wieder herzustellen« sei. (zur Wiederherstellung vgl. Kap. 12 S. 134) Ferner kennt sie ein Element, das nichts Umweltspezifisches hat, aber bezüglich demokratischer Verfahren interessant ist: »Wer im Kanton wohnt [mit oder ohne Bürgerrecht], kann zu Sachvorlagen, die dem obligatorischen oder fakultativen Referendum unterliegen, dem Kantonsrat schriftliche Anträge einreichen und diese nach Massgabe der Geschäftsordnung vor dem Rat persönlich begründen«. Diese »Volksdiskussion« ist ein Element deliberativer Demokratie. (Vgl. Kap. 15 S. 178)
- Ein weiteres Element demokratischer Mitsprache kennen Solothurn, Neuenburg, Schaffhausen, Obwalden und Freiburg mit der Volksmotion. Bürgerinnen und Bürger können mit einer gewissen Anzahl Unterschriften Anträge direkt ins Parlament einbringen. Die Volksmotion ist wesentlich niederschwelliger als die Volksinitiative und doch viel verbindlicher als eine Petition. Ein Vorstoß von Thomas Minder, die Volksmotion auf Bundesebene einzuführen, scheiterte 2012 im Ständerat.[6]

INTERMEZZO

EINE ANREGUNG VON AUSSEN

10 Pachamama und Rechte der Natur

Die kantonalen Verfassungen haben den Vorteil, bereits Teil des schweizerischen Rechtssystems zu sein. Verfassungen anderer Staaten können gerade darum interessant sein, weil sie ganz andere Konzepte kennen. Ich will in diesem Kapitel auf ein Konzept aus dem indigenen Denken der Anden näher eingehen, das dem europäischen Denken, jedenfalls auf den ersten Blick, sehr fremd ist.

Pachamama
Pachamama, oft unzulänglich als »Mutter Erde« übersetzt, ist ein Begriff des Quechua und anderer andiner Sprachen, der Eingang in die Verfassungen Ecuadors von 2008 und Boliviens von 2009 gefunden hat – ich beziehe mich hier auf die ecuadorianische Verfassung[1]. Schon in diesen Verfassungen wirkt der Begriff dadurch als Fremdkörper, dass er in den spanischsprachigen Verfassungen in Quechua steht. Außerdem gibt es noch einen zweiten Quechua-Begriff, *sumak kawsay* in Ecuador respektive *suma qamaña* in Bolivien, der ungefähr »gutes Leben« bedeutet, und in der bolivianischen Verfassung noch einige weitere Quechua-Begriffe.▼

»Die Natur oder Pachamama, in der sich das Leben reproduziert und verwirklicht, hat ein Recht auf die volle Achtung ihrer Existenz und die Erhaltung und Regeneration ihrer Lebenszyklen, Strukturen, Funktionen und evolutionären Prozesse«, lautet der erste Absatz von Artikel 71 der ecuadorianischen Verfassung von 2008. Zu den Rechten der Natur gehört nach Artikel 72 auch das »Recht auf Wiederherstellung«. Pachamama bezeichnet etwas, was man grob mit »Natur« übersetzen könnte; einige sehen darin einfach ein Synonym für »Natur«. Aber warum sollte der Text hier zwei Begriffe verwenden, wenn beide dasselbe bedeuteten?

▼ Artikel 8 Absatz I der bolivianischen Verfassung: »Der Staat übernimmt und fördert als ethische und moralische Grundsätze der pluralen Gesellschaft: ama qhilla, ama llulla, ama suwa (sei nicht faul, sei kein Lügner, sei kein Dieb), suma qamaña (lebe gut), ñandereko (harmonisches Leben), teko kavi (gutes Leben), ivi maraei (Land ohne Böses) und qhapaj ñan (edler Weg oder Leben).«

Das andine Denken fasst Natur im Begriff »Pachamama« sehr anders auf, als es der okzidentale Begriff »Natur« tut, der seine Bedeutung insbesondere aus der Opposition zu »Kultur« bezieht. »Pacha« bezeichnet in den andinen Sprachen ein Beziehungsgeflecht; alles, was existiert, existiert durch seine Beziehungen zu anderen Existenzen.[2] »Pachamama« bezeichnet die Welt als ein Netz von Beziehungen zwischen menschlichen und nichtmenschlichen Lebensformen und Landschaften, Flüssen oder Bergen.

Einen Gegensatz von Natur und Kultur gibt es in diesem Verständnis nicht; ein Agrarökosystem gehört genauso zu Pachamama wie ein Urwald. Die Gegenüberstellung zwischen »der Natur und ihrer Erneuerungsfähigkeit einerseits und ihrer Beanspruchung durch den Menschen anderseits«, wie sie die schweizerische Bundesverfassung in ihrem Nachhaltigkeitsartikel macht, ist dem Pachamama-Denken fremd.

Man könnte es sich leicht machen und finden, ein solches Konzept sei zwar interessant, aber ohne Belang für ein europäisches Rechtssystem. Doch die Bewegung des *neo-constitucionalismo* oder *constitucionalismo transformador*,▶ die im Kontext heftiger politischer Auseinandersetzungen zwischen Neoliberalismus und postkolonialen Bestrebungen auch indigene Ideen berücksichtigen will, stößt außerhalb des Halbkontinents ebenfalls auf Resonanz. So regte etwa der Verfassungsrechtler Pascal Mahon in seiner Abschiedsvorlesung an der Universität Neuenburg an, die Schweiz solle sich von Pachamama inspirieren lassen.³

Es gibt mindestens zwei Gründe, warum Pachamama für die Schweiz mehr sein könnte als ein faszinierendes Exotikum. Erstens hat sich das europäische Recht schon einmal und sehr entscheidend von indigenen amerikanischen Konzepten inspirieren lassen, und zweitens ist Pachamama dem »okzidentalen« Denken gar nicht so fremd, wie es auf den ersten Blick erscheint.

Die erste amerikanisch-indigene Inspiration des europäischen Rechts betraf den Kern dessen, was moderne Staaten ausmacht: Demokratie und Gleichheit. Die europäische Verfassungsgeschichte wird gerne als mehr oder minder linearer Fortschritt von Jahrhunderten gezeichnet, als direkte Linie von den frühen Kodifizierungen des Rechts im Mittelalter bis zur Aufklärung und den modernen Verfassungsstaaten, die dann noch auf das Erbe des antiken Athen mit seiner Demokratie zurück-

▶ Zum *neo-constitutionalismo* rechnet man im allgemeinen auch die Verfassungen Boliviens von 2009 oder Kolumbiens von 1991, Elemente des brasilianischen Rechts sowie Reformbestrebungen in weiteren Ländern – Peru oder, mit der gescheiterten Verfassungsrevision von 2022, Chile. Ähnliche Bestrebungen gibt es aber beispielsweise auch in Südafrika.

griffen.▸ Aber abgesehen von allem anderen, was an einem solchen Narrativ schief ist, ist es wenig plausibel, dass sich das Europa des 18. Jahrhunderts, zur Blütezeit des Absolutismus, plötzlich auf eine Staatsform im Athen des 5. Jahrhunderts v. u. Z. namens »Demokratie« besonnen hätte.

Es gab aber eine andere Quelle, aus der sich die europäischen Denkerinnen und Denker der Aufklärung inspirieren ließen. In Nordamerika waren zahlreiche indigene Gesellschaften egalitär und demokratisch verfasst. Schriften christlicher Missionare, die in Europa eifrig gelesen wurden, machten die politischen Ideen nordamerikanischer First Nations in Europa bekannt, und wenn auch die Intention der Autoren dieser Schriften darin bestand, die Überlegenheit des europäischen Denkens zu demonstrieren, war der Effekt oft der gegenteilige.[4]

Ließen sich europäische Staaten heute von lateinamerikanischen Verfassungen mit ihren indigenen Anteilen inspirieren, wäre das nichts Neues. Eins zu eins kann man ein Konzept wie Pachamama nicht ins schweizerische Rechtssystem übernehmen. Auch in den lateinamerikanischen Rechtssystemen ist es nicht einfach umzusetzen, wie der deutsche Rechtswissenschaftler Andreas Gutmann schreibt: »Die ecuadorianischen Rechte der Natur [...] bezeichnen die Natur als Rechtssubjekt, stellen aber gleichzeitig eine Verbindung zu Vorstellungen her, in denen Subjektivität keine bedeutende Rolle spielt.«[5]

Aber Widersprüchlichkeiten und Unschärfen kennt jedes Rechtssystem, und es ist Aufga-

▸ Von Hayek (2005 [1960], S. 195–245) zieht eine direkte Linie von der englischen Magna Charta (1208) über die englische Bill of Rights (1689) zur amerikanischen Unabhängigkeitserklärung (1776), in der er den Höhepunkt freiheitlicher Entwicklung sieht – und blickt dabei großzügig darüber hinweg, dass die darin postulierte Gleichheit aller Menschen und das »selbsterklärende« Recht, sein Glück anzustreben, im Sklavenhalterstaat USA längst nicht für alle galt. Er ist sehr einflussreich.

be der Gerichte, diese im konkreten Fall aufzulösen. Die Annäherung an die ecuadorianischen Rechte der Natur müsse »gerade über deren Brüche und Widersprüche geschehen«, schreibt Gutmann. Die ecuadorianischen Rechte der Natur bedingen einen steten Aushandlungsprozess zwischen europäischem Naturverständnis und andiner Pachamama. Mit einem Begriff der bolivianischen Soziologin Silvia Rivera Cusicanqui spricht Gutmann von der »Buntscheckigkeit« *(abigarramiento)* der postkolonialen Gesellschaften[6] und von einer »radikalen Pluralität«, die die »Interkulturalität der Rechte der Natur« erfordere. Diese befänden sich »in ›permanenter Konstruktion‹« und seien »unfertig und stets im Werden begriffen«.[7]

Das klingt kompliziert. Aber könnten ein Denken in Beziehungen, die Bereitschaft zu stetem Aushandeln und der Fokus auf Prozesse anstatt auf Zustände nicht gerade geeignet sein, mit den Ungewissheiten einer krisenhaften Zukunft umzugehen und das gesellschaftliche Zusammenleben umzuformen, wie es laut wissenschaftlichem Konsens nötig ist, um die Umweltkrisen zu begrenzen? Ansätze für einen transformativen Wandel, die eine »Pluralität von Werten« widerspiegeln, könnten seine Risiken reduzieren, schreibt der Weltbiodiversitätsrat IPBES.[8] Auch der Weltklimarat IPCC stellt fest, dass »klimaresiliente Entwicklungsprozesse wissenschaftliches, indigenes, lokales, praktisches sowie andere Formen von Wissen« verbinden.[9]

Dass Pachamama ein dem »westlichen« Denken fremdes Konzept sei, relativieren die jüngsten Entwicklungen der Biologie. Vor der Jahrhundertwende war die Entzifferung des menschlichen Genoms das prestigereichste Projekt der biologischen Forschung. »Man wird eine CD aus der Tasche ziehen können und sagen ›Hier ist ein Mensch; das bin ich!‹ Wir werden gründlich verstehen, wie wir aufgebaut sind, diktiert von unserer genetischen Information«, schrieb etwa 1992 der Biochemiker und Nobelpreisträger Walter Gilbert.[10] Die Resultate der Forschungsprojekts waren dann tatsächlich epochal – wenn auch ganz anders, als von Gilbert erwartet: Die Vorstellung, dass das Genom ein Lebewesen vollständig definiere, ist heute so veraltet wie die CD. Seit dem frühen 21. Jahrhundert interessiert sich die Biologie viel stärker für das Zusammenwirken von Lebensformen in Ökosystemen und Symbiosen. Wir wissen heute beispielsweise, dass ein menschlicher Organismus ähnlich viele Zellen von Mikroorganismen wie menschliche Zellen umfasst und dass wir ohne unsere Mikroorganismen, unser »Mikrobiom«, nicht lebensfähig wären. Grenzen werden unscharf und die Biologie versteht Lebewesen heute stärker als Teil eines Beziehungsnetzes anstatt als autonome Manifestationen einzelner Genome wie im späten 20. Jahrhundert.[11]

Auch die Sozial- und Geisteswissenschaften – am prominentesten wohl der 2022 verstorbene Wissenschaftssoziologe Bruno Latour – haben in jüngster Zeit die Gegenüberstellung von Natur und Kultur zunehmend kritisiert.[12] Das »europäische«, »aufgeklärte«, wissenschaftliche Denken der Gegenwart steht dem indigenen andinen Denken also näher, als es auf den ersten Blick erscheint.

Und Pachamama ist nicht zuletzt mit einem Nachhaltigkeitsverständnis kompatibel, das davon ausgeht, dass Ökologie, Gesellschaft und Wirtschaft drei untrennbar verflochtene Aspekte sind – und eben keine nebeneinander stehenden, unverbundenen Säulen.

Rechte der Natur ohne Pachamama

Ein bisschen Pachamama würde dem europäischen Rechtsdenken guttun. Rechte der Natur kann es aber auch ohne Pachamama geben. Kolumbien kennt Rechte der Umwelt in seiner Verfassung von 1991, ohne auf indigene Konzepte zu verweisen. Seither haben zahlreiche weitere Staaten auf Verfassungs- oder Gesetzesebene nichtmenschliche natürliche Einheiten zu Rechtssubjekten erklärt, darunter auch europäische wie Spanien, das aufgrund eines Volksbegehrens ein Gesetz erlassen hat, das der Lagune Mar Menor und ihrem Einzugsgebiet Persönlichkeitsrechte zuerkennt.[13] Die Generalversammlung der Vereinten Nationen hat 2020 eine Resolution verabschiedet, die die Mitgliedstaaten »einlädt, eine Rechtsprechung der Erde zu prüfen«.[14] Anfang 2024 fragte die britische Tageszeitung *The Guardian:* »Könnte 2024 das Jahr werden, in dem Rechte der Natur politischer Mainstream werden?«[15]

Schon 1972 forderte der US-amerikanische Rechtswissenschaftler Christopher Stone, natürlichen Einheiten Persönlichkeitsrechte zu verleihen.[16] In der Schweiz schrieb Jörg Leimbacher 1988 seine Dissertation zum Thema.[17]

Versuche, subjektive Rechte für die Natur einzuführen, sind in der Schweiz bislang gescheitert. 2017 hat der Ständerat ein Postulat, das Gletschern eine Rechtspersönlichkeit zuerkennen wollte, abgeschrieben.[18] Der Nationalrat hat 2021 eine Parlamentarische Initiative, die von Mitgliedern aller Fraktionen außer der SVP eingereicht wurde, mit 101 zu 87 Stimmen abgelehnt.[19] Der Kanton Basel-Stadt lehnte 2022 eine Volksabstimmung ab, die Primaten Grundrechte zugestehen wollte. Sie war chancenlos; nur ein Viertel der Abstimmenden wollte sie annehmen. Doch das Bundesgericht hat, nachdem die Regierung die Volksinitiative für ungültig erklären wollte, entschieden, dass Grundrechte für Tiere verfassungskonform sind.[20]

Will man nichtmenschlichen Entitäten Rechte gewähren, stellen sich Fragen, die nicht leicht zu beantworten sind. Aber sie sind lösbar. Welche Einheiten sollen Rechtspersönlichkeiten sein? Sollen das einzelne Tiere sein, wie es die Stadtbasler Primateninitiative vorsah? Wenn ja, warum sollen das nur Primaten sein und nicht auch Tiere anderer Ordnungen? Sollen statt Individuen Arten Rechtssubjekte sein, und sollen es alle Tier-, Pflanzen- und Pilzarten sein oder nur gewisse? Was ist mit Mikroorganismen?[21] Und wenn Landschaften und Ökosysteme Rechtspersönlichkeiten sind, welche sollen das sein? Wo fängt ein Ökosystem an, wo hört es auf?[22]

Rechte für die Natur bedeuten nicht, dass man natürliche Ressourcen nicht mehr nutzen könnte. Man wird zwar, will man sich vom Anthropozentrismus verabschieden, auch »Schädlingen« und »Unkräutern« Rechte zugestehen, aber das heißt nicht, dass man sie nicht mehr bekämpfen dürfte. Rechte für die Natur gälten genausowenig absolut wie die Grundrechte für Menschen. Wenn ein Interesse mit einem Recht kollidiert, muss man beides gegeneinander abwägen und die Verhältnismäßigkeit beachten. Die Abwägung zwischen den Rechten von »Schädlingen« und dem Interesse der Landwirtschaft, ihre Kulturen nicht auffressen zu lassen, könnte etwa darin resultieren, dass die Landwirtschaft versuchen müsste, den »Schädlingsdruck« gering zu halten, statt die »Schädlinge« ausrotten zu wollen, und dafür die mildestmöglichen wirksamen Mittel einzusetzen.

Soweit ganze Ökosysteme Rechte erhielten, müsste man diese so verstehen, dass die Funktionsfähigkeit dieser Systeme – die »Ökosystemintegrität« – nicht geschädigt werden darf.[23] Übertragen auf die Erde, hieße das, die planetaren Grenzen müssen eingehalten werden (vgl. Kap. 12).

Einen konkreten Text, wie die Rechte für die Natur formuliert werden könnten, hat der Umweltjurist Jörg Leimbacher 1990 vorgeschlagen: Erstens ist das Recht der Natur auf ihre Existenz, auf ihr Da-Sein und So-Sein sowie auf ihre Entwicklungsmöglichkeiten gewährleistet. Zweitens sind Staat und Private verpflichtet, dieses Recht oder diese Rechte zu achten. Insbesondere sind Ökosysteme, Populationen und Arten zu schützen. Drittens verlangen Eingriffe in die Natur und in die Rechte der Natur nach einer Rechtfertigung.[24]

Stellvertretendes Klagerecht
Es ist ein Unterschied, ob in einer Verfassung steht: »Die Natur hat Rechte«, oder: »Die Natur ist zu schützen«. Die Formulierungen bringen verschiedene Wertungen zum Ausdruck. Aber was bringen die Rechte der Natur in der Praxis?

Ein Fall, in dem das ecuadorianische Verfassungsgericht im Jahr 2022 aufgrund der Rechte der Natur entschied, betraf ein Projekt für eine Kupfermine im Intag-Tal. Anwohnerinnen und Anwohner klagten unter anderem im Namen einer beinahe ausgestorbenen Froschart, des Atelopus longirostris, die im Planungsgebiet der Mine lebt, gegen eine Bergbaukonzession. Das Gericht hieß die Beschwerde gut und erklärte die Konzession für ungültig. Es stellte fest, dass nicht die Beschwerdeführerinnen und Beschwerdeführer die Schädlichkeit des Projekts, sondern die Regierung seine Unschädlichkeit beweisen müsse.[25]

Eine solche Entscheidung wäre auch ohne subjektive Rechte der Natur möglich gewesen. Auch in der Schweiz können Bewilligungen verweigert werden, um Habitate seltener Tier- oder Pflanzenarten zu schützen. Weil Tierarten oder Landschaften nicht selber klagen können, müssen Menschen das für sie tun. In der Schweiz können Umweltverbände die Einhaltung von Schutzbestimmungen einklagen – wenn auch nicht im Namen der Natur.[26] Der Kanton Zürich kennt die Einrichtung eines Tieranwalts, der von Gesetzes wegen »volle Parteirechte« besitzt, um Anliegen des Tierschutzes durchzusetzen.[27]

Eignen sich subjektive Rechte der Natur besser, die Natur zu schützen, als ein Verbandsbeschwerderecht? Andreas Gutmann sagt, es gebe keine empirische Untersuchung zu dieser Frage. Zwar hätten in einer Interessensabwägung subjektive Rechte der Natur gegenüber anderen Interessen mehr Gewicht als bloße objektive Schutzrechte. Aber ein weit gefasstes Verbands- oder Popularklagerecht – dabei können auch Einzelpersonen die Einhaltung von Umweltrecht einklagen, ohne direkt betroffen zu sein – könne durchaus weiter reichen als eng gefasste Rechte der Natur.[28]

Die Rechtsanwältin und Hamburger Verfassungsrichterin Roda Verheyen plädiert dafür, das Verbandsklagerecht zu stärken, denn Rechte der Natur bräuchten Zeit, um sich durchzusetzen, und so viel Zeit hätten wir nicht mehr. Für Verheyen ist die Diskussion über Naturrechte deshalb »eher eine politisch-akademische Debatte mit momentan sehr begrenztem praktischem Nutzen. Unbeschränkte Zugangsregeln zu Gerichten für Verbände hingegen könnten den gewünschten prozessualen Effekt ohne große Rechtsänderungen ebenso und noch dazu schneller erbringen.«[29]

Die Schweizer Rechtswissenschaftlerinnen Sandra Egli, Thea Bächler und Eva Maria Belser sind hingegen der Ansicht, dass das Verbandsbeschwerderecht in der Schweiz »zu limitiert [ist], um umweltschutzrechtliche Interessen in angemessenem Maße zu schützen«.[30] Nicht alle umweltgesetzlichen Normen lassen sich damit durchsetzen. Gegenstand einer Klage können nur Verfügungen und Realakte sein.

Die ecuadorianische Umweltaktivistin und Direktorin der Global Alliance for the Rights of Nature, Natalia Greene, sieht die Rechte für die Natur bei allen Schwierigkeiten, Gerichtsentscheide durchzusetzen, als Erfolgsgeschichte. Sie hätten zu einem Kulturwandel beigetragen. 2023 fanden in Ecuador zwei Volksabstimmungen statt, deren eine Bergbauaktivitäten im Nebelwald Chocó Andino und deren andere die Erdölausbeutung im Yasuní-Nationalpark im Amazonas-Regenwald verbot. Das waren keine Anwendungen der Rechte der Natur, aber laut Greene Ausdruck des Kulturwandels.[31]

In der Schweiz geht es politisch zur Zeit vor allem darum, das Verbandsbeschwerderecht zu verteidigen. Dass es nicht nur Umweltvorschriften gibt, sondern diese auch noch von Verbänden eingefordert werden können, ist vielen Politikerinnen und Politikern ein Dorn im Auge.[32] Rechte der Natur brächten einen Perspektivenwechsel. Heute bedarf es einer Begründung, um Eingriffe in die Natur zu verbieten. Hätte die Natur Rechte, bedürfte es einer Begründung und Interessensabwägung, um in sie eingreifen zu dürfen.

Vorschlag 10.1: Das Verbandsbeschwerderecht oder Verbandsklagerecht ist auf Gesetzesstufe zu verteidigen und auszuweiten.

Vorschlag 10.2: Es ist zu prüfen, nichtmenschlichen natürlichen Entitäten subjektive Grundrechte zuzugestehen.

TEIL II

WAS WIR BRAUCHEN

11 System, Systemstabilität und Kipppunkte

Die Klimaerwärmung ist kein Problem. Der Biodiversitätsschwund ist kein Problem. Klimakrise und Biodiversitätskrise sind keine Probleme, sondern etwas viel Größeres. Ein Problem lässt sich grundsätzlich lösen. Die Umweltbestimmungen der bestehenden Bundesverfassung beinhalten Lösungen auf Umweltprobleme des 19. und 20. Jahrhunderts: Waldverlust, Luft- und Gewässerverschmutzung, zunehmende Lärmbelästigung und so weiter. Und viele dieser Lösungen haben funktioniert. Die Waldfläche ist stabil geblieben, die Wasserqualität vieler – nicht aller – Gewässer ist heute viel besser als vor einem halben Jahrhundert, die Luft meistens sauberer.

Aber weder die Klima- noch die Biodiversitätskrise kann man lösen. Mit ihnen und ihren Folgen werden wir und die kommenden Generationen leben müssen. Man kann und muss sie begrenzen. Man kann mit ihnen umzugehen versuchen, aber sie gehen nicht mehr weg.

So wie sie ist auch die Nachhaltigkeit (vgl. Kap. 2) etwas Größeres. Sie ist keine »Lösung« für sie oder irgendetwas, sondern eine Grundvoraussetzung dafür, dass Lösungen für bestimmte Probleme überhaupt greifen können.

Teil II unterscheidet sich von Teil I dadurch, dass hier vieles vage bleiben wird. Die Zukunft wird in mancher Hinsicht anders sein als alles, was wir aus der Geschichte kennen, und wir haben nur ungefähre Vorstellungen davon, *wie* anders sie sein wird. Die Probleme zu lösen, die die Krisen, die als Ganze nicht lösbar sind, mit sich bringen, wird uns viel Flexibilität abverlangen. Das wird sich auch in der Rechtsordnung ausdrücken müssen. Eine Rechtsordnung für das Anthropozän wird »in ›permanenter Konstruktion‹« und »unfertig und stets im Werden begriffen« sein. (Vgl. Kap. 10 S. 111)

Systemwandel, nicht Klimawandel

»System Change, not Climate Change« ist nicht einfach ein Slogan, den übermütige »Klimajugendliche« skandieren. Es ist wissenschaftlicher Konsens. Es gibt aber einen wichtigen Unterschied: In den Wissenschaften ist von Systemen im Plural die Rede.

Der Weltklimarat IPCC – zur Erinnerung: Seine Aufgabe ist es, den Stand des wissenschaftlichen Wissens zusammenzufassen – schrieb in seinem 1,5-Grad-Spezialbericht von 2018, den er auf Einladung der Klimakonferenz von Paris (2015) verfasste, es bedürfe zur Begrenzung der Klimaerwärmung »systemischen Wandels *[systems transitions]* [...] in noch nie dagewesenem Umfang [...] in allen Sektoren der Wirtschaft«.[1]

Das Übereinkommen von Paris ist im Lichte der wissenschaftlichen Erkenntnisse auszulegen und umzusetzen. Jede verantwortungsvolle Regierung hätte nach Erscheinen des Berichts 2018 nach Antworten suchen müssen, was »systemischer Wandel« *(systems transitions)* für das eigene Land heißen kann.

In seinem Sachstandsbericht von 2023 spricht der IPCC – wie der Weltbiodiversitätsrat IPBES schon 2019 – häufiger von »*transformations*« anstatt von »*transitions*«, was noch tiefergreifende Umgestaltungen meint.▶

Was aber heißt »systemisch«? Im Grunde ist das einfach. Ein System besteht aus Elementen, die miteinander in Wechselwirkung stehen. Es gibt in einem System nicht nur einfache Kausalbeziehungen (A bewirkt B), sondern Wirkungen wirken auf ihre Ursachen zurück (A verändert B, B verändert A). Solche Rückkopplungen gibt es zweierlei, negative und positive.

Negativ rückgekoppelt sind beispielsweise Angebot und Nachfrage auf dem Markt. Ist die Nachfrage größer als das Angebot, steigt dessen Preis, was erstens die Nachfrage dämpft und es zweitens für Produzenten interessant macht, zu investieren und mehr zu produzieren. Die Nachfrage sinkt, das Angebot steigt, bis ein Überangebot herrscht, der Preis sinkt und das Spiel sich umkehrt. Negative Rückkopplungen stabilisieren ein System.

Positive Rückkopplungen hingegen führen zur Eskalation. Bekannt ist den meisten das unangenehm laute Pfeifen bei einem Soundcheck vor einem Konzert, wenn ein Mikrofon so in die Nähe eines Lautsprechers gerät, dass der Ton aus letzterem vom Mikrofon aufgenommen und durch den Verstärker wieder zum Lautsprecher geschickt wird. Eine positive Rückkopplung im Klimasystem ist das Auftauen von

▶ »Bei Transformationen wird oft davon ausgegangen, dass sie tiefgreifendere und grundlegendere Veränderungen mit sich bringen als Transitionen, einschließlich Veränderungen der zugrunde liegenden Werte, Weltanschauungen, Ideologien, Strukturen und Machtverhältnisse. Systemübergänge [*systems transitions*] allein reichen nicht aus, um die raschen, grundlegenden und umfassenden Veränderungen zu erreichen, die angesichts des Klimawandels für die Menschheit und die Gesundheit des Planeten erforderlich sind.« IPCC 2023a, Box 18.1, S. 2668.

Permafrostböden, also Böden, die ganzjährig gefroren sind. Der in diesen Böden gespeicherte Kohlenstoff wird freigesetzt, gelangt in die Atmosphäre und treibt dort als Treibhausgas die Erwärmung weiter voran, was wiederum noch mehr Permafrostböden auftauen lässt.

Komplexe Systeme kennen sowohl negative wie positive Rückkopplungen. Bei einem System, das sich in einem Gleichgewichtszustand befindet, dominieren die stabilisierenden negativen Rückkopplungen. Es kann zwar nach wie vor Veränderungen in Teilen des Systems geben; das System selber bleibt aber stabil und kann sogar größere Schocks aufnehmen. Man nennt die Fähigkeit eines Systems, mit Störungen fertigzuwerden, »Resilienz«.

Wenn aber die Schocks zu groß und gewisse Schwellenwerte überschritten werden, »kippt« ein System aus seinem Gleichgewicht, um – nach einer unter Umständen langen Phase der Turbulenzen – in einen neuen Gleichgewichtszustand zu finden. Ist ein System einmal gekippt, reicht es nicht, den Auslöser zu eliminieren, um wieder das alte Gleichgewicht herzustellen. Es sind Eigendynamiken in Gang geraten, die nicht einfach wieder zu stoppen sind. Der einmal aus den Permafrostböden entwichene Kohlenstoff kehrt nicht dorthin zurück, selbst wenn es wieder kühler würde.

Erwünschtes und unerwünschtes Kippen

Das Gesagte gilt für natürliche wie für gesellschaftliche oder technische Systeme. Und doch gibt es entscheidende Unterschiede. Das Kippen von Ökosystemen ist gefährlich und um jeden Preis zu verhindern. Die menschliche Zivilisation hat sich im sogenannten Holozän entwickelt, einer Zeit mit bemerkenswert stabilem Klima nach dem Ende der letzten Eiszeit. Klimaschwankungen, wie es sie immer gab – etwa die »Kleine Eiszeit« in der frühen Neuzeit –, konnten für menschliche Gesellschaften katastrophale Auswirkungen haben, veränderten aber das globale Klima nur geringfügig. Über sehr lange Zeiträume hinweg ist das Klima aber immer wieder gekippt, so beispielsweise zwischen den Kaltzeiten und den Warmzeiten der letzten gut 2,7 Millionen Jahre. Die Wechsel wurden durch komplexe positive Rückkopplungen ausgelöst und durch negative Rückkopplungen wieder zum Erliegen gebracht.

Was die CO_2-Konzentration in der Atmosphäre betrifft, lag sie während der Kaltzeiten jeweils bei etwa 180 bis 200 ppm (Millionstel), während der Warmzeiten bei 250 bis 300 ppm. Während der Kaltzeiten war der größte Teil der heutigen Schweiz vergletschert, während der Warmzeiten zogen sich die Gletscher ins Hochgebirge zurück. Seit dem 19. Jahrhundert haben menschliche Aktivitäten die CO_2-Konzentration von 285 auf 425 ppm erhöht. Der Mensch hat der Atmosphäre mehr CO_2 zugefügt als die Differenz zwischen Warm- und Kaltzeiten.

Während das Kippen natürlicher Systeme wie des Klimasystems extrem gefährlich ist, brauchen wir, um es abzuwenden, schnelle und tiefgreifende gesellschaftliche Veränderungen. Soziale Kipppunkte sind Grund für Hoffnung.

Wenn also in den Berichten von IPCC und IPBES oder auch im Übereinkommen von Paris von »klimaresilienten Entwicklungspfaden«[2] die Rede ist, dann muss es darum gehen, dass die Systeme sich transformieren und neue Gleichgewichtszustände finden, ohne ihre Funktionsfähigkeit zu verlieren. Es müssen sich Energiesysteme, Systeme der Produktion, Transportsysteme und so weiter als Systeme verändern, während die Grundversorgung der Menschen, die demokratischen Strukturen oder die globale Rechtsordnung aufrechterhalten bleiben.

Hinzu kommt als entscheidender Unterschied zwischen natürlichen und gesellschaftlichen Systemen, dass letztere aus Elementen, Menschen oder Organisationen, bestehen, die bewusst handeln und bis zu einem gewissen Grad die Folgen ihrer Handlungen erkennen und vorhersagen können.

Aufbau von Teil II
Teil I beschäftigt sich damit, wie die Bundesverfassung die Umwelt schützt und Nachhaltigkeit einfordert. Ich habe mir nicht angeschaut, wie die Bundesverfassung umgekehrt die Menschen und ihre Institutionen vor der Umwelt schützt, wenn diese aus den Fugen gerät – es wäre ein kurzes Kapitel geworden.

In Teil II will ich nun zum einen untersuchen, wie die Bundesverfassung die beiden Zwecke erfüllen könnte, die Umwelt besser zu schützen und das abstrakte Gebot der Nachhaltigkeit zu konkretisieren (Kap. 12) und unsere sozialen Systeme für Zeiten schwerer Umweltkrisen widerstandsfähig zu machen (Kap. 13), und zum anderen, was für Verfahren und Instanzen es braucht, um die zur Erfüllung der genannten Zwecke nötigen Entscheidungen informiert und demokratisch zu fällen und umzusetzen (Kap. 14–16).

12 Verfassungszweck der Mitigation: Grenzen

In der Einleitung habe ich zwei Verfassungszwecke genannt, die eine Staatsverfassung im Anthropozän zu gewährleisten hat. Sie muss die Umwelt vor menschlichen Tätigkeiten schützen (Mitigation) und die Menschen und ihre Institutionen vor der Umwelt schützen, wenn sie aus den Fugen gerät (Anpassung). Von diesen Zwecken handeln dieses und das nächste Kapitel.

▶ Dass die Rede von Grenzen und Verboten die Akzeptanz klimapolitischer Maßnahmen reduziert, ergab 2023 eine Umfrage in 23 Ländern: »*Frames*, die die Worte Vorschrift, Verbot oder Ausstieg enthielten, hatten im Durchschnitt 9 Punkte weniger Unterstützung (und in einigen Fällen bis zu 20 Punkte weniger) als solche, die dies nicht taten.« (Potential Energy 2023, S. 6). Das bedeutet aber nicht, dass Grenzen nicht akzeptiert würden. Der Bericht empfiehlt, beim Sprechen über Maßnahmen das richtige »Framing« zu wählen. Am wirksamsten sei der Appell an die Verantwortung für künftige Generationen. Die Aussage »man sollte von den Menschen nicht verlangen, dass sie Opfer für Menschen bringen, die noch gar nicht geboren sind« wurde in keinem der untersuchten Länder von einer Mehrheit unterstützt (ebd., S. 16). Selbst die Rede von zu erbringenden »Opfern« ist also mehrheitsfähig, wenn die Opfer zugunsten ungeborener Generationen verlangt werden.

Planetare Grenzen

Das grundlegende Prinzip sind Grenzen. Grenzen haben einen schlechten Ruf und gelten als freiheitswidrig.▶ Jenseits plakativer Politparolen bestreitet jedoch niemand, dass es keine Freiheit ohne Freiheitsbegrenzungen geben kann.

Der Bundesrat hat bereits 1961, in einer Zeit großer Fortschrittseuphorie, in seiner Botschaft über den neu zu schaffenden Natur- und Heimatschutzartikel (Art. 78 der heutigen Bundesverfassung) festgestellt, dass die »Verantwortlichen im Interesse des ganzen Volkes und der Volksgesundheit dafür sorgen [müssen], dass Erholungsräume für Leib und Seele erhalten bleiben und dass Gewinnstreben sowie technischer Tatendrang nicht überborden. Es braucht eine Begrenzung dieser der Natur feindlichen oder sie missachtenden Kräfte des menschlichen Gestaltungswillens.«[1] Ich meine, dass Grenzen sogar besonders freiheitsfreundlich sein können. Sie legen fest, was sein darf, erlauben aber innerhalb dieser Grenzen maximale Freiheit.[2]

Grenzen müssen so gesetzt werden, dass die ökologischen Systeme ihre Systemfunktion aufrechterhalten können. Dafür bietet sich das breit rezipierte Konzept der planetaren Grenzen *(planetary boundaries)* des Stockholm Resilience Center an.[3] Es definiert in neun Bereichen Grenzen, die nicht dauerhaft überschritten werden können, ohne dass die Stabilität der Ökosysteme leidet, und zwar Klimawandel, Versauerung der Ozeane, stratosphärischer Ozonabbau, atmosphärische Aerosolbelastung, biogeochemische Kreisläufe (namentlich Phosphor- und Stickstoffkreislauf), Süßwasserverbrauch, Landnutzungsänderung (namentlich Entwaldung), Unversehrtheit der Biosphäre (genetische und funktionelle Diversität) und Einbringung neuartiger Substanzen.▸

▸ Es gibt Indikatoren wie den »ökologischen Fußabdruck«, die die Umweltbelastung in einer einzigen aggregierten Zahl ausdrücken. Die im September 2021 abgelehnte Volksinitiative »Grüne Wirtschaft« (BBl 2011 2149) wollte den »›ökologischen Fussabdruck‹ der Schweiz so reduzieren, dass er auf die Weltbevölkerung hochgerechnet eine Erde nicht überschreitet.« Das Konzept der neun planetaren Grenzen wird der Umweltsituation besser gerecht, weil sich die verschiedenen Umweltaspekte nicht miteinander verrechnen lassen. Das Artensterben wird etwa nicht dadurch kompensiert, dass sich das Ozonloch wieder schließt.

Gemäß einer Studie von 2023 sind sechs dieser neun Grenzen weltweit, teilweise massiv, überschritten; eine siebte Grenze wird nur noch knapp eingehalten. »Die Erde befindet sich jetzt deutlich außerhalb des sicheren Operationsraums für die Menschheit«, lautet das Fazit der Studie.▸ Es geht deshalb nicht nur darum, Grenzen nicht zu überschreiten, sondern auch darum, hinter bereits überschrittene Grenzen zurückzugelangen und beschädigte Systeme zu regenerieren.

Der Bundesrat hat 2013 im Grundsatz anerkannt, dass »ein Referenzrahmen für nachhaltige Entwicklung und dessen praktische Umsetzung die natürlichen Einschränkungen, die Tragfähigkeit der Ökosysteme sowie die ökologischen Belastungsgrenzen der Erde respektieren« müssen[4] und 2022 auch festgestellt, dass die Schweiz diese Grenzen im Vergleich zur restlichen Welt überdurchschnittlich stark überschreitet.[5] Eine Volksinitiative der Jungen Grünen, die »Umweltverantwortungsinitiative«, die die Respektierung der planetaren Grenzen festschreiben will, lehnte der Bundesrat im Januar 2024 gleichwohl ohne Gegenvorschlag ab.[6]

Dass das Nachhaltigkeitsgebot der Bundesverfassung heute so schlecht umgesetzt ist, hat unter anderem mit seiner Abstraktheit zu tun. Grenzen machen es konkreter. Es gibt heute schon zahlreiche Gesetze, die Grenzen festlegen; die Verfassungsgrundlage dafür legt der Umweltschutzartikel (Art. 74 BV). Die planetaren Grenzen im Nachhaltigkeitsartikel (Art. 73 BV) explizit zu nennen,

▸ Überschritten sind die planetaren Belastungsgrenzen in den Bereichen Unversehrtheit der Biosphäre, neuartige Substanzen und Organismen, biogeochemische Kreisläufe (Stickstoff und Phosphor), Klima, Abholzung und andere Landsystemänderungen, Süßwasserverbrauch; beinahe überschritten ist die Belastungsgrenze der Ozeanversauerung. Richardson et al. 2023.

Verfassungszweck der Mitigation: Grenzen

brächte also im Grunde nichts, was nicht implizit schon darin enthalten wäre. Es machte den Artikel aber doch griffiger.▸

> **Vorschlag 12.1 (2.2):** Die planetaren Grenzen, umgerechnet auf die Schweiz, sind einzuhalten. Die Definition der Nachhaltigkeit in Artikel 73 und 74 der Bundesverfassung ist so an die vollständige Brundtland-Definition anzugleichen, dass Grenzen genannt werden.
> (Formulierungsvorschlag vgl. Vorschlag 2.2 S. 34)

Ökosoziale Grenzen

Es gibt neben den neun planetaren Grenzen weitere Grenzen, die nicht überschritten werden dürfen, um Nachhaltigkeit in ihrem dreidimensionalen Sinne zu erreichen. Ich will drei Grenzen kurz diskutieren, die für eine Erweiterung des Katalogs der Grenzen infrage kommen könnten: maximaler Energieverbrauch, Ungleichheit der Ressourcenbeanspruchung, Bevölkerung.

Maximaler Energieverbrauch. In der Energiedebatte wird in der Regel nur die Energiebereitstellung problematisiert, nicht die Energieverwendung. Unbestritten ist, dass die Bereitstellung von Energie Umweltschäden (Ölverschmutzungen, Landschaftszerstörung) und soziale Schäden (Unfälle, Verlust von Lebensräumen) verursacht, dass die Energieum-

▸ Der im März 2024 an der Urne gescheiterte Entwurf für eine neue Walliser Kantonsverfassung beinhaltete die Einhaltung der »planetarischen Grenzen« in seinem Nachhaltigkeitsartikel (Art. 130). Die zuständige Kommission des Walliser Verfassungsrats schreibt, »dass dieses Konzept der planetarischen Belastbarkeitsgrenzen nicht starr ist und sich mit der Zeit und mit neuen Erkenntnissen, die in den kommenden Jahrzehnten gewonnen werden könnten, weiterentwickeln kann. Diese solide und dynamische wissenschaftliche Grundlage ist ein relevanter Sockel für politisches Handeln.« (Verfassungsrat 2020, S. 9) Demgegenüber nennt der Text der Umweltverantwortungsinitiative in seinen Übergangsbestimmungen fünf Bereiche, in denen die planetaren Grenzen »namentlich« einzuhalten seien.

wandlung schädliche Abfälle hinterlässt (CO_2, Luftschadstoffe, radioaktive Abfälle), dass Energieinfrastrukturen Landschaften und die Biodiversität beeinträchtigen und dass das ganze Energiesystem Anlass für Korruption und Kriege ist.

Aber wenn Energie vollkommen »sauber« bereitgestellt werden könnte, wäre sie dann unproblematisch und man könnte so viel davon verbrauchen, wie man möchte? Dem ist nicht so. Selbstverständlich bewirkt die Verwendung von Energie etwas – unabhängig von den ökonomischen, ökologischen und sozialen Kosten ihrer Bereitstellung. Energie bewegt Material und Menschen; Energieverwendungen verändern Konsummuster und Verhaltensweisen; Energie begründet Macht und so weiter. Diese Wirkungen sind sozial, ökologisch und ökonomisch relevant. Eine Gesellschaft, die viel Energie verbraucht, ist eine andere als eine Gesellschaft, die wenig Energie verbraucht.[7] Und eine Gesellschaft, die Energie dezentral bereitstellt, ist eine andere als eine Gesellschaft, die sich über zentralistische Strukturen versorgt. Energiekonzentration ist Machtkonzentration.[8] Eine Gesellschaft, die beliebig viel Energie zur Verfügung hätte, ist dementsprechend gar nicht wünschbar, wäre die Energie noch so »sauber«.

Die Idee, eine Obergrenze für den Energieverbrauch zu setzen – nicht als harte Grenze, aber als Zielwert –, ist der schweizerischen Politik vertraut. In den 2000er und 2010er Jahren haben sich zahlreiche Gemeinden und Kantone zur »2000-Watt-Gesellschaft« bekannt, also zum Ziel, den Primärenergieverbrauch auf 2000 Watt (17 500 kWh pro Jahr) pro Einwohnerin und Einwohner zu begrenzen. Auch der Bundesrat hat sich zu diesem Ziel als »langfristige Vision«

bekannt.[9] Es ist ein gut eingeführtes, aber etwas in Vergessenheit geratenes Suffizienzziel. Man müsste es wiederbeleben. Appenzell Ausserrhoden plant, dies zu tun. Im Entwurf der neuen Verfassung ist die Halbierung der Energieverbrauchs pro Person als Ziel vorgesehen.

Maximale Ungleichheit der Beanspruchung natürlicher Ressourcen (Boden, Energie und so weiter). Die Beanspruchung natürlicher Ressourcen ist heute extrem ungleich verteilt. Die reichsten zehn Prozent der Schweizerinnen und Schweizer verursachen viermal so viele Treibhausgasemissionen wie die ärmsten zehn Prozent; innerhalb der reichsten zehn Prozent verursacht wiederum das reichste Viertel deutlich mehr als der Rest der Reichen.[10] Global ist die Ungleichheit der Ressourcenbeanspruchung noch größer, wobei selbst die armen Schweizer Haushalte im weltweiten Vergleich mehrheitlich zu den reichen gehören.[11]

Eine Obergrenze der Ungleichheit ist ein soziales, kein ökologisches Ziel, aber es ist ökologisch sehr relevant. Egalitärere Gesellschaften belasten die Umwelt weniger und sind auch resilienter gegenüber Krisen.▸ Der Weltbiodiversitätsrat IPBES 2019 nennt die Reduktion von Ungleichheit als einen wichtigen Hebel auf dem Weg zu transformativem Wandel hin zu Nachhaltigkeit.[12] Auch der Sachverständigenrat für Umweltfragen der deutschen Bundesregierung weist auf die ökologischen Folgen extremer Ungleichheit hin.[13] Im Rahmen der Vereinten Nationen werden

▸ Wilkinson, Pickett (2024) schreiben in ihrem Kommentar in der Fachzeitschrift *Nature* mit dem provokativen Titel »Warum sich die Welt die Reichen nicht leisten kann«: »Mehr Gleichheit wird ungesunden und übermäßigen Konsum reduzieren und die Solidarität und den Zusammenhalt stärken, die notwendig sind, um Gesellschaften angesichts von Klima- und anderen Notlagen anpassungsfähiger zu machen. [...] Für reiche, entwickelte Länder, für die Daten verfügbar waren, fanden wir eine starke Korrelation zwischen dem Grad der Gleichheit und der Punktzahl auf einem von uns erstellten Index für die Leistung in fünf Umweltbereichen«.

Aufrufe, Superreiche aus ökologischen Motiven zu besteuern, immer lauter.[14] Und im Juli 2024 hat sich die G20 auf Initiative Brasiliens und Frankreichs grundsätzlich für eine »effektive Besteuerung superreicher Privatpersonen« ausgesprochen.[15]

Die Expertenkommission für die Vorbereitung einer Totalrevision der Bundesverfassung postulierte in ihrem Verfassungsentwurf von 1977, dass die Eigentumspolitik neben dem Schutz der Umwelt, des Bodens und der Landschaft auch »eine übermässige Konzentration von Vermögen und Grundeigentum verhüten« solle. Aber Forderungen nach Begrenzung der Ungleichheit haben in der Schweiz einen schweren Stand. Eine Volksinitiative der Juso, die vorschlug, dass innerhalb eines Unternehmens der tiefste Lohn mindestens ein Zwölftel des höchsten Lohns betragen müsse,[16] fand 2013 in keinem Kanton eine Mehrheit. In einer Epoche zunehmender Knappheit wird die Frage der Verteilung jedoch wichtiger, sodass Bestimmungen zur Reduktion der Ungleichheit des Ressourcenverbrauchs in Zukunft besser zu vermitteln wären und auf mehr Akzeptanz stoßen könnten.

> **Vorschlag 12.2:** Der Energieartikel (Art. 89) der Bundesverfassung ist um einen neuen Absatz zu ergänzen: Der Bund definiert einen Zielwert des Energieverbrauchs pro Einwohnerin und Einwohner. Er sorgt für einen zwischen den Einwohnerinnen und Einwohnern ausgeglichenen Verbrauch.

> **Vorschlag 12.3:** Die Bundesverfassung definiert das Ziel, einen sozial ausgeglichenen Ressourcenverbrauch anzustreben.

Bevölkerung. Die Forderung, die schiere Anzahl Menschen zu begrenzen, taucht in Umweltdebatten immer wieder auf – in der Schweiz etwa in Form der Volksinitiative »Stopp der Überbevölkerung – zur Sicherung der natürlichen Lebensgrundlagen« des Vereins Ecopop, die 2014 deutlich verworfen wurde.[17] Die SVP nennt ihre 2024 eingereichte Volksinitiative zur Begrenzung der Wohnbevölkerung »Nachhaltigkeitsinitiative«.[18]

Die Gleichung, weniger Menschen bedeute weniger Umweltbelastung, leuchtet zunächst ein, verliert aber ihre Plausibilität, sobald man die Ungleichheit der Verteilung des Ressourcenverbrauchs mitdenkt. Es kommt in erster Linie darauf an, wie viele Menschen sich einen Ressourcenverbrauch leisten, wie es heute die zehn oder zwanzig reichsten Prozent der Weltbevölkerung tun. Dass weniger Ressourcen verbraucht würden, wenn es weniger Menschen gäbe, ist ungewiss. Es könnte auch sein, dass diese Menschen dann pro Kopf umso mehr verbrauchten. Die Kosten einer forcierten Begrenzung der Weltbevölkerung wären aber hoch, da bevölkerungspolitische Instrumente menschenrechtlich fragwürdig sind.▶

Regeneration

Weil Grenzen bereits überschritten sind, gilt es, wieder hinter sie zurück zu gelangen und beschädigte natürliche Systeme zu regenerieren. Auch die Notwendigkeit der Anpassung verlangt nach Renaturierungen. Damit Wasser nach Extremniederschlägen bes-

▶ Nach der Erfahrung der Demografie sinkt die Fruchtbarkeit, wenn die Gleichstellung der Geschlechter vorankommt und Menschen sozial ausreichend sicher sind, um Kinder nicht als »Lebensversicherungen« zu brauchen. Würden diese Ziele für die gesamte Menschheit erreicht, begänne die Weltbevölkerung ohne bevölkerungspolitische Maßnahmen abzunehmen.

ser abfließen kann, müssen Flächen entsiegelt werden und Bäche und Flüsse mehr Platz erhalten. Gegen allzu große Hitze im Siedlungsraum müssen ebenfalls Flächen entsiegelt und begrünt werden. Für manches, was sich nicht wiederherstellen lässt, braucht es Ersatz – beispielsweise Speicherseen, um das Wasser zu speichern, das den Sommer heute noch als Gletschereis überdauert.

Die ausserrhodische Kantonsverfassung schreibt vor, dass »die natürliche Umwelt für die gegenwärtigen und künftigen Generationen gesund zu erhalten und wo möglich wieder herzustellen« ist. Ein analoger Artikel könnte beispielsweise als neuer Absatz 2bis des Umweltschutzartikels (Art. 74) in die Bundesverfassung aufgenommen werden. Es müsste jedoch nicht nur um die »natürliche Umwelt«, sondern auch um hybride Umwelten wie Agrarökosysteme oder städtische Grünflächen gehen.

Ein Beispiel, wie die Renaturierung auf Gesetzesebene geregelt werden könnte, bietet das von der EU 2024 – mit sehr knapper Mehrheit im Rat – beschlossene Renaturierungsgesetz.[19] Bis 2030 sollen mindestens zwanzig Prozent der Land- und Meeresflächen und bis 2050 alle sanierungsbedürftigen Ökosysteme der Union so wieder hergestellt werden, dass sie ihre Funktionen wieder erfüllen können. Auch urbane und Agrarökosysteme sind vom Gesetz erfasst. Bestäuberpopulationen sollen sich erholen, Flüsse auf 25 000 Kilometern wieder frei fließen (bis 2030), und drei Milliarden Bäume neu gepflanzt werden (bis 2030). Die Mitgliedstaaten müssen bis Mitte 2026 nationale Restaurierungspläne vorlegen und regelmäßig über ihre Fortschritte Bericht erstatten.

In der Schweiz verpflichtet seit 2011 das Gewässerschutzgesetz die Kantone, ihre Gewässer zu revitalisieren.[20] Bis

2090 sollte ein Viertel der 14 000 verbauten Fließgewässer aufgewertet werden. Bislang wurden aber statt der dafür nötigen 44 Kilometer pro Jahr nur 18 Kilometer pro Jahr realisiert.[21]

> **Vorschlag 12.4:** Sind planetare Grenzen überschritten oder sind einzelne Ökosysteme zerstört, ist dafür zu sorgen, dass die Umweltbelastung so weit reduziert werden, dass die Grenzen wieder eingehalten sind. Beschädigte Ökosysteme sind zu renaturieren.

Musterfall Großes Moos
Zu den beschädigten natürlichen Systemen der Schweiz gehören Feuchtgebiete, ehemalige und bestehende. Soweit Moore noch solche sind, genießen sie den Schutz der Bundesverfassung (Art. 78 Abs. 5). Doch mehr als neunzig Prozent der einstigen Feuchtgebiete der Schweiz sind seit dem 19. Jahrhundert trockengelegt worden.

Ehemalige Moorböden sind dank dem hohen Anteil organischen Materials im Torf sehr fruchtbar. Dieses kohlenstoffhaltige organische Material hat sich über sehr lange Zeit akkumuliert, weil die Nässe es vor Oxidation schützt. Legt man es trocken, beginnt es zu oxidieren und der Kohlenstoff gelangt als CO_2 in die Atmosphäre. Das trägt zur Klimaerhitzung bei, die Böden verlieren an Fruchtbarkeit und senken sich, wodurch sie in Grundwassernähe gelangen und wieder vernässen. Dass sich etwas ändern muss, drängt sich aus ökologischer wie aus landwirtschaftlicher Sicht auf.

Das größte ehemalige Feuchtgebiet der Schweiz ist das Große Moos rund um den Neuenburger-, den Bieler- und den Murtensee. 1868 bis 1891 senkte die erste Juragewässerkorrektion den Wasserspiegel der drei Seen um 2,5 Meter und leitete die Aare in den Bielersee. So wurde das Große Moos trockengelegt, Kulturland gewonnen und die Region vor Überschwemmungen geschützt. Weil der Boden sich senkte, kam es im 20. Jahrhundert erneut zu schweren Überschwemmungen, sodass eine zweite Juragewässerkorrektion folgte.

Heute stellt sich die Frage, wie es weitergeht. Bodenanalysen haben gezeigt, dass der Torfboden bis auf einzelne Restflächen verschwunden ist. Je nach Unterboden ist Landwirtschaft nur noch mit teuren Maßnahmen möglich.

2018 forderte der Landwirtschaftsverband Pro Agricultura Seeland in einem Positionspapier eine »Dritte Juragewässerkorrektion«.[22] Das Papier betont den Wert der Region für die nationale Ernährungssicherung. Umweltverbände hingegen sehen eine dritte Korrektion als »Sackgasse« und verweisen auf den enormen Verlust an Biodiversität durch die landwirtschaftliche Nutzung. Sie möchten die Biodiversität stärken und haben 2023 als Gegenmodell ihre »Vision 3-Seen-Land 2050« vorgestellt.[23]

Schon der erste Blick auf die beiden Positionspapiere zeigt, wie unterschiedlich die Wahrnehmungen sind. Die »Vision 3-Seenland« zeigt schöne Landschaftsbilder, beklagt den Verlust der einstigen Biodiversität und relativiert die Bedeutung der Region für die Nahrungsmittelversorgung der Schweiz. Das Papier von Pro Agricultura zeichnet eine Geschichte von Krankheit, nämlich Malaria, und Elend, aus der erst die Gewässerkorrekturen die Region befreiten.

In dieser Situation versuchen der Kanton Bern zusammen mit der Wyss Academy im Rahmen des Programms

»Entwicklung der Region Großes Moos« mit den Beteiligten in einem partizipativen Prozess Lösungen zu finden, von denen sowohl die Landwirtschaft wie auch die Biodiversität und der Klimaschutz profitieren. Resultate liegen noch keine vor, aber der Prozess ist interessant, weil er nicht nur einen Modellfall für den Umgang mit einem zerstörten Ökosystem, sondern auch für eine deliberative Entscheidungsfindung sein könnte (vgl. Kap. 15 S. 178).

13 Verfassungszweck der Anpassung: Resilienz

Als der Bundesrat Ende des Winters 2020 wegen der Covid-19-Pandemie den Lockdown verhängte, unterrichtete ich an einem Zürcher Gymnasium Deutsch. Plötzlich wurde fast alles anders. Der Unterricht per Videoschaltung war für Lernende wie Lehrende neu. Wir experimentierten und lernten. Vieles funktionierte erstaunlich gut, und wenn etwas nicht klappte, war die Toleranz groß. Dass die Benotung für ein Semester ausgesetzt wurde, erlaubte viel differenziertere inhaltliche Rückmeldungen an die Schülerinnen und Schüler.

Ich ließ meine Klasse in kurzen Texten ihre außergewöhnliche Situation reflektieren, mit Aufträgen wie: »Erzählen Sie Ihrem Ich von vor drei Monaten von Ihrer jetzigen Situation!«, oder: »Vor kurzem hätten Sie sich die heutige Situation nicht vorstellen können. Wie sähe eine Welt aus, die Ihnen heute ebenso unvorstellbar erscheint, in der Sie aber gern leben möchten?«, oder: »Gehen Sie ins Freie an einen Ort, den Sie mögen. Rufen Sie sich in Erinnerung, wie es hier normalerweise tönt. Achten Sie dann darauf, was Sie jetzt hören.«

Die erste Zeit der Pandemie erlebte ich in einer gewissen Euphorie. Plötzlich waren Dinge möglich, die man kurz zuvor für unmöglich gehalten hätte. Es gab ein Gefühl von Gemeinschaft, wie ich es selten erlebt habe. In den Schlangen mit Sicherheitsabstand vor den Läden kam man mit Unbekannten ins Gespräch. Als meine Familie wegen eines Krankheitsfalls in Quarantäne gesetzt wurde, rief eine Nachbarin an, um nach unseren Einkaufswünschen zu fragen. Ähnliche Geschichten nachbarschaftlicher Hilfe und eines starken gegenseitigen Solidaritätsgefühls erfuhr man während der schweren Staatsschuldenkrise 2010 aus Griechenland.

Wir machten in Schule, Familie und Nachbarschaft die Erfahrungen, wie dank Solidarität vieles auch dann funktioniert, wenn die normalen Routinen ausfallen. Aber irgendwann kippte die Stimmung; Freundschaften zerbrachen, Falschnachrichten wurde Glauben geschenkt und extremistische Gruppen bekamen Auftrieb.

Ewald Frie und Mischa Meier, die an der Universität Tübingen den interdisziplinären Sonderforschungsbereich »Bedrohte Ordnungen«[1] leiten, schreiben in ihrem Buch *Krisen anders denken,* dass Bedrohungen positive gesellschaftliche Dynamiken auslösen, »soziale und emotionale Energien erzeugen« und »Macht verleihen« können. Sie können aber auch zur »Verachtung der anderen« führen und zur Gefahr für demokratische Gesellschaften werden.[2] Die Covid-Pandemie zeigte beide Tendenzen.

Auf schwere Krisen vorbereiten

Die Covid-19-Pandemie war eine leichte Krise im Vergleich zu dem, was bei einer Klimaerwärmung um mehr als 1,5 oder sogar mehr als 2 Grad und einem Zusammenbruch der Biodiversität zu erwarten ist. Die Menschheit hat schon viele Krisen erlebt und viele überlebt – manche regional auch nicht überlebt. Die Umweltkrisen der Gegenwart haben jedoch eine neue Qualität. Die Lebensgrundlagen haben sich innerhalb weniger Jahre stärker verändert als zuvor in 10 000 Jahren. So warm wie heute war es nie, seit es eine menschliche Zivilisation gibt, und es wird noch wärmer. Ein Massenaussterben gab es zuletzt viele Millionen Jahre, bevor es Menschen gab.

Gesellschaften müssen sich auf die neue Epoche vorbereiten. Krisenkaskaden sind schon in naher Zukunft möglich. Wenn eine lang anhaltende Hitzewelle mit Trockenheit die Schweiz trifft, wird man gefährdete Menschen in gekühlten Räumen unterbringen müssen.[3] Energie zum Kühlen wird aber knapp sein, wenn die Wasserkraftwerke kaum noch produzieren. Die landwirtschaftlichen Erträge werden einbrechen und der Import von Gütern wird erschwert sein, weil auf dem ausgetrockneten Rhein keine Schiffe mehr fahren. Längerfristig können große Gebiete unbewohnbar werden, was inländische wie globale Migrationsbewegungen auslösen wird. Autoritäre, antidemokratische politische Strömungen könnten erstarken.[4] Krisen werden sich gegenseitig verstärken.[5]

Wenn ich hier von einem Verfassungszweck der Anpassung spreche, verstehe ich »Anpassung« in einem weiten Sinne. Ich habe nicht so sehr die technischen Anpassungen im Auge – Frühwarnsysteme, Verbauungen gegen Hochwasser, die Einführung neuer, hitzeresistenter Arten und Sorten in Land- und Forstwirtschaft und so weiter – als viel mehr das, was der Weltklimarat IPCC »klimaresiliente Entwicklung«[6] nennt. Wie können die »systemrelevanten« Bereiche der Wirtschaft – wie man das während der Pandemie nannte – funktionsfähig bleiben und die Versorgung der Menschen mit Nahrung, medizinischer Betreuung und Bildung aufrechterhalten? Wie die demokratischen Institutionen weiterarbeiten?

Es gilt, Vorbereitungen zu treffen unter Bedingungen der Unsicherheit. So groß das Wissen über die Umweltkrisen ist, so gut Modellrechnungen der Vergangenheit zur Entwicklung des Klimas mit der Realität übereinstimmen – was noch kommt, wenn Kipppunkte überschritten werden, und wie sich das ökonomisch und sozial auswirken wird, kann man nur grob vorhersehen.

Dabei genügt es nicht, sich auf das vorzubereiten, was am wahrscheinlichsten zu sein scheint. In einem vielbeachteten Beitrag in der Zeitschrift *PNAS* haben 2022 führende Klimaforscher und -forscherinnen gefordert, die Welt müsse sich auch auf Szenarien vorbereiten, die nicht sehr wahrscheinlich, aber möglich sind und katastrophale Folgen hätten.[7] Allerdings hätten die schlimmsten Szenarien, die aufgrund wissenschaftlicher Modellierungen für das 21. Jahrhundert möglich sind, so drastische Auswirkungen, dass ein Überleben staatlicher Strukturen schlechterdings undenkbar erscheint. Ein Zusammenbruch des Nordatlantischen Strömungssystems hätte, paradoxerweise, eine rasante Abkühlung Europas um bis zu 30 Grad zufolge.[8] Eine sehr hohe CO_2-Konzentration könnte die Stratocumulus-Wolkendecke kollabieren lassen, was eine Erwärmung um zusätzliche 8 Grad bewirken könnte.[9]

Die Bundesverwaltung befasst sich noch kaum mit Extremszenarien.▶ Ein Forschungspro-

▶ Das Bundesamt für Bevölkerungsschutz (BABS) teilt am 26. Juni 2024 auf Anfrage mit: »Das BABS befasst sich nicht systematisch mit ›extremen‹ Szenarien wie dem Zusammenbruch des nordatlantischen Strömungssystems. Im Fokus der nationalen Risikoanalyse stehen Szenarien der Intensität ›gross‹. Dabei analysieren wir auch Gefährdungen wie Sonnenstürme, Meteoriteneinschläge und KKW-Unfälle, die je nach Dimensionierung ähnlich fatale Folgen haben können.«

gramm, das Folgen von Extremszenarien und Anpassungsmöglichkeiten für die Schweiz untersucht, läuft an der Eidgenössischen Forschungsanstalt WSL.▶

Resilienz

Es existieren Strategiepapiere und Aktionspläne des Bundes zur Anpassung an die Klimafolgen.[10] Aber es bestehen große blinde Flecken.[11] Keines dieser Papiere befasst sich mit Extremszenarien, keines mit den Grenzen der Anpassung[12] und keines fragt grundsätzlich, was eine Gesellschaft gegenüber Krisen widerstandsfähig macht und wie diese Widerstandsfähigkeit oder, wie in der Fachsprache, Resilienz gestärkt werden kann.

Resilient ist ein System, wenn es auch dann weiter funktioniert, wenn Teile beschädigt sind, weil andere Teile deren Aufgaben übernehmen können. Resilienz braucht Vielfalt, Reserven und Redundanz – eine Aufgabe wird von mehreren Systemkomponenten gleichzeitig übernommen oder kann von mehreren Komponenten übernommen werden.[13] Nicht resilient sind lange Lieferketten, hierarchische und zentralisierte Strukturen,▶▶ Monokulturen, Abhängigkeiten von Voraussetzungen, die ihrerseits krisenanfällig sind oder eine starke Spezialisierung von Systemkomponenten, die etwas perfekt können, aber nichts anderes.

Fast alles, was Resilienz stärkt, ist in kurzfristigem Sinne

▶ Das Forschungsprogramm »Extremes 2021–2025« der WSL rechnet mit drei Szenarien: fünf aufeinander folgende Jahre extremer Dürre, eine 28-tägige Hitzewelle, drei aufeinanderfolgende warme Winter (unveröffentlichte Szenarien; persönliche Auskunft Astrid Björnsen, WSL).

▶▶ Ein schönes Beispiel für ein auf Resilienz ausgelegtes System ist das Internet, das ursprünglich von der US-amerikanischen Armee entwickelt wurde und auch dann noch funktionsfähig bleiben soll, wenn große Teile seiner Infrastruktur zerstört sind. Da die Internetinfrastruktur dezentral aufgebaut ist, kann sich ein Informationspaket seinen Weg immer aus vielen möglichen Wegen aussuchen, während sich ein zentralisiertes System lahmlegen ließe, indem der zentrale Knoten zerstört würde.

nicht effizient. Auf den gewinnorientierteren Märkten setzt sich aber nur durch, was kurzfristig effizient ist. Wie schnell eine »effiziente« Wirtschaft aus dem Takt gerät, zeigten etwa der Ausbruch des Eyafjöll-Vulkans auf Island, der 2010 große Teile des europäischen Luftverkehrs lahmlegte, oder die Havarie des Tankers Ever Given, die 2021 den Suezkanal sechs Tage lang blockierte. Und weil der Markt eben kurzfristige Effizienz belohnt, sollte man nicht darauf zählen, dass die Privatwirtschaft spontan Resilienz entwickelt. Die Wirtschaft ist viel zu wichtig, um dem Markt überlassen zu werden.

Um die Resilienz derjenigen Bereiche der Wirtschaft zu stärken, die zur Grundversorgung beitragen, muss der Staat eingreifen können. Artikel 102 der Bundesverfassung, »Landesversorgung«, erlaubt solches Eingreifen in Krisenzeiten. Wenn man aber zu Beginn einer Pandemie feststellt, dass es im Land zu wenige Masken gibt, ist es zu spät. Um vorzusorgen, muss der Staat vorbeugend steuernd eingreifen.

Ich habe einen Wirtschaftspolitik-Artikel für die Bundesverfassung vorgeschlagen. (Vgl. Vorschlag 6.3 S. 68) Ein solcher Artikel müsste auch auf die Stärkung der Resilienz abzielen und beispielsweise dafür sorgen, dass lebenswichtige Güter und Dienstleistungen im Inland produziert werden anstatt dort, wo es am billigsten ist, dass die nötigen Fachkräfte ausgebildet werden und dass keine Unternehmen *too big to fail* sind. Er müsste kurze Wertschöpfungsketten bevorzugen,[14] Wirtschaftsbereiche unterstützen, in denen Arbeit schlecht oder gar nicht entlohnt ist, beispielsweise Pflege und Betreuung, und wirtschaftliche Eigeninitiativen auch abseits des Marktes, beispielsweise Kooperativen der Selbstversorgung, fördern.[15] Zur Resilienz der Landwirtschaft und mithin zur

Sicherung der Versorgung der Bevölkerung mit Nahrung könnte das von den Vereinten Nationen anerkannte Konzept der Ernährungssouveränität (vgl. Kap. 6 S. 69) einen Beitrag leisten sowie Formen solidarischer Landwirtschaft.

Eine der größten Abhängigkeiten der Wirtschaft ist die vom Wirtschaftswachstum. Auch weitere Systeme wie Sozialwerke, Staatsfinanzen oder der Arbeitsmarkt sind darauf angelegt, dass die Wirtschaftsleistung stets zunähme.[16] Die Stilllegung von Atomkraftwerken und die Entsorgung der radioaktiven Abfälle können nur finanziert werden, wenn die im dafür vorgesehenen Fonds angelegten Gelder Rendite abwerfen, wozu Wachstum nötig ist. Auch wenn man Wirtschaftswachstum für wünschenswert hält, kann man nicht an einer Abhängigkeit von Wachstum interessiert sein und muss sich mit der Frage befassen, was geschieht, wenn Wachstum ausbleibt.

Vorschlag 13.1 (6.3): In einem Wirtschaftspolitikartikel ist der Bund auf eine Politik zur Stärkung der Resilienz wichtiger Wirtschaftsbereiche zu verpflichten.

Vorschlag 13.2: Die Sozialwerke (Art. 111–117) sind so auszugestalten, dass sie von Wirtschaftswachstum unabhängig funktionsfähig sind.

Vorschlag 13.3 (6.7): Die Einführung der Ernährungssouveränität zur Stärkung der Resilienz des Ernährungssystems ist wiederzuerwägen.

Übergang

Um an den Punkt zu gelangen, an dem die Wirtschaft resilient ist, muss diese eine Wandlungsphase durchlaufen. Der Übergang ist so zu begleiten, dass er nicht selbst krisenhaft wird. Diese Transformation ist mittlerweile Gegenstand einer eigenen wissenschaftlichen Disziplin, und ich kann das Thema hier nur streifen. (Vgl. für konkrete Vorschläge für die Schweiz den »Klima-Aktionsplan« des Klimastreiks[17])

Nichtresiliente und nicht mit den planetaren Grenzen vereinbare Elemente der Wirtschaft müssen sich transformieren oder verschwinden. Ganz weg müssen die Erdöl-, Erdgas- und Kohleproduktion. Da hat es die Schweiz, in der keine fossilen Energierohstoffe produziert werden, verhältnismäßig leicht; allerdings haben zahlreiche Unternehmen dieser Branche, insbesondere des Handels mit Öl, Gas und Kohle, ihren Sitz in der Schweiz. Wenn die Verkehrswende gelingt, werden viel weniger Autos benötigt, was in der Schweiz vor allem die Zulieferindustrie betrifft. Neue Straßen wird es kaum noch brauchen. Dafür werden Straßenbauunternehmen im Rückbau neue Beschäftigung finden. Andere Branchen werden nicht als Folge der klimapolitisch notwendigen Maßnahmen, sondern wegen der Klimaerhitzung selbst verschwinden, wie heute schon der Schneetourismus in tieferen Lagen. Von wieder anderen wird es mehr brauchen als heute, zumindest für eine Übergangszeit, beispielsweise für die Installation erneuerbarer Energie.

Wenn Unternehmen untergehen, gehen investiertes Kapital, Arbeitsplätze und Knowhow verloren. Verluste von investiertem Kapital sind im Kapitalismus – theoretisch – kein Problem; das gehört zum Risiko des Investierens. Die Rendite auf Investitionen in den Fällen, in denen es gut geht, ist die Entschädigung für das eingegangene Risiko. Die Realität ist aber immer ein wenig komplizierter als die Lehrbuchtheorie. Problematisch wird der Untergang mehrerer oder sogar eines einzelnen Unternehmens, wenn er einen Dominoeffekt auslöst, der ganze Teile der Volkswirtschaft bedroht. Die Stärkung der Resilienz der Wirtschaft mit griffigen Too-big-to-fail-Regeln muss solche Situationen weitgehend ausschließen.

Der Verlust von Arbeitsplätzen verursacht soziale Probleme, und der Verlust von Know-How ist eine Verschwendung, die sich eine Gesellschaft in der Krise kaum leisten kann. Gerade die Autoindustrie, große Mitverursacherin von Umweltkrisen, verfügt über riesiges Know-How. Es ist deshalb wichtig, Unternehmen aus Branchen, die schrumpfen müssen, bei der Transformation zu unterstützen. Beschäftigte in den betroffenen Branchen brauchen Unterstützung bei der Umschulung. Dass große und schnelle Umstellungen ganzer Volkswirtschaften möglich sind, haben Staaten in Kriegen gezeigt, die ihre zivile Volkswirtschaft auf Kriegswirtschaft umstellten, besonders eindrücklich die USA im Zweiten Weltkrieg.

Alfred Kölz und Jörg Paul Müller sahen in ihrem Verfassungsentwurf vor, dass der Bund »Beihilfe zur Umstellung in Wirtschaftszweigen, deren Existenz gefährdet ist«, leistet.[18] Einen Schritt in diese Richtung macht das Klimaschutzgesetz mit seinen freiwilligen Netto-Null-Fahrplänen: Der Bund unterstützt Unternehmen und Branchen, die sich Netto-Null-Fahrpläne geben, fachlich; wer sich einen Netto-Null-Fahrplan gibt, kann Finanzhilfen für Technologien und Prozesse beantragen, die der Umsetzung dieser Fahrpläne dienen.

Vorschlag 13.4: Bund und Kantone unterstützen Unternehmen in ihrer Transformation zu Nachhaltigkeit und Umweltresilienz. Dabei können sie vom Grundsatz der Wirtschaftsfreiheit abweichen.

Vorschlag 13.5: Bund und Kantone unterstützen Beschäftigte aus den von den Umweltkrisen betroffenen Branchen und Unternehmen bei der Umschulung.

Transformativ, gerecht, adaptiv, partizipativ, solidarisch

Was macht eine ganze Gesellschaft resilient? Es wäre praktisch, man könnte sagen: So geht das. Aber »es gibt kein Rezept dafür, wie [klimaresiliente] Transformation angestoßen wird«, schreibt der Weltklimarat IPCC.[19] Ewald Frie, der Krisen historisch erforscht, sagt, dass sich aus seinen Forschungen keine Gesetzmäßigkeiten ableiten ließen, wann und wie eine Gesellschaft auf eine Bedrohung reagiere. Dann äußert er aber doch eine Vermutung. Entscheidend scheine zu sein, wer den Rahmen setze, in dem eine Krise vorwiegend interpretiert werde. Mitunter führe eine Situation, die mit sehr ähnlichen Voraussetzungen in einem Land friedlich bewältigt worden sei, in einem anderen Land zu Gewalt, je nachdem, wer den Diskurs präge.[20] Gute Information der Bevölkerung und eine Abwehr von Desinformation und Hassrede (vgl. Kap. 14 S. 163) können helfen, verführerischen Meinungsangeboten zu widerstehen. Auch eine starke Zivilgesellschaft hilft gegen populistische Verführungen.

Der IPCC kann aus der wissenschaftlichen Literatur immerhin Hinweise auf Merkmale dessen geben, was er »klimaresiliente Entwicklung« nennt. Entscheidend sei, dass

»Regierungen, die Zivilgesellschaft und der Privatsektor integrative Entwicklungsentscheidungen treffen, die Risikominderung, Gleichberechtigung und Gerechtigkeit in den Vordergrund stellen und Entscheidungsfindungsprozesse, Finanzmittel und Maßnahmen über verschiedene Regierungsebenen, Sektoren und Zeitrahmen hinweg integrieren«.[21] Würden systemische Krisen nicht als solche wahrgenommen und bloß Symptome bekämpft, drohten Fehlanpassungen, die Pfadabhängigkeiten schaffen und die Risiken und Verletzlichkeiten letztlich verstärken.[22] Am Wohl der Schwachen, könnte man angelehnt an die Präambel der Bundesverfassung sagen, misst sich die Krisentauglichkeit einer Gesellschaft.

Weitere Elemente, die der IPCC-Bericht als wichtig für eine klimaresiliente Entwicklung nennt, sind anpassungsfähige Lernprozesse[23], öffentliche Beteiligung an Entscheidungsprozessen[24] und Engagement vonseiten der Bürgerinnen und Bürger[25]. Mehrfach weist der IPCC-Bericht auf die Bedeutung von »Graswurzelbewegungen« hin.[26]

Der Staat kann sich unmöglich auf alle denkbaren Krisensituationen vorbereiten. Erfolgreiche Anpassung kommt sehr oft von unten. Der Staat kann aber unterstützen und Raum bieten für Experimente, die auf eine Stärkung der Umweltresilienz zielen und auf spontane solidarische Selbsthilfeinitiativen, wie sie etwa während der Covid-19-Lockdowns entstanden sind. Weise ist der Satz, der im abgelehnten Entwurf für eine neue Walliser Verfassung stand: »Der Kanton fördert jede Form von Solidarität.«

Man sollte das umweltresiliente Leben weniger als einen Zustand denn als einen Prozess des ständigen Justierens und Neuaushandelns auffassen. Dafür braucht es geeignete

Verfahren und Instanzen. Aber das ist sowieso ein Wesenszug der Demokratie. »Die Demokratie«, schreiben Hedwig Richter und Bernd Ulrich, »ist kein cooles Le-Corbusier-Haus. Sie ist eher ein altes Schloss, das sich die Benutzerinnen und Benutzer neu eingerichtet und mit verschiedenen modernen Flügeln ergänzt haben. [...] Es kostet Mühe, das Haus intakt und einigermaßen sauber zu halten.«

> **Vorschlag 13.6:** Der Bund unterstützt experimentelle Formen gesellschaftlicher und ökonomischer Organisation, die auf eine Stärkung der Widerstandsfähigkeit abzielen, und deren Evaluation.

> **Vorschlag 13.7:** Der Bund fördert namentlich in Notzeiten Initiativen solidarischer Hilfe.

Viel von dem wird teuer sein (vgl. Kap. 8). Die finanzielle und die Arbeitslast müssen sozialverträglich verteilt werden. In Anlehnung an die entsprechende Formulierung im UN-Rahmenabkommen zum Klimawandel von 1992[27] könnte man postulieren, dass die Kosten der Anpassung und der Entschädigung für Verluste und Schäden unter Berücksichtigung der gemeinsamen, aber unterschiedlichen Verantwortlichkeiten, der jeweiligen Fähigkeiten sowie der sozialen und wirtschaftlichen Lage solidarisch zu tragen sind.

Solidarisches Mittragen von Lasten muss nicht nur finanziell sein, sondern kann auch Arbeitseinsätze beinhalten. Artikel 59 der Bundesverfassung sieht eine Dienstpflicht für Männer und eine freiwillige Dienstmöglichkeit für Frauen vor. Der zivile Dienst könnte auf Gesetzesebene gezielt auf Krisenprävention ausgerichtet werden.

Vorschlag 13.8: Die Kosten der Anpassung an die sich verändernden Umweltbedingungen, der Verluste und Schäden infolge dieser Veränderungen im Inland sowie der Beteiligung an der internationalen Klima- und Umweltfinanzierung werden unter Berücksichtigung der gemeinsamen, aber unterschiedlichen Verantwortlichkeiten, jeweiligen Fähigkeiten sowie sozialen und wirtschaftlichen Lage solidarisch getragen.

Notrecht

Tritt eine akute Notlage ein, muss ein Staat Freiheiten einschränken können. Es wird beispielsweise Regeln brauchen, wie knappe Güter der Grundversorgung gerecht zu verteilen sind, allenfalls mittels Rationierungen wie während der Weltkriege. Unter Umständen müssen dafür Gesetze und Verfassungsbestimmungen temporär außer Kraft gesetzt werden.

Manchmal muss man, um die Verfassung zu schützen, gegen deren Regeln handeln. Notrecht legt die Regeln für solche Regelbrüche fest. Notrecht ist ein paradoxes Recht und immer missbrauchsanfällig.

Heute bilden mehrere Artikel der Bundesverfassung die Grundlage von Notrecht. Artikel 102 regelt »die Versorgung des Landes mit lebenswichtigen Gütern und Dienstleistungen für den Fall machtpolitischer oder kriegerischer Bedrohungen sowie in schweren Mangellagen, denen die Wirtschaft nicht selbst zu begegnen vermag«, und gibt dem Bund das Recht, in solchen Situationen vom Grundsatz der Wirtschaftsfreiheit abzuweichen. Artikel 165 ermöglicht, dringliche Bundesgesetze zu erlassen, ohne ein Referendum abzuwarten. Ein solches Gesetz muss befristet sein und tritt automatisch außer Kraft, wenn es nach der Frist eines Jahres nicht durch Volk und Stände gutgeheißen wurde. Artikel 173 gibt der Bundesversammlung die Befugnis, Maßnahmen zur Wahrung der inneren und äußeren Sicherheit zu ergreifen und die Armee aufzubieten; Artikel 184 und 185 geben dem Bundesrat ähnliche Befugnisse.

Der Bundesrat macht von diesen Befugnissen selten Gebrauch. Vor der Pandemie war die letzte größere Anwendung die Rettung der Großbank UBS im Jahr 2008; außerdem gab es mehrere auf Art. 184 gestützte Verordnungen, mit denen sich die Schweiz internationalen Sanktionen anschloss, Vermögenswerte gestürzter Diktatoren sperrte oder terroristische Organisationen verbot.[28]

Auch während der Covid-19-Pandemie nutzte der Bundesrat die Machtfülle, die ihm das Notrecht für Krisenzeiten gibt, mit Augenmaß, und das Volk folgte ihm, indem es das dringliche Covid-19-Gesetz zweimal an der Urne nachträglich guthieß. Seither gab es aber weitere Fälle, in denen der Bundesrat Notrecht weniger bedacht einsetzte.

Im März 2023 wandte der Bundesrat einen Bankrott der Großbank CS ab, indem er deren Übernahme durch die UBS einfädelte und absicherte und zu diesem Zweck Notverordnungen erließ.[29] Das Parlament lehnte dieses Vorgehen nachträglich – ohne Wirkung – ab[30] und setzte zur Aufarbeitung der CS-Übernahme eine Parlamentarische Untersuchungskommission ein.[31]

Ein halbes Jahr zuvor hatte der Bundesrat gleich mehrere energiepolitische Notverordnungen erlassen (vgl. Kap. 7 S. 77) – unbegründet, wie das Bundesverwaltungsgericht im Februar 2024 aufgrund einer Beschwerde gegen das Reservekraftwerk Birr feststellte.[32] Mit anderen Worten, der

Bundesrat reagierte mit Notrecht auf eine mediale Panik. Gegen die dringlicheren Bedrohungen wie die Klima- oder die Biodiversitätskrise ist Notrecht dagegen noch nie zur Anwendung gekommen.

Es liegt in der Natur des Notrechts, dass es den eigenen Missbrauch wie auch eine Beliebigkeit seiner Anwendung oder Nichtanwendung nicht ausschließen kann. Das Missbrauchsrisiko dürfte aber umso geringer sein, je stärker eine Zivilgesellschaft ist und je mehr sich Bürgerinnen und Bürger eines Landes für ihren Staat zu engagieren bereit sind und je besser unabhängige Medien kritisch berichten.

Die Gefahr, die vom Notrecht ausgeht, wird im Zeitalter der Umweltkrisen zunehmen: »Die Demokratie wird durch die Klimakrise gefährdet, weil sie die Gesellschaften in eine Kaskade von Notständen treibt, in denen der demokratische Rechtsstaat zwar formal weiter existieren mag, faktisch allerdings von einem Notstandsregime in Permanenz außer Kraft gesetzt wird«, schreiben Richter und Ulrich.[33] Umso wichtiger ist die Vorsorge, sodass die Krisen möglichst lange ohne Notrecht bewältigt werden können.

Widerstand

Viele Stimmen in den Politikwissenschaften sehen die Demokratie als solche durch die Umweltkrisen bedroht.[34] Sie ist schon heute von rechts unter Druck, und Populisten wissen Krisen sehr gut für ihre Zwecke zu nutzen. Gegen solche Tendenzen muss eine Demokratie wehrhaft sein.

Das deutsche Grundgesetz, das 1949 nach der größten Krise des 20. Jahrhunderts, der Nazidiktatur und dem Zweiten Weltkrieg, geschaffen wurde, sieht ein Widerstandsrecht vor: »Gegen jeden, der es unternimmt, diese Ordnung zu beseitigen, haben alle Deutschen das Recht zum Widerstand, wenn andere Abhilfe nicht möglich ist.« (Art. 20 Abs. 4 GG) Jonas Schaible schlägt vor, dieses Widerstandsrecht auszuweiten auf ein »Widerstandsrecht gegen all jene, die auf eine Erhitzung der Erde hinarbeiten, die Demokratie in Zukunft schwer bis unmöglich machen wird«.[35]

Vorschlag 13.9: Es gibt ein Widerstandsrecht gegen Versuche, die Demokratie zu beseitigen, sowie gegen Bestrebungen, die natürlichen Lebensgrundlagen schwer zu schädigen.

14 Verfahren der Information

Politische Entscheidungen sollen auf der Basis des besten verfügbaren Wissens gefällt werden. Wissen bereitzustellen, ist zuallererst, wenn auch nicht ausschließlich Aufgabe der Wissenschaft, aber Wissenschaft soll nicht politisch entscheiden. Die Aufgabenteilung zwischen Politik und Wissenschaft muss bestehen bleiben.

Politische Entscheidungen werden oft von Leuten gefällt, die nicht besonders gut informiert sind. Das ist einer der Gründe, weshalb eine Gesellschaft Entscheidungen trifft, die dem widersprechen, worauf man sich im Grundsatz geeinigt hat. Um informierte Diskussionen führen und informierte Entscheidungen treffen zu können, muss zum Einen das verfügbare Wissen zu den Entscheiderinnen und Entscheidern gelangen und von ihnen wahrgenommen und verstanden werden. Zum Zweiten muss Desinformation, also absichtsvolle, nicht irrtümliche Falschinformation, abgewehrt werden. Und zum Dritten muss ein sinnvoller Umgang mit Nichtwissen gefunden werden. Vieles kann man nicht wissen oder weiß man nicht oder noch nicht.

Das Wissen in die Politik bringen
Situationen unvollständigen Wissens werden in Zukunft häufiger sein. Um herauszufinden, was richtig ist, wird man experimentieren und die Verfahren laufend evaluieren und nachjustieren müssen. (Vgl. Vorschlag 13.6 S. 150) Eine ideale Demokratie ist keine, die perfekte Entscheidungen trifft, sondern eine, die ihre fehlerhaften, aber fehlertoleranten Entscheidungen immer wieder revidiert, um sie neuen Umständen und neuen Erkenntnissen anzupassen. Dazu braucht es geeignete Formate der demokratischen, informierten und flexiblen Entscheidungsfindung. (Vgl. Kap. 15)

Man weiß wenig darüber, wie sich Systeme entwickeln, nachdem Kipppunkte überschritten sind, und wie die Gesellschaft auf große Krisen reagiert. Aber was zu tun ist, um die Klimakrise zu begrenzen, wissen wir längst, nämlich schnellstmöglich aufhören, Treibhausgase zu emittieren und Treibhausgasspeicher wie Wälder oder Moore zu zerstören – bei anderen Umweltkrisen ist es komplizierter.

Das Wissen über den gegenwärtigen Stand der Klimakrise ist außerordentlich robust. Es ist in den Sachstandsberichten des Weltklimarats IPCC hervorragend aufgearbeitet, in mehreren Tausend Seiten starken Berichten ebenso wie in handlichen Zusammenfassungen (»Summaries for Policymakers«) und kurzen Botschaften (»Headline Statements«).

Der Weltbiodiversitätsrat IPBES bereitet das Wissen über die Biodiversitätskrise ebenso handlich auf. Gleichwohl findet dieses Wissen nur bruchstückhaft Eingang in die politische Debatte und in die Medien. Dass menschliche Tätigkeiten das Klima verändern, streiten nur noch wenige ab, die existenzielle Dimension der Krise ist aber noch kaum im breiten öffentlichen Bewusstsein angekommen. Die Biodiversitätskrise wird noch viel weniger breit zur Kenntnis genommen und von vielen als »Blüemli-Vögeli-Thema« abgetan[1] – oder rundweg geleugnet wie vom Bauernverbandspräsidenten Markus Ritter.[2]

Selbst Mitglieder der Fachkommissionen des Parlaments sind oft schlecht über ihre Themen informiert.[3] An Volksabstimmungen darf man teilnehmen, ohne sich auch nur minimal mit einem Thema befasst zu haben.

Zur mangelhaften Informiertheit kommt gezielte Desinformation hinzu. In der Werbung verbietet das Gesetz über den unlauteren Wettbewerb Lügen.[4] In der Politik müssen Behörden korrekt informieren. Privaten hingegen ist Lügen erlaubt. Versuche, politische Debatten beispielsweise durch eine Art politischer Lauterkeitskommission zu versachlichen, sind im Parlament immer wieder gescheitert, zuletzt 2024.[5]

Die Rechtsprechung des Bundesgerichts lässt praktisch alles zu, was nicht – wie etwa die Leugnung des Holocaust – strafbar ist, da Polemik, Übertreibungen und Zuspitzungen zum Wesen der Demokratie gehörten.[6] Man kann diese Einschätzung bezweifeln, und es müssten sich Verfahren finden lassen, faktengestützt demokratische Entscheidungen zu fällen. (Vgl. Kap. 14)

Ich nehme einmal mehr die Covid-19-Pandemie als Beispiel. Einerseits galt es Anfang 2020, schnell zu handeln, als man über das auslösende Virus Sars-CoV-2 und seine Ansteckungswege noch wenig wusste. In der Wahrnehmung vieler Wissenschaftlerinnen und Wissenschaftler kam aber das Wissen, das vorhanden war – etwa epidemiologische Erkenntnisse von anderen Infektionskrankheiten –, nur mangelhaft in der Politik an. Schließlich entdeckten jedoch gewisse politische Kreise die Pandemie als ein Thema, mit dem sich Stimmung machen lässt, und Desinformationen verbreiteten sich rasant.

Wie hat die Politik in dieser Situation agiert? Insgesamt nicht so schlecht. Die Frustration vieler Wissenschaftlerinnen und Wissenschaftler, die sich nicht ausreichend ernst genommen fühlten, war nur zum Teil berechtigt, zum Teil lag sie aber auch an einem naiven Wissenschaftsverständnis. Auch in der Klimabewegung und in den Klimawissenschaften, deren Frustration über die Ignoranz der Politik berechtigterweise sehr groß ist, findet sich oft ein naives Verständnis der Rolle der Wissenschaft.

Denn »Follow the science«, wie ein Slogan der Klimabewegung lautet, taugt nicht zur politischen Richtschnur.⁷ *Die* Wissenschaft gibt es nicht. Als es darum ging, die Ausbreitung der Pandemie möglichst schnell zu begrenzen, war die Epidemiologie die Disziplin, die am ehesten wusste, wie man das macht. Aber es ging eben nicht nur darum. Die Maßnahmen wie die Schließung von Schulen und ganzer Wirtschaftszweige waren mit ökonomischen und sozialen Kosten verbunden. Um diese Kosten abzuschätzen, war noch anderes nötig als nur epidemiologisches Wissen. Und unabhängig von den Kosten hätten sich auch Synergien angeboten, wenn man den Wiederaufbau der Wirtschaft für Schritte hin zu einer ökologischen Transformation genutzt hätte. Diese Chance wurde verpasst. In der

◂ Immerhin wurde die Krise genutzt, um zu lernen. Die Geschäftsprüfungskommissionen des National- und des Ständerats haben die Krisenbewältigung des Bundes kritisch unter die Lupe genommen und unter anderem festgestellt, dass der Bundesrat »nicht früh genug [erkannte], dass es sich um eine bereichsübergreifende Krise globalen Ausmasses handelt«. (GPK-N/S, S. 4, 100–114) Man kann sagen, er handelte zu wenig systemisch. Auf das Fehlen einer ökologischen Perspektive gehen die GPK nicht ein.

25-köpfigen Covid-19-Taskforce des Bundes fehlten Fachleute, die die ökologische Transformation hätten in den Blick nehmen können.[48]

Auch wissenschaftliches Wissen muss kritisch betrachtet werden. Auch Wissenschaft unterliegt nichtwissenschaftlichen Einflüssen, die ihre Ergebnisse verfälschen. Auch wissenschaftliches Wissen kann sich als falsch herausstellen. Auch die Wissenschaft kann, wie der öffentliche Diskurs, in Denkgewohnheiten gefangen sein. Gefragt ist eine Balance, die von der besten verfügbaren wissenschaftlichen Erkenntnis informierte Entscheidungen ermöglicht und doch die Aufgabenteilung zwischen der Wissenschaft, die Wissen bereitstellt, und der Politik, die entscheidet, wahrt. Eine Herrschaft der Experten und Expertinnen wäre keine Demokratie – was nicht heißt, dass sich Wissenschaftlerinnen und Wissenschaftler nicht als Bürgerinnen und Bürger politisch äußern dürften.

> **Vorschlag 14.1:** Es ist sicherzustellen, dass Entscheiderinnen und Entscheider Zugang zum besten verfügbaren Wissen haben. Politikberatung muss disziplinär breit aufgestellt sein. Die Aufgabenteilung zwischen Politik und Wissenschaft bleibt gewahrt.

> **Vorschlag 14.2:** Es ist zu prüfen, Falschaussagen in politischen Debatten zu regulieren.

Technik steuern

Ein Feld, auf dem unter Bedingungen unvollständigen Wissens entschieden werden muss, ist die Technologiepolitik. Technologie ist für den Übergang zur umweltverträglichen und umweltresilienten Gesellschaft zentral. Es sind Techniken, die uns an den Punkt gebracht haben, wo wir bezüglich Umweltzerstörung stehen – die Techniken der Energiegewinnung durch Verbrennung, der Synthese giftiger und extrem langlebiger chemischer Verbindungen, der Entwässerung und des Rodens, der Vertilgung von »Schädlingen« und »Unkräutern« und so weiter. Und andere Techniken werden helfen, vom Kurs der Umweltzerstörung wegzukommen.

Das heißt nicht, dass die Technik uns retten wird, wie manche Technikoptimistinnen und Technikoptimisten meinen, dass wir also nicht viel mehr zu tun brauchen, als auf den technischen »Fortschritt« zu warten und allenfalls besonders günstige Voraussetzungen für Innovation zu schaffen. Warum sollte der technische Wandel, der bisher meistens zu mehr Ressourcenbeanspruchung geführt hat, plötzlich von sich aus in die entgegengesetzte Richtung schwenken?

Technik wird dann mehr Lösungen bereitstellen als neue Probleme schaffen, wenn sie in die gesellschaftlich gewünschte Richtung gesteuert wird. Dazu müsste man aber erst einmal festlegen, was die gesellschaftlich gewünschte Richtung ist.

Die Bundesverfassung adressiert heute einzelne Techniken wie Verkehrs- und Energietechniken (Art. 89), Atomkraft (Art. 90), die Fernmeldetechnik (Art. 93), Fortpflanzungsmedizin und Gentechnologie im Humanbereich (Art. 119), Gentechnologie im Ausserhumanbereich (Art. 120; die Übergangsbestimmung Art. 197 Abs. 7). Sie kennt aber keinen Artikel, der einer Technologiepolitik eine bestimmte Richtung vorgäbe und sich auch auf Techniken anwenden ließe, von denen heute noch niemand etwas ahnt.

Hat man sich auf eine Technologiepolitik verständigt, die eine Technik anstrebt, die hilft, die Bedürfnisse der Menschen innerhalb der ökologischen und ökosozialen Grenzen zu befriedigen, gilt es, die Techniken zu unterstützen, die in diese Richtung führen, und die, die in die entgegengesetzte Richtung führen, zu stoppen. Aber wie kann man wissen, welche Techniken die richtigen sein werden?

Ein paar Kriterien lassen sich abstrakt formulieren und vorausschauend auf neue Entwicklungen anwenden. Die allgemeinen Regeln der Resilienz, wie Vielfalt statt Monokultur, Redundanzen, keine Abhängigkeiten von ganz bestimmten Rohstoffen oder komplexen Lieferketten (vgl. Kap. 13 S. 143), sollten auch für die Technik gelten. Aus Rücksicht auf künftige Generationen verbieten sich Techniken, die große unumkehrbare Folgen zeitigen und also künftige Freiheitsoptionen beschneiden. Es ist sicher auch falsch, auf Techniken zu setzen, deren Hinterlassenschaften viele Generationen nach der Stilllegung der Technik beschäftigen werden und deren Handhabung einer anhaltend intakten Wirtschaft und anhaltend funktionierender staatlicher Strukturen bedarf – so wie es bei der Atomspaltung der Fall ist.[9]

Es scheint auch Gesetzmäßigkeiten zu geben, welche Eigenschaften einer Technik eine steile Lernkurve ermöglichen und welche nicht.[10] Mithilfe solcher Gesetzmäßigkeiten lässt sich vermeiden, dass viele Ressourcen in eine Technik mit geringen Erfolgsaussichten investiert werden – wie es seit Jahrzehnten mit der Kernfusion geschieht –, die zur Förderung anderer Techniken fehlen.

Techniksteuerung hat mit einem Dilemma zu kämpfen. Das Wissen über eine Technik und ihre Folgen ist gering, wenn die Technik neu ist, die Steuerungsmöglichkeiten aber sind groß, solange die Technik noch nicht etabliert ist.[11] Wartet man, bis man genug weiß, könnte es zu spät sein, einzugreifen. Nötig ist deshalb eine vorausschauende Technikfolgenabschätzung, die Regierung und Parlament berät und möglichst frühzeitig Empfehlungen abgibt. Wichtig ist weiterhin, dass die Beratung für eine bestimmte Technik nicht nur von den Spezialistinnen und Spezialisten für ebendiese Technik ausgeht. Fachleute, die ihr berufliches Leben einer Technik widmen, sind oft für sie eingenommen und blicken womöglich über bestimmte Grenzen nicht hinaus. Technikfolgenabschätzung muss das Wissen vieler Disziplinen, neben ingenieur- und naturwissenschaftlichen auch sozial- und geisteswissenschaftliche, einbeziehen.▸

Technikfolgenabschätzung ist in der Schweiz Aufgabe der Stiftung für Technologiefolgen-Abschätzung TA-Swiss, eines Kompetenzzentrums der Akademien der Wissenschaften Schweiz.[12] Ihr Einfluss ist aber gering; ihre Arbeit wird öffentlich kaum zur Kenntnis genommen.

▸ Ein Beispiel dafür, wie Technikberatung nicht funktionieren sollte, bietet die Geschichte der Atomforschung. Hier war es nach dem Zweiten Weltkrieg wesentlich ein Physiker, der die Entwicklung in der Schweiz antrieb, Paul Scherrer, Professor an der ETH Zürich von 1920 bis 1960. Scherrer war an seiner Forschung interessiert, und das – geheime – Interesse des Militärs, eine schweizerische Atombombe zu entwickeln, kam ihm sehr entgegen. Für eine kritische Begutachtung der Atomtechnik war Scherrer definitiv nicht die richtige Person. Gisler 2023; vgl. die Radiosendung Strasser 2021.

Vorschlag 14.3: Die Bundesverfassung definiert in einem Technologiepolitikartikel die Aufgaben von Technik. Technik hat in den Diensten der Allgemeinheit zu stehen, und ihre Entwicklung ist auf Nachhaltigkeit und die Stärkung gesellschaftlicher Resilienz auszurichten.

Vorschlag 14.4: Die Technikfolgenabschätzung ist im Rahmen des vorgeschlagenen neuen Technologiepolitikartikels oder auf Gesetzesebene zu stärken.

Desinformation abwehren

Desinformation kann den demokratischen Meinungsbildungs- und Entscheidungsprozess schwer beschädigen. Desinformation ist nichts Neues, aber die neuen Kommunikationstechniken verleihen ihr zuvor unbekannte Reichweiten.

In den traditionellen Medien arbeiten ausgebildete Journalistinnen und Journalisten, die einem Kodex unterstehen.[13] Sie versuchen in der Regel ihre Arbeit so gut wie möglich zu machen, korrigieren sich gegenseitig, und bei Verstössen gegen den Kodex kann beim Presserat Beschwerde eingelegt werden. Die Verlagshäuser haben sich verpflichtet, dass ihre Medien Entscheidungen des Presserats respektieren und die Stellungnahmen, die sie betreffen, publizieren. Es ist eine Selbstregulierung, die weitgehend funktioniert.

Die Social-Media-Plattformen hingegen funktionieren nach intrasparenten Regeln, die ihre Betreiber nach eigenem Gutdünken festlegen, verändern und durchsetzen oder auch nicht durchsetzen respektive von Algorithmen durchsetzen oder nicht durchsetzen lassen. »Letztlich entscheiden damit wenige ausländische Organisationen nach privat aufgestellten und durchgesetzten Regeln außerhalb rechtsstaatlicher Verfahren zu einem guten Teil darüber, was in der Schweiz im digitalen Raum öffentlich gesagt oder nicht gesagt werden kann, wer welche Inhalte sehen oder nicht sehen darf und wer von der öffentlichen Kommunikation ausgeschlossen wird«, schreibt das Bundesamt für Kommunikation. Das habe »die öffentliche Kommunikation grundsätzlich verändert«.[14]

Eine demokratische Gesellschaft muss gegen Desinformation und Hassrede im Internet vorgehen und kann dies auf zwei Ebenen tun, auf der inhaltlichen, indem gewisse Aussagen unterbunden werden, oder auf der Ebene der Regeln, die über die Inhalte der Plattformen entscheiden.

Auf der inhaltlichen Ebene greift die Antirassismusstrafnorm des Strafgesetzbuchs (Art. 261bis), die etwa den Aufruf zu Hass oder Diskriminierung aufgrund von »Rasse, Ethnie, Religion oder sexueller Orientierung« oder das Leugnen, Verharmlosen oder Rechtfertigen von Völkermorden unter Strafe stellt.[15] Die Verbreitung bestimmter Inhalte zu verbieten, ist manchmal nötig und doch heikel, weil sie mit der Meinungs- und Informationsfreiheit (Art. 16 BV) in Konflikt gerät.▶ Es kann auch kontraproduktiv sein, wenn Urheberinnen und Urheber verbotener Botschaften sich zu Zensuropfern stilisieren – wobei sich viele selbst dann als Opfer einer angeblichen »Cancel Culture«-Zensur inszenieren, wenn niemand sie daran hindert, zu sagen, was sie wollen, und zwar bloß deshalb, weil ihre Aussagen kritisiert werden. Es wäre wohl nicht sinnvoll, etwa das Leugnen der menschgemachten Klimaerhitzung analog zum Leugnen des Holocaust zu verbieten.

Auf der Ebene der Regeln und Algorithmen reguliert die Europäische Union Kommunikationsplattformen mit dem Gesetz über digitale Dienste, das seit Februar 2024 anwendbar ist.[16] Es verpflichtet die Platt-

▶ Anders als die Bundesverfassung hält die Europäische Menschenrechtskonvention (Art. 10; SR 0.101) fest, dass die Meinungsäußerungsfreiheit auch mit Pflichten verbunden ist und »Formvorschriften, Bedingungen, Einschränkungen oder Strafdrohungen unterworfen werden [kann], die gesetzlich vorgesehen und in einer demokratischen Gesellschaft notwendig sind«.

formenbetreiber unter anderem, Behörden und Wissenschaft Zugang zu ihren Algorithmen zu gewähren. Dass die Algorithmen bisher Blackboxes sind und niemand genau weiß, wie sie Inhalte verbreiten, sei eines der Hauptprobleme, sagt der Geschäftsführer der Digitalen Gesellschaft, Erik Schönenberger.[17] Das EU-Gesetz über digitale Dienste setze die richtigen Akzente, indem es anerkenne, dass Kommunikationsplattformen öffentliche Räume seien, auf denen öffentliche Debatten stattfänden, an deren fairem Ablauf die Gesellschaft ein legitimes Interesse habe.

Der Bundesrat hat im zweiten Halbjahr 2024 die Vernehmlassung zum Bundesgesetz über die Kommunikationsplattformen eröffnet, das, gestützt auf Artikel 95 der Bundesverfassung, »Privatwirtschaftliche Erwerbstätigkeit«, dieselben Ziele wie das Gesetz über digitale Dienste der EU anstrebt.▶ Die Bundesverfassung bietet also eine Basis, gegen Desinformation vorzugehen.▶▶ Die Digitale Gesellschaft kritisiert aber, dass rechtlich gar nicht genau definiert sei, was im Umgang mit Daten und insbesondere Personendaten überhaupt schützenswert ist. Artikel 13 der Bundesverfassung, »Schutz der Privatsphäre«, postuliert, dass »jede Person Anspruch auf Schutz vor Missbrauch ihrer persönlichen Daten« hat. Dieser Schutz zielt auf Individuen und ist wichtig, aber die gesellschaftliche Dimension fehlt.

Die Digitale Gesellschaft schlägt deshalb vor, konkrete

▶ Die Digitale Gesellschaft hat zusammen mit Algorithm Watch, der Stiftung Mercator und elf mitunterzeichnenden Organisationen ein »Joint Statement Plattformregulierung« verfasst, das zehn Forderungen enthält. Die Schweiz müsse bei der Plattformregulierung »selbst eine aktive Rolle einnehmen« und dürfe sich »nicht auf Trittbrettfahren und Nebeneffekte von EU-Gesetzen verlassen«. Digitale Gesellschaft et al. 2022.

▶▶ Gestützt auf Artikel 184 und 185 der Bundesverfassung, die Notrecht ermöglichen, könnte der Bundesrat auch ganze Medien verbieten, die Hasspropaganda verbreiten. Darauf hat er bisher verzichtet, im Gegensatz zur EU, die die russischen Sender RT und Sputnik verboten hat.

Verfahren der Information

Schutzziele zu definieren, den Schutz vor Manipulation, den Schutz vor Diskriminierung, den Schutz vor Überwachung und das Recht auf Anonymität, den Schutz vor Beeinträchtigung der Gesundheit sowie der Lebens- und Entwicklungschancen, das Recht auf Transparenz und Pflicht zur Sorgfalt, das Recht auf Vergessenwerden und den Schutz der offenen Gesellschaft und freien Demokratie.[18]

> **Vorschlag 14.5:** Desinformation und Hassreden werden durch eine geeignete gesetzliche Regulierung der Kommunikationsplattformen eingedämmt.

> **Vorschlag 14.6:** Die Schutzziele des Datenschutzes sind zu konkretisieren und um gesellschaftliche Schutzziele zu ergänzen, beispielsweise gemäß dem Vorschlag der Digitalen Gesellschaft.

Medien- und Wissenschaftsfreiheit
Vollständig verhindern lassen sich Desinformation und Hassreden nicht. Umso wichtiger sind unabhängige und starke Medien als Korrektiv.

Die Medienfreiheit ist durch Artikel 17 der Bundesverfassung geschützt. Sie muss aber gegen Angriffe immer wieder verteidigt werden, und das umso mehr, als der Medienwandel den traditionellen Medien wirtschaftlich stark zusetzt. Ein Versuch, die Medien in ihrer wirtschaftlich schwierigen Lage durch ein Maßnahmenpaket zu stärken, scheiterte 2022 an der Urne.[19] Die SVP will sogar mit ihrer »Halbierungsinitiative« den öffentlich-rechtlichen Rundfunk schwächen.[20]

Eine starke und unabhängige Wissenschaft ist ein ebenso wichtiges Korrektiv. Auch die Wissenschaftsfreiheit ist in der Bundesverfassung geschützt (Art. 20 BV), muss aber immer wieder verteidigt werden. Die größte Gefahr droht ihr wohl dadurch, dass ihr öffentliche Mittel gestrichen werden, die sie mit privaten Mitteln kompensieren muss, wodurch sie in Interessenkonflikte gerät.[21]

> **Vorschlag 14.7:** Die von der Bundesverfassung geschützte Medienfreiheit ist auf Gesetzesebene zu verteidigen und zu stärken.

> **Vorschlag 14.8:** Die von der Bundesverfassung geschützte Wissenschaftsfreiheit ist zu verteidigen und durch ausreichende öffentliche Finanzierung zu stärken.

15 Verfahren der Entscheidungsfindung

Um die Umweltkrisen zu begrenzen, braucht es »systemischen Wandel [...] in noch nie dagewesenem Umfang«.[1] Dazu bedarf es politischer Entscheidungen, die radikaler sind als alles, was heute mehrheitsfähig erscheint – und es wird umso radikalere Entscheidungen brauchen, je länger zuvor nichts geschieht. Die Entscheidungen müssen demokratisch und wissenschaftlich informiert gefällt werden und unter Umständen in hoher Frequenz revidiert werden können.

Erfahrung Gletscher-Initiative
In der Schweiz ist die Meinung weit verbreitet, unser demokratisches System mit seinen direktdemokratischen Elementen sei das bestmögliche. »Kein System auf dieser Welt bezieht die Bevölkerung mehr in politische Entscheide mit ein als die Schweiz«, sagte Bundesrat Albert Rösti im Mai 2024, als er mit Blick auf das Urteil des Europäischen Gerichtshofs für Menschenrechte im Fall Verein Klimaseniorinnen gegen die Schweiz angesprochen wurde.[2]

Ich habe vom spezifisch schweizerischen Demokratieinstrument der Volksinitiative Gebrauch gemacht. Nachdem ich im Dezember 2015 als Journalist an der Klimakonferenz der Vereinten Nationen in Paris teilgenommen hatte, an der das Übereinkommen von Paris[3] verabschiedet wurde, entwickelte ich die Idee einer Volksinitiative, um dafür zu sorgen, dass die Schweiz das Beschlossene auch ernst nähme. Daraus entstand die Gletscher-Initiative[4] und später, als indirekter Gegenvorschlag, das Klimaschutzgesetz[5], das am 18. Juni 2023 an der Urne mit 59 Prozent Ja-Stimmen angenommen wurde.

Meine Demokratieerfahrung mit der Gletscher-Initiative war mit einem Erfolg gekrönt – und doch war sie zwiespältig.[6] Ich konnte, ohne je Mitglied einer politischen Partei gewesen oder ein politisches Amt innegehabt zu haben, einen neuen Verfassungsartikel vorschlagen, den Bundesrat und Parlament diskutieren mussten. Ich konnte am Klimaschutzgesetz im Hintergrund mitwirken – was eine schöne Erfahrung war. Der Abstimmungskampf hingegen war, auch wenn ich am Ende auf der Siegerseite stand, ernüchternd.

Das Klimaschutzgesetz wurde vor dem Hintergrund einer allgemeinen Strommangelpanik fast nur als energie- beziehungsweise als strompolitische Vorlage diskutiert. Eine breite Diskussion über Klimapolitik fand nicht statt. Alles musste auf einfache Botschaften reduziert werden. Schon dass mit der Energiewende der Strombedarf steigen, der Gesamtenergieverbrauch aber sinken wird, weil elektrische Anwendungen effizienter sind als die, die auf der Verbrennung von Öl oder Gas beruhen, verstanden selbst manche Journalistinnen und Journalisten nicht.[7] Und jetzt, wo das Gesetz beschlossen ist, ist ungewiss, ob Bundesrat und Parlament es ernst nehmen.

Unsere Gegnerinnen und Gegner operierten vor allem mit der Angst vor einem Energiemangel. Im Abstimmungskampf mussten wir, die Befürworterinnen und Befürworter des Gesetzes, beschwichtigen. Wir wiesen darauf hin – was alle seriösen wissenschaftlichen Szenarien zeigen –, dass wir unseren Energiebedarf erneuerbar decken können und dass das volkswirtschaftlich sogar vorteilhaft sein wird. Lieber hätte ich auf die Behauptung, wir würden in Zukunft nicht mehr genug Energie haben, mit der Gegenfrage geantwortet, was denn genug sei.

Die Bundesverfassung verlangt, dass Bund und Kantone sich für eine »ausreichende« Energieversorgung einsetzen. »Ausreichend« muss im Sinne einer Deckung der Grundbedürfnisse verstanden werden (vgl. Kap. 7 S. 76). Soll der Staat tatsächlich auch genug Energie bereitstellen müssen, um Whirlpools den Winter durchzuheizen? Eine solche Diskussion lässt sich in einem Abstimmungskampf nicht führen. Dabei müsste sie in einer Demokratie zentral sein, und zwar die Verständigung darüber, welche Ansprüche der Bürgerinnen und Bürger an den Staat legitim sein sollen, und die Verständigung darüber, wie knappe Ressourcen verteilt werden sollen.

Die Gletscher-Initiative war auf Mehrheitsfähigkeit angelegt. Das Netto-Null-Ziel 2050, das nun im Klimaschutzgesetz steht, hat sich als mehrheitsfähig erwiesen, ist aber nicht ambitioniert genug. Zwar steht im Gesetz, dass es sich bei den Reduktionszielen um »Mindestziele« handle. Die Politik müsste also darauf zielen, sie zu übertreffen. Aber es sieht nicht danach aus.

Mängel der halbdirekten Demokratie
Können Ziele, wie wir sie eigentlich brauchen und wie sie dem demokratischen Grundkonsens auf Nachhaltigkeit in der Bundesverfassung entsprechen, demokratisch mehrheitsfähig sein? Ist eine demokratischere Schweiz denkbar, als wir sie heute kennen – demokratischer nicht dadurch, dass die Bürgerinnen und Bürger noch öfter zu Sachfragen »Ja« oder »Nein« sagen können, sondern dadurch, dass sich die Menschen über die wirklich wichtigen Fragen verständigen und gemeinsam aushandeln, wie sie zusammenleben und welche Werte sie schützen wollen? Wäre eine Schweiz nicht erstrebenswert, die ihre Stärke bemisst am Wohl der Schwachen und im Bewusstsein ihrer Verantwortung gegenüber künftigen Generationen handelt?

In Frankreich hat eine im Losverfahren zusammengestellte, die Bevölkerung repräsentativ abbildende Bürgerinnen- und Bürgerversammlung, die Convention citoyenne pour le climat, 2019 und 2020 getagt und fast einstimmig 149 Forderungen verabschiedet, von denen viele im üblichen politischen Verfahren chancenlos wären – wie die Reduktion von Werbung, die zu Überkonsum verführt, eine Transformation der Wirtschaft in Richtung Kreislaufwirtschaft, die Förderung der Energiesuffizienz, die Veränderung des Verkehrsverhaltens mit tieferen Tempolimits, einer Förderung des Veloverkehrs oder dem Verbot, neue Flughäfen zu bauen und bestehende zu erweitern, die Schaffung von Anreizen für eine umweltschonende Landwirtschaft oder für umweltschonendes und ethisches Ernährungsverhalten.[8]

Der Kanton Glarus hat 2021 die Revision des CO_2-Gesetzes und 2023 das Klimaschutzgesetz abgelehnt. Zwischen diesen Urnengängen aber, im September 2021, beschloss die Glarner Landsgemeinde eines der ambitioniertesten Energiegesetze der Schweiz samt einem Verbot von Ölheizungen, nachdem ein neunzehnjähriger Aktivist der Klimastreik-Bewegung die Anwesenden überzeugen konnte, dass der Vorschlag der Regierung nicht ausreiche.[9]

Zwei Demokratieformen, eine experimentelle in Frankreich und eine archaische in Glarus, haben Mehrheiten für eine ambitionierte Klimapolitik geschaffen.

Die meisten Demokratien der Welt sind parlamentarische Demokratien, die Schweiz ist eine parlamentarische Demokratie mit direktdemokratischen Elementen. Sowohl die parlamentarische wie die direkte Demokratie haben Nachteile.

Parlamentarierinnen und Parlamentarier sind auf Wiederwahl bedacht und einer Parteilinie verpflichtet. Dadurch sind sie versucht, möglichst so zu entscheiden, wie es von ihnen erwartet wird, was sie gegenüber Lernprozessen erstaunlich resistent macht. Um gewählt zu werden, muss man eine gute Wahlkämpferin oder ein guter Wahlkämpfer sein, zumindest in Majorzwahlen; man muss gut senden können. Das ist nicht unbedingt die Eigenschaft, die einen guten Politiker oder eine gute Politikerin ausmacht. Der ständige Wahlkampf ist ein Anreiz, Probleme zu bewirtschaften statt zu lösen und Andersdenkende zu bekämpfen, anstatt mit ihnen Lösungen auszuhandeln. Insgesamt bilden die politischen Gremien die Bevölkerung nicht repräsentativ ab – so sind etwa die Frauen in fast allen politischen Gremien deutlich untervertreten.

Direktdemokratische Entscheidungen wiederum sind Entscheidungen ohne Verantwortungsübernahme. Niemand muss Verantwortung übernehmen für das »Ja« oder

»Nein«, das er oder sie in die Urne wirft, und niemand ist verpflichtet, sich über eine Vorlage zu informieren, um mitzuentscheiden. Komplexere Argumente und vor allem Argumente, die gängigen medialen Deutungsrahmen, *frames*,[10] zuwiderlaufen, haben es in Abstimmungskampagnen schwer, gehört zu werden.

In der halbdirekten Demokratie Schweiz hat das Volk respektive haben Volk und Stände das letzte Wort, wenn es um Gesetze oder um die Verfassung geht. Doch dieses Wort kann nur »Ja« oder »Nein« sein. Im ganzen Aushandlungsprozess, der zur Abstimmungsvorlage führt, hat »das Volk« nichts zu sagen. Zwar kann jede und jeder – wie ich – eine Volksinitiative lancieren, doch die Hürde ist hoch. Ohne die Unterstützung einer großen Organisation – im Fall der Gletscher-Initiative war das zu Beginn Greenpeace – und ohne finanzielle Zuwendungen in Millionenhöhe für den Abstimmungskampf bleibt eine Volksinitiative chancenlos.

Gerade in der Klimapolitik, wo komplexe Maßnahmenbündel geschnürt werden müssen, sind die Mängel der halbdirekten Demokratie fatal. Zwar sind Menschen sehr wohl bereit, Lasten zu tragen, wenn sie deren Sinn einsehen und die Last als gerecht verteilt wahrnehmen. Komplexe Maßnahmenbündel könnten jedem und jeder auch Vorteile bieten, die Nachteile aufwiegen. Wenn es aber in einem Abstimmungskampf einer Seite gelingt, alles auf eine simple Botschaft zu reduzieren, löst sich der potenzielle Vorteil eines komplexen Maßnahmenbündels auf.

Das ist im Abstimmungskampf gegen die CO_2-Gesetz-Revision von 2021 geschehen, als die SVP auf den Slogan »Autofahren nur noch für Reiche?« setzte. In der Folge übernahmen selbst Medienschaffende, die die Revision begrüßten, das Kosten-Framing und reduzierten fast alles auf die Frage: »Wie teuer wird das?« Dann wurde auch noch das Abstimmungsresultat in diesem Sinne überinterpretiert, nämlich als Nein zu jeglicher Maßnahme, die Konsumentinnen und Konsumenten etwas kostet, was wiederum jede weitere Politik in der Richtung erschwert.

Die schweizerische Demokratie hat viele Mängel. Ich denke etwa an die Interessenkonflikte von Politikerinnen und Politikern in der Milizdemokratie, die zu einem übermäßigen Einfluss finanzkräftiger Lobbys führt, oder an die mangelhaften Regeln zur Begrenzung und Offenlegung der Politikfinanzierung, was zur Folge hat, dass Wahlen und Abstimmungskämpfe mit sehr ungleich langen Spießen ausgetragen werden.▶ Hier soll es aber vor allem um zwei Mängel gehen, das Fehlen echter Deliberation und die fehlende Berücksichtigung der Interessen künftiger Generationen.

Institutionen für künftige Generationen

Die Definition der Nachhaltigkeit handelt von den Bedürfnissen künftiger Generationen. Die Bundesverfassung steht laut Präambel »im Bewusstsein der Verantwortung gegenüber den künftigen Generationen«. Die Anreize für politisches und ökonomisches Handeln aber sind auf Kurzfristigkeit angelegt.▶▶ Es gibt deshalb in der politischen Philosophie und in den

▶ Eine staatliche Finanzierung von Parteien und politischen Gruppen, die Referenden oder Initiativen ergreifen, könnte Unterschiede entschärfen. Kölz, Müller (1995) sahen in ihrem Verfassungsentwurf (Art. 70) »eine staatliche Finanzierung von Gruppierungen [vor], die sich an eidgenössischen Wahlen beteiligen oder durch Initiativen oder Referenden bei staatlichen Entscheiden mitwirken«.

▶▶ MacKenzie (2016) sieht vier »Quellen des Short-Termism« im politischen System: die Wähler:innen, die vor allem ihre kurzfristigen Interessen im Blick haben – was zu hinterfragen wäre –, die politischen Eliten, die ihre Wiederwahl anstreben, die Lobbys, die sich für partikulare Interessen einsetzen, und das Fehlen einer Repräsentation der künftigen Generationen.

Rechtswissenschaften schon lange Diskussionen darüber, wie die Interessen künftiger Generationen in die demokratische Entscheidungsfindung eingebracht werden könnten.[11] Aufgrund von Umfragen kann man davon ausgehen, dass die Forderung, Interessen künftiger Generationen zu berücksichtigen, auf breite Akzeptanz stößt.▶

Eine Schwierigkeit besteht darin, dass gar nicht immer klar ist, worin diese Interessen bestehen. Dass künftige Generationen auf funktionierende Ökosysteme angewiesen sein werden, ist evident. Ob auch eine möglichst tiefe Staatsverschuldung im Interesse künftiger Generationen liegt, wie die Fürsprecherinnen und Fürsprecher der Schuldenbremse argumentieren, ist schon weniger gewiss. Wenn die Staatsverschuldung dadurch tief gehalten wird, dass der Unterhalt von Infrastrukturen vernachlässigt wird, wohl kaum. Es besteht, schreibt die politische Philosophin Anja Karnein, die Gefahr, dass »Debatten über die Interessen künftiger Generationen in bloßen (eigennützigen) Projektionen heutiger Bürgerinnen und Bürger enden«.[12] Aus dem Nichtwissen darüber, was künftige Generationen wollen und brauchen, lässt sich aber sicher eine Forderung ableiten: Unzulässig sind Entscheidungen, die unumkehrbare Folgen zeitigen, denn sie nehmen den künftigen Generationen die Freiheit, selbst zu entscheiden.

Bestrebungen, die Perspektive künftiger Generationen zu institutionalisieren, gibt oder gab es in mehreren Ländern.[13] Israel schuf 2001 eine Kommission für künftige Generationen, die aber schon 2007 wieder aufgehoben wurde. Ungarn richtete 2007 mehrere Ombudsstellen

▶ Umfragen in 23 Ländern haben ergeben, dass die Botschaft »künftige Generationen schützen« die Botschaft ist, die mit Abstand am stärksten zu klimapolitischem Handeln motiviert. Potential Energy 2023, S. 16.

ein, deren Aufgabe es ist, über die Grundrechte der Verfassung zu wachen, darunter das Recht auf eine gesunde Umwelt[14]. Eine dieser Ombudsstellen war für die Interessen künftiger Generationen zuständig. Sie organisierte beispielsweise Weiterbildungen für Richterinnen und Richter zu der Frage, wie die Interessen künftiger Generationen bei Gerichtsentscheiden berücksichtigt werden können. Nach dem Wahlsieg der Fidesz-Partei 2010 wurden die Ombudsstellen zu einer zusammengelegt und die künftigen Generationen verloren ihre eigene Stimme.

Wales hat 2015 ein »Gesetz für das Wohlergehen künftiger Generationen«[15] erlassen und zu seiner Durchsetzung auch einen Kommissar für künftige Generationen[16] installiert. Seine Aufgabe besteht darin, das »Prinzip der nachhaltigen Entwicklung zu fördern«, als ein »ein Hüter der Fähigkeit künftiger Generationen zu handeln, ihre Bedürfnisse zu befriedigen« und die »öffentlichen Einrichtungen zu ermutigen, die langfristigen Auswirkungen ihrer Tätigkeit stärker zu berücksichtigen«. Er berät Behörden und gibt Empfehlungen. Das walisische Gesetz hat, so die Einschätzung des britischen Think-Tanks Centre for the Understanding of Sustainable Prosperity (CUSP), »weitreichende Implikationen«; die Stelle des Kommissars verfüge jedoch über zu wenige Mittel, um sich beispielsweise gegenüber ökonomischen Interessen wirkungsvoll durchzusetzen.[17]

Das finnische Parlament kennt schon seit 1993 eine Zukunftskommission, der siebzehn Parlamentsmitglieder angehören. Sie kümmert sich nicht nur um Fragen (ökologischer) Nachhaltigkeit, sondern wesentlich um Fragen des technischen Wandels. Dass hier Themen zusammengedacht werden, die die meisten politischen Systeme getrennt voneinander und mit sehr unterschiedlichen Haltungen, nämlich mit technischem Optimismus und ökologischem Pessimismus, betrachteten, sei eine Chance, schreibt das CUSP.[18] Das Komitee verfasst Berichte über Themen eigener Wahl, die im Parlament diskutiert werden. Dabei wird es beraten von einem »Forum der Erfahrenen und Weisen«, dem sechzig ältere Personen angehören.

Eine entsprechende Aufsichtskommission für die schweizerische Bundesversammlung ließe sich ohne Verfassungsänderung auf Gesetzesebene schaffen.[19]

Deliberative Demokratie
Ein Parlamentskomitee, eine Kommissarin oder eine Ombudsperson können Entscheiderinnen und Entscheider beraten und ihnen auch mal auf die Finger klopfen. Wirkungsvoller wäre es, die Entscheidungsgremien selber funktionierten so, dass Anliegen der Nachhaltigkeit und mithin künftiger Generationen Beachtung fänden.

Seit den achtziger Jahren und vermehrt in jüngster Zeit finden in vielen Ländern Experimente mit neuen demokratischen Formen statt. Sie sind oft vielversprechend und ermöglichen, was die Politikwissenschaft »Deliberation« (lateinisch *deliberare,* abwägen) nennt: das gemeinsame Beratschlagen derer, die die Entscheidung fällen. Die OECD spricht von einer »deliberativen Welle« der letzten Jahre.[20]

Demokratie ist auf Repräsentation angewiesen. Wir sind gewohnt, dass Repräsentantinnen und Repräsentanten gewählt werden. In Demokratien ohne direktdemokratische Elemente sind Wahlen fast die einzigen Gelegenheiten, bei denen sich die Bürgerinnen und Bürger politisch äußern können. Aber Wahlen sind nur eine Möglichkeit der demokratischen Repräsentation, und sie führen eben gerade nicht zu repräsentativ zusammengesetzten Gremien.

Eine andere Möglichkeit, demokratische Gremien zu bestellen, besteht darin, sie auszulosen. So geschah es im alten Athen. Ausgeloste Mitglieder eines demokratischen Gremiums müssen keinen Wahlkampf betreiben und sind frei von Parteiprogrammen. Heute gibt es die Möglichkeit, statistische Verfahren anzuwenden, um Gremien im Losverfahren so zu besetzen, dass die Bevölkerung repräsentativ abgebildet wird; die Politikwissenschaftlerin Hélène Landemore spricht von »Miniöffentlichkeiten«.[21] Überhaupt stellt die Digitalisierung Werkzeuge bereit, die demokratische Deliberation auf neue Weise ermöglicht.[22]

Ein eindrückliches Experiment dieser Art fand auf Island statt. Das Land wurde von der Bankenkrise 2008 besonders hart getroffen, was politische Unruhen auslöste. Diese Unruhen gaben den Anstoß für eine Totalrevision der Verfassung von 1944, die gleich mehrere neue Instrumente demokratischer Deliberation entwickelte und damit »die Demokratietheorie neu schrieb«, wie Landemore erklärt, was einiges aussage über die »Begrenztheit der vorherrschenden Konzepte, in denen wir über Demokratie nachdenken«.[23]

Die Initiative hatte ursprünglich eine zivilgesellschaftliche Organisation ergriffen. Im Juni 2010 erließ das Parlament ein Gesetz für die Verfassungsrevision. Zuerst setzte es das Nationale Forum ein, dem 950 im Losverfahren ausgewählte Isländerinnen und Isländer angehörten. Unterstützt von professionellen Moderatoren und Moderatorinnen, erarbeiteten sie einen zweihundertseitigen Bericht mit Empfehlungen. In einer zweiten Phase wurde ein Verfassungsrat mit 25 Mitgliedern gewählt, diesmal durch konventionelle Wahlen. Er tagte von April bis Juli 2011. Entscheidend an dieser Phase war, dass der Verfassungsrat seine Entwürfe allen, die sich beteiligen wollten, zur Diskussion unterbreitete. In zwölf solchen Feedbackrunden gingen 3600 Kommentare ein. Der Verfassungsrat verabschiedete schließlich seinen Verfassungsentwurf[24], der im Oktober 2012 von zwei Dritteln der Abstimmenden in einer Volksabstimmung gutgeheißen wurde.

Laut der Verfassung von 1944 konnte allerdings nur das Parlament eine neue Verfassung beschließen. Und das Parlament wollte das nicht. Bei dieser Verweigerung spielten Lobbyinteressen die entscheidende Rolle; namentlich die Fischereilobby störte sich an einem Artikel, der die natürlichen Ressourcen Islands zu einem öffentlichen Gut erklärte.[25] Die Verfassungsrevision war also gescheitert – und doch habe sie gezeigt, schreibt Politikwissenschaftlerin Landemore, dass Bürgerinnen und Bürger, »wenn sie richtig motiviert und mobilisiert werden, bemerkenswerte Quellen für Argumente, Informationen und sogar Lösungen sein können«.[26]

Auch die bereits erwähnte Convention citoyenne pour le climat in Frankreich wurde durch politische Unruhen angeregt. Nach den landesweiten Protesten der Gelbwesten Ende 2018 bis Anfang 2019, die sich unter anderem an CO_2-Abgaben entzündet hatten,[27] verkündete Präsident Emmanuel Macron eine »große nationale Debatte« mit 10 000 lokalen Versammlungen. Aus dem *grand débat national* ging neben anderen Folgeprojekten die Convention citoyenne hervor. Wie beim isländischen Nationalen Forum wurden ihre Mitglieder mittels Losverfahren repräsentativ zusammengestellt. Auftrag der Convention citoyenne war es, sozial gerechte Maßnahmen vorzuschlagen, um den CO_2-Ausstoß zu reduzieren. Das Ziel selber stand nicht zur Debatte.

Die Mitglieder diskutierten an sieben Wochenenden, befragten Fachleute und bildeten sich auf diese Weise eine Meinung. Ironischerweise war das Abschlussdokument dieser Versammlung, die letztlich auf Proteste zurückging, die sich gegen eine als ungerecht empfundene klimapolitische Maßnahme richtete, klimapolitisch ambitionierter, als es den politischen Eliten passte. Die Regierung hatte versprochen, die Forderungen der Convention citoyenne »ungefiltert« vom Parlament beraten zu lassen. Drei der 149 Forderungen strich dann aber Präsident Emmanuel Macron, darunter die Senkung des Tempolimits, von der er fürchtete, sie würde weitere Gelbwestenproteste hervorrufen; andere wurden dem Parlament abgeschwächt vorgelegt. Die Nationalversammlung setzte schließlich nur etwa vierzig Prozent der Forderungen um.[28]

Erfolgreicher ist die Geschichte der Citizen's Assemblies in Irland. 2013/14 berief das Parlament eine erste solche Versammlung ein, um über Modernisierungen der Verfassung zu debattieren. 66 im Losverfahren bestimmte Bürgerinnen und Bürger und 33 Mitglieder des Parlaments empfahlen unter anderem die Einführung der gleichgeschlechtlichen Ehe, die Senkung des Wahlrechtsalters auf 16 und die Abschaffung des Straftatbestands der Blasphemie. Die Regierung nahm sechs der acht Empfehlungen an; über eine siebte, die gleichgeschlechtliche Ehe, ließ sie abstimmen. 62 Prozent der Abstimmenden in dem sehr katholischen Land stimmten zu. Seither haben sich die Citizen's Assemblies in der irischen Demokratie etabliert.

Die Regierung hat sich verpflichtet, in ihrer Legislatur vier solcher Versammlungen zu wichtigen Themen der irischen Gesellschaft einzuberufen.[29] Nicht immer gewann die fortschrittliche Position. Die Citizen's Assembly zur Geschlechtergleichheit wollte Artikel 42 Absatz 2 der irischen Verfassung ändern, der »der Frau« in der Familie das Zuhause als ihren Platz zuweist.[30] Im März 2024 lehnten fast drei Viertel der Abstimmenden die Verfassungsänderung ab.

Ein viertes Beispiel ist die Deutschsprachige Gemeinschaft Belgiens, Ostbelgien, einer von vier Teilstaaten des Königreichs. 2017 fand als Pilotversuch ein »Bürgerdialog« zum Thema Kinderbetreuung statt. Seit 2019 hat der Bürgerdialog eine gesetzliche Grundlage.[31] Er verfügt über ein Budget und zwei Gremien, die im Losverfahren besetzt werden, den Bürgerrat und die Bürgerversammlung. Jede Bürgerin und jeder Bürger kann Themen vorschlagen. Der Bürgerrat wählt aus, welche Fragen der Bürgerversammlung vorgelegt werden, und bereitet die Sitzungen vor. Die Bürgerversammlung erlässt Empfehlungen an das Parlament. Das Parlament kann Empfehlungen ablehnen, muss dies aber begründen. Der Bürgerrat überwacht die Umsetzung der angenommenen Empfehlungen.[32]

Der Bürgerdialog ist nicht das einzige institutionalisierte Gremium deliberativer Demokratie in Belgien geblieben. Anfang 2023 installierte die Region Brüssel-Hauptstadt einen ständigen Klimabürgerrat (Assemblée citoyenne pour le climat).[33]

Damit Elemente deliberativer Demokratie wirklich erfolgreich sind, müssen sie institutionell eingebunden sein und benötigen eine gesetzliche Grundlage. Island und Frankreich haben vielversprechende Experimente veranstaltet, politisch geändert hat sich dadurch aber wenig oder nichts. In Irland sind die Citizen's Assemblies zum festen Bestandteil der demokratischen Entscheidungsfindung geworden, bleiben aber vom Goodwill der Regierung abhängig. Die Deutschsprachige Gemeinschaft Belgiens hat ihren Bürgerdialog am stärksten institutionalisiert. Das letzte Wort hat aber auch hier das Parlament.

In der Schweiz könnte man sich auf die politische Tradition stützen und einem deliberativen Bürgerinnen- und Bürgerrat das Recht einräumen, Initiativen zu lancieren. Bundesrat und Parlament könnten, wie bei Volksinitiativen, dazu Stellung beziehen und Gegenvorschläge ausarbeiten, aber wenn der Bürgerinnen- und Bürgerrat seine Initiative nicht zurückzöge, hätte das Volk das letzte Wort.

Auch die Offenheit, die etwa der isländische Verfassungsrat mit seinen Feedbackrunden pflegte, hat in der Schweiz – theoretisch – Tradition. Zu gesetzgeberischen Projekten kann sich im Rahmen der Vernehmlassung jede und jeder äußern. In der Realität werden die Vernehmlassungen freilich nicht genutzt, um neue Ideen einzuholen, sondern um die Gewinnbarkeit einer Vorlage im Voraus abzuschätzen und wenn möglich ein Referendum zu vermeiden. Gehört werden deshalb nicht Einzelstimmen mit originellen Ideen, sondern in erster Linie die Kantone, Parteien und großen Verbände, die die Vernehmlassungen nutzen, um Ziele abzustecken und rote Linien zu ziehen. Man könnte das Instrument der Vernehmlassung aber als ein Element deliberativer Demokratie nutzen.

Auf kommunaler und kantonaler Ebene haben in der Schweiz in den letzten Jahren einige Experimente mit Bürgerinnen- und Bürgerräten stattgefunden, die jeweils wissenschaftlich begleitet wurden, 2019 in Sion, 2021 im Kanton Genf, 2023 in Bellinzona und im Kanton Aargau.[34] Im Kanton Zürich fanden im Rahmen des kantonalen Teilhabeprogramms zwischen Herbst 2021 und Herbst 2022 kommunale »Bürgerpanels« in Uster, Thalwil und Winterthur statt, die sich jeweils mit Klimapolitik befassten.[35] Auch die Lausanner Vorortsgemeinde Prilly organisierte 2022 eine Assemblée citoyenne pour le climat. Ein gesamtschweizerischer Bürger:innenrat Ernährungspolitik tagte 2022 auf Initiative zivilgesellschaftlicher Organisationen.[36] Und die Universitäten Zürich und Genf und das Zentrum für Demokratie Aarau planen als Forschungsprojekt einen Bevölkerungsrat 2025 zur Gesundheitspolitik.[37]

Zukunftsrat, Citizens' Democracy
Die Fraktion der Grünen hat 2020 eine Parlamentarische Initiative eingereicht, die einen im Losverfahren bestimmten »Klimarat« schaffen wollte.[38] Er sollte in regelmäßigem Abstand tagen, eigene Entschlüsse fassen, Resolutionen verabschieden, Motionen und parlamentarische Initiativen einreichen und Verfassungsänderungen vorschlagen können. In ihrer Begründung berief sich die Fraktion auf die französische Convention citoyenne. Der Nationalrat lehnte die Parlamentarische Initiative ab, weil er, wie die Staatspolitische Kommission schrieb, keine »Konkurrenzbehörde« zum Parlament habe schaffen wollen.[39]

2023 hat eine Gruppe um den ehemaligen Direktor des Nationalmuseum Andreas Spillmann und den ehemaligen Zürcher Regierungsrat Markus Notter vorgeschlagen, einen »Zukunftsrat für Nachhaltigkeitsanliegen« zu schaffen als »dritte Parlamentskammer« (die Gruppe setzt diesen Begriff selber in Anführungszeichen). Die Mitglieder des Zukunftsrats sollen in einem Losverfahren repräsentativ bestimmt werden. Damit soll ein »Kontrapunkt zur Gegenwartsbesessenheit und Zukunftsvergessenheit des herkömmlichen politischen Betriebs« geschaffen werden.[40]

Dass Nachhaltigkeitsfragen eines eigenen Gremiums bedürfen, ist eine alte Idee, doch wurde zunächst vorgeschlagen, dass dieses Gremium aus Fachleuten bestehen solle. Alfred Kölz und Jörg Paul Müller sahen in ihrem Verfassungsentwurf vor, dass »erhebliche Eingriffe in Natur- und Kulturlandschaften und in ökologisch besonders wertvolle Gebiete« einer Bewilligung durch eine unabhängigen Landschafts- und Umweltschutzkommission des Bundes bedürften.[41] Diese Kommission wäre außerdem im Gesetzgebungsverfahren zu Angelegenheiten, die die Umwelt betreffen, anzuhören und hätte auch ein Initiativrecht.

Hans Christoph Binswanger, der in den siebziger Jahren Mitglied der Expertenkommission für die Vorbereitung einer Totalrevision der Bundesverfassung gewesen war, schlug 1995 einen »ökologischen Rat als Vertreter der Interessen künftiger Generationen« vor. Mitglied dieses Rats sollten »anerkannte Fachleute in ökologischen Fragen aus dem Bereich der Wissenschaft« sein. Der Rat sollte »den Erhalt der Natur und Umwelt betreffende Themen und Vorschläge« zur Diskussion stellen, zu Gesetzes- und Budgetvorlagen Stellung beziehen und Änderungsvorschläge unterbreiten dürfen, wobei das letzte Wort das Parlament behielte. Der Erlass von Verordnungen in »besonders umweltrelevanten Bereichen« sollte von der Zustimmung des Rats abhängig gemacht werden. Außerdem hätte er eine beratende Funktion.[42]

Wolfgang Kahl hat für Deutschland einen »Nachhaltigkeitsrat« vorgeschlagen, der Gutachten erstellen und Stellungnahmen abgeben, über ein aufschiebendes Veto- und ein Initiativrecht im Gesetzgebungsverfahren verfügen soll. Seine Mitglieder wären wissenschaftliche Fachleute aus einem breiten Spektrum von Disziplinen, die keine beruflichen Nebentätigkeiten ausüben. Sie würden nicht vom Volk gewählt, weil das Gremium von den »politisch-taktischen Zwängen des Wahlkampfs« unabhängig sein müsse.[43]

So interessant diese Vorschläge sind, scheint es mir doch wichtig, zwischen verschiedenen Funktionen zu unterscheiden, die unterschiedlicher Herangehensweisen und unterschiedlich zusammengesetzter Gremien bedürfen. Beratende Gremien müssen aus Fachleuten bestehen. Ein Gremium, das Bewilligungen erteilt und überprüft, ob Erlasse mit übergeordneten Prinzipien wie der Nachhaltigkeit vereinbar sind, muss nicht zwingend aus Fachleuten bestehen, sondern kann sich das Fachwissen von Fachleuten holen. Es muss Regeln anwenden und Interessen abwägen können. Das kann, je nach Fall, eine Fachkommission sein, wie es sie heute schon gibt, etwa die Ethikkommissionen, oder ein Gericht. Ein Gremium aber, das Vorschläge dafür machen soll, wie eine ökologische Transformation gelingen kann, die sozial gerecht ist, muss ganz anders denken. Es braucht gesellschaftspolitische Fantasie; es sollen in ihm möglichst viele Perspektiven vertreten sein. Das fachspezifische Wissen, das es dazu braucht, kann sich auch ein solches Gremium von Fachleuten holen. Für diese Funktion bietet sich ein Bürgerinnen- und Bürgerrat an.

Im Vorschlag der Gruppe um Spillmann und Notter sollte der Zukunftsrat über ein Budget verfügen und darüber bestimmen können, welche Aspekte der Nachhaltigkeit er diskutiert. Ein Gremium von Experten und Expertinnen stünde ihm beratend zur Seite. Er könnte parlamentarische Initiativen einreichen und hätte ein Vetorecht gegen Beschlüsse des Parlaments. Ein Veto könnte vom Parlament mit einem qualifizierten Mehr, also der Mehrheit der Mitglieder beider Parlamentskammern, überstimmt werden – so wie es heute ein qualifiziertes Mehr braucht, um die Schuldenbremse zu lösen (Art. 159 Abs. 3 BV). Der Luzerner Verfassungsrechtler Klaus Mathis hat dafür einen Verfassungstext ausgearbeitet.[44]

Bis eine dritte Parlamentskammer installiert wäre, verginge viel Zeit. Der Think Tank Citizens' Democracy macht deshalb einen agileren und schneller zu verwirklichenden Vorschlag, der näher am irischen Modell ist. Bürgerinnen- und Bürgerräte würden jeweils einberufen, um ein bestimmtes Thema zu verhandeln, und danach wieder aufgelöst. Zur Einberufung eines Bürgerinnen- und Bürgerrats bedürfte es, wie bei einer Volksinitiative, einer bestimmten Anzahl Unterschriften; allenfalls könnte auch die Bundesversammlung einen Bürgerinnen- und Bürgerrat einberufen. Seine Mitglieder würden im Losverfahren repräsentativ ausgewählt, und zwar aus der Gesamtbevölkerung, nicht nur aus den Schweizer Bürgerinnen und Bürgern. Die Bürgerinnen- und Bürgerräte könnten Anträge an die Bundesversammlung stellen, oder über ihre Vorschläge würde an der Urne abgestimmt – das lässt Citizens' Democracy offen. Finanziert würde ihre Arbeit aus den Budgets der für das Thema zuständigen Ämter der Bundesverwaltung.

> **Vorschlag 15.1:** Die Entscheidungsfindung der Bundesversammlung wird ergänzt durch eine Form deliberativer Entscheidungsfindung in Form eines ständigen Zukunftsrats oder ad hoc einzuberufender Bürgerinnen- und Bürgerversammlungen. Der Zukunftsrat oder die Bürgerinnen- und Bürgerversammlungen können Vorschläge zuhanden der Bundesversammlung respektive des Volks ausarbeiten. Ihre Mitglieder werden mittels Losverfahren repräsentativ zusammengestellt.

Demokratie weiterentwickeln
Vorschläge, die demokratischen Verfahren zu verändern, werden in der Schweiz oft als Angriffe auf die Demokratie verstanden und abgewehrt. Dabei hat sich die schweizerische Demokratie schon in der Vergangenheit mehrfach erweitert – mit dem Stimm- und Wahlrecht für nichtchristliche Männer, also vor allem Juden, und der Einführung des Referendums 1874, der Einführung der Volksinitiative 1892, dem Proporzwahlrecht 1919, dem Stimmrecht für Frauen 1971 und der Senkung des Stimmrechtsalters auf 18 Jahre 1991. Und in der breiten Bevölkerung, sagt der Politologe Nenad Stojanović, gebe es trotz Initiativ- und Referendumsrecht durchaus den Wunsch nach mehr Demokratie. An einem Bürgerinnen- und Bürgercafé in Uster, an dem er 2021 als Beobachter einige Wochen nach dem Ustermer Bürgerpanel teilgenommen habe, habe eine Forderung am meisten Zustimmung erhalten, die Forderung nach mehr solchen Bürgerinnen- und Bürgerräten.

Man sollte Demokratie nicht als etwas Fertiges betrachten. Die Demokratieaktivisten Daniel Graf und Claudio Kuster haben einen Demokratieartikel für die Bundesverfassung vorgeschlagen.⁴⁵ Einen solchen kennt die Bundesverfassung noch nicht. In ihr findet sich das Wort »Demokratie« oder »demokratisch« nur dreimal, in der Präambel, in Artikel 51, der fordert, dass die Kantonsverfassungen demokratisch sein müssen, und in Artikel 54, der die »Förderung der Demokratie« zu einem Ziel der Außenpolitik erklärt. Die Förderung der schweizerischen Demokratie ist kein Verfassungsziel. Grafs und Kusters Vorschlag lautet schlicht: »Bund und Kantone fördern die Demokratie und entwickeln sie weiter.«

Etwas Ähnliches kennt der Kanton Zürich: zwar keinen Verfassungsartikel, aber eine Koordinationsstelle Teilhabe, deren erstes Ziel die »Förderung der politischen und gesellschaftlichen Teilhabe und Stärkung des Zugangs zu den politischen Rechten« ist. Die Stelle war unter anderem an der Organisation der Bürgerinnen- und Bürgerpanels in Uster, Thalwil und Winterthur beteiligt.

Die Verfassung des Kantons Appenzell Ausserrhoden wiederum sieht vor, dass der Kantonsrat »in Zeitabständen von jeweils zwanzig Jahren nach Inkrafttreten dieser Verfassung [prüft], ob eine Totalrevision an die Hand genommen werden soll«. Diese Bestimmung anerkennt, dass Demokratie nie abgeschlossen oder fertig ist.▸

▸ Die Verfassung des Kantons Appenzell Ausserrhoden stammt aus dem Jahr 1995, und tatsächlich lancierte der Kantonsrat zwanzig Jahre nach deren Inkrafttreten eine Totalrevision. Der Entwurf der neuen Kantonsverfassung soll 2025 an die Urne kommen. Auch er enthält die Bestimmung, dass nach weiteren zwanzig Jahren wieder eine Totalrevision erwogen werden soll.

Vorschlag 15.2: Die Bundesverfassung ist um einen Artikel zur Förderung und Weiterentwicklung der Demokratie zu ergänzen.

16   Instanzen des Entscheidungsvollzugs

Wenn Entscheidungsgremien auf der Höhe der verfügbaren Information und in tauglichen Verfahren gute Entscheidungen fällen, müssen diese noch umgesetzt werden.

Das Rechtssystem ist hierarchisch aufgebaut. Zuoberst stehen die Bundesverfassung und das Völkerrecht. Darunter stehen die Gesetze, die die Verfassungsbestimmungen umsetzen und konkretisieren, und unter den Gesetzen die Verordnungen, die die Details regeln. Und schließlich werden die Verordnungen von Behörden angewandt. Jede Bestimmung muss übergeordnetes Recht umsetzen und darf nicht dagegen verstoßen. Das ist in der Theorie vollkommen unbestritten. Aber die Realität sieht anders aus. Gesetze setzen die Verfassungsbestimmungen ungenügend um, Verordnungen ebenso ungenügend die Gesetze, und die Verordnungen werden oft unvollständig umgesetzt.[1]

Das hat damit zu tun, dass Bestimmungen einer hohen Hierarchiestufe in der Regel abstrakt sind – je abstrakter sie sind, desto eher können sich alle darauf verständigen, wie etwa auf das Prinzip der Nachhaltigkeit. Je konkreter es wird, desto brüchiger wird der Konsens. Es ist leichter, sich darauf zu verständigen, die Umwelt vor Schadstoffen zu schützen, als darauf, zu diesem Zwecke beispielsweise Abgaben zu erheben, die jemand bezahlen muss. Allerdings können geeignete Verfahren dieses Problem entschärfen. Deliberative Gremien sind durchaus in der Lage, sich auf konkrete politische Forderungen zu verständigen und dabei auch eigene Interessen zugunsten derer künftiger Generationen zurückzustellen. (Vgl. Kap. 15 S. 175)

»Weltweit einzigartige Anomalie«
Dass Entscheidungen unzureichend umgesetzt werden, kommt in allen politischen Systemen vor. Die Schweiz kennt aber eine Besonderheit, die das Problem verschärft.

Die Bundesverfassung von 1874 hat als erste Verfassung der Welt eine Verfassungsgerichtsbarkeit eingeführt, allerdings nur für kantonale Erlasse.[2] (Vgl. Kap. 1 S. 23) Gegen solche Erlasse kann Beschwerde erhoben werden, wenn sie der Bundesverfassung widersprechen. Das geschah beispielsweise, nachdem die rein männliche Landsgemeinde des Kantons Appenzell-Innerrhoden im Mai 1990 die Einführung des Frauenstimmrechts ablehnte. Gegen diese Entscheidung erhoben Appenzellerinnen Beschwerde. Das Bundesgericht gab ihnen einstimmig Recht; seither dürfen die Frauen auch im letzten Kanton politisch mitbestimmen.

Die Funktion eines Verfassungsgerichts auch für Bundeserlasse nimmt der Europäische Gerichtshof für Menschenrechte in Straßburg wahr, soweit Menschenrechte betroffen sind. Die Reaktionen auf die Entscheidung im Fall »Klimaseniorinnen gegen die Schweiz« haben gezeigt, wie prekär die Akzeptanz dieses Gerichts zum Teil in der schweizerischen Öffentlichkeit ist.

Soweit keine Menschenrechte verletzt sind, kennt die Schweiz auf Bundesebene aber nur eine stark eingeschränkte Verfassungsgerichtsbarkeit. Es war ebenfalls die Bundesverfassung von 1874, die einführte, was der Rechtswissenschaftler Alain Griffel als »weltweit einzigartige Anomalie« bezeichnet: Artikel 190 (Art. 113 Abs. 3 der alten BV von 1874) definiert als »maßgebendes Recht [...] für das Bundesgericht und die anderen rechtsanwendenden Behörden« die Bundesgesetze und das Völkerrecht. Das ist schon sehr bemerkenswert. Die Bundesverfassung nennt die Bundesverfassung nicht als »maßgebendes« Recht für die rechtsanwendenden Behörden! Artikel 189 Absatz 4 der Bundesverfassung schließt explizit aus, Erlasse der Bundesversammlung und des Bundesrats vor dem Bundesgericht anzufechten.▸

Das heißt selbstverständlich nicht, dass Bundesrat und Parlament frei wären, gegen die Bundesverfassung zu verstoßen. Die Bundesverfassung *ist* maßgebendes Recht für die politischen Behörden. Aber es gibt kein Instrument, dies einzufordern. Das Bundesgericht muss Gesetzesbestimmungen anwenden, die der Bundesverfassung widersprechen, respektive kann Verfassungsbestimmungen nicht anwenden, die eines ausführenden Gesetzes bedürfen, wenn ein solches Gesetz nicht existiert. So hat das Volk den Umweltschutzartikel der Bundesverfassung 1971 mit über 90 Prozent Ja-Stimmen gutgeheißen, das ausführende Umweltschutzgesetz aber konnte wegen des Widerstands von Wirtschaftsverbänden erst dreizehn Jahre später in Kraft treten. Die Mutterschaftsver-

▸ Artikel 189 der Bundesverfassung trug ursprünglich den Titel »Verfassungsgerichtsbarkeit«. Dieser Titel wurde im Zuge der Justizreform Anfang 2007 in »Zuständigkeiten des Bundesgerichts« geändert und der Absatz 4, wonach eben Akte der Bundesversammlung und des Bundesrates beim Bundesgericht nicht angefochten werden können, eingeführt. Die Idee, dass die Schweiz über eine Verfassungsgerichtsbarkeit verfügt, entspricht also sehr wohl der Bundesverfassung von 1999!

Instanzen des Entscheidungsvollzugs

sicherung stand sogar fast sechzig Jahre in der Verfassung, ohne zu existieren: Der Verfassungsartikel (Art. 116/Art. 34 ^{quinquies} der alten BV) wurde 1945 mit mehr als drei Viertel der Stimmen an der Urne angenommen, seine gesetzliche Umsetzung trat aber erst 2004 in Kraft.[3]

Aus Sicht der Rechtswissenschaft ist diese Situation ein klares »Defizit in rechtsstaatlicher Hinsicht«.[4] Das Parlament aber hat Vorstöße, die Verfassungsgerichtsbarkeit auf Bundesebene einzuführen, bisher stets abgelehnt. In seiner Botschaft zur neuen Bundesverfassung argumentierte der Bundesrat 1996 mit der Gewaltenteilung – und mit Pathos: »[...] damit sich die richterliche nicht über die gesetzgebende Gewalt erhebe«.[5] Laut Verfassungsrechtlern ist das eine »unterkomplexe Konzeption der Gewaltenteilung«.[6]

Der letzte Versuch, eine Verfassungsgerichtsbarkeit auf Bundesebene einzuführen, scheiterte im September 2022 im Ständerat.[7] Die Vorstellung, sagte Ständerat Daniel Fässler, ein Jurist und ehemaliger Kantonsrichter, in der Debatte, »dass ein Richtergremium von fünf oder sieben Personen einen Volksentscheid umstoßen könnte, [...] ist für mich als Demokrat unerträglich.« Vermutlich wünscht sich aber nicht einmal Fässler »als Demokrat«, sein Kanton Appenzell-Innerrhoden wäre nicht vom Bundesgericht gezwungen worden, seinen Bürgerinnen die demokratischen Rechte zu gewähren.

Fässlers Votum ist symptomatisch für die Tendenz, den »Volkswillen«, wie er sich in Volksabstimmungen äußert, zu verabsolutieren und die gerichtliche Durchsetzung von höherem Recht als Widerspruch zur Demokratie zu verstehen – als könnte es Demokratie ohne Rechtsstaat geben.▸

Vorschlag 16.1: Die Normenhierarchie wird gewahrt. Dem Bundesgericht kommt die Funktion eines Verfassungsgerichts zu. Artikel 190 der Bundesverfassung ist zu streichen.▸▸

Gremien zur Durchsetzung der Nachhaltigkeit
Gerichte, selbst wenn sie über die nötige Kompetenz verfügen, müssen angerufen werden, um zu entscheiden. Um wirksam zu prüfen, ob politische Entscheidungen und ihre Umsetzung dem Nachhaltigkeitsgebot entsprechen, ob die planetaren Grenzen respektiert werden, ob Erlasse den Umweltvorschriften des übergeordneten Rechts entsprechen, bedarf es einer Instanz, die von sich aus handelt, wie es Alfred Kölz und Jörg Paul Müller, Hans Christoph Binswanger oder, für Deutschland, Wolfgang Kahl gefordert haben. (Vgl. Kap. 15 S. 185)

▸ Die Verabsolutierung der Volksentscheide zeigte sich auch in mehreren Kommentaren in Deutschschweizer Zeitungen zum Entscheid des EGMR im Fall »Klimaseniorinnen gegen die Schweiz« im April 2024 wie am 9. April 2024 in der *Neuen Zürcher Zeitung*, (»Klimapolitik von der Richterbank herab«, Fontana 2024), im *Tages-Anzeiger* (»wenn Gerichte anfangen, den Gang der Klimapolitik zu bestimmen«, Häne 2024a) oder im *Blick* (»Wir wollen eine wirksame Klima-Politik, keine Klima-Justiz«, Cavalli 2024), während SRF in einer Publikumsbefragung ermitteln wollte, ob man es gut finde, »wenn sich Gerichte in Klimapolitik einmischen« (SRF 2024).

▸▸ Laut dem Staatsrechtler Alain Griffel genügte es, Artikel 190 der Bundesverfassung zu streichen, der die Bundesgesetze und das Völkerrecht, nicht aber die Bundesverfassung zu »massgebendem Recht« für die rechtsanwendenden Behörden erklärt. Durch die Streichung gälte automatisch die Normenhierarchie. Zwar könnte das Bundesgericht aufgrund von Artikel 189 Absatz 4 immer noch keine Erlasse des Parlaments oder des Bundesrats aufheben, die höherem Recht widersprechen (abstrakte Normenkontrolle), es müsste aber im Anwendungsfall der höheren Rechtsnorm den Vorzug geben; eine widersprechende Rechtsnorm auf tieferer Ebene wäre nicht anwendbar (konkrete Normenkontrolle). Demgegenüber schlagen Kölz, Müller (1995 [1984]) in Artikel 98 ihres Verfassungsentwurfs auch die abstrakte Normenkontrolle vor, inklusive der Möglichkeit, dass das Bundesgericht rügen kann, »das Parlament habe eine verfassungsmässige Pflicht zur Gesetzgebung nicht oder nur unvollständig erfüllt«.

Die Schweiz kennt viele solcher Instanzen, von denen einige über viel Macht verfügen. Die Eidgenössische Finanzkontrolle beaufsichtigt die Finanzen der zentralen und der dezentralen Bundesverwaltung sowie der Unternehmen, an denen der Bund eine Aktienmehrheit besitzt. Sie kann das Finanzgebaren der geprüften Stellen beanstanden und Maßnahmen beantragen.[8]

Die Eidgenössische Finanzmarktaufsicht (Finma) beaufsichtigt Akteure des Finanzmarkts wie Banken und Versicherungen und erteilt Bewilligungen. Bei Regelverstößen kann sie Gewinne einziehen, Berufsverbote verhängen, organisatorische Korrekturen verlangen und Bewilligungen widerrufen.[9]

Die Wettbewerbskommission (Weko) wacht über das Kartell- und das Binnenmarktgesetz, um den wirtschaftlichen Wettbewerb zu schützen, und kann beispielsweise Firmenfusionen verbieten, wenn dadurch ein Unternehmen eine marktdominierende Stellung erlangen würde.

Der Eidgenössische Datenschutz- und Öffentlichkeitsbeauftragte wacht über das Datenschutz- und das Öffentlichkeitsgesetz, beaufsichtigt und berät, nimmt Stellung zu Rechtsetzungsprojekten des Bundes, sensibilisiert und informiert die Öffentlichkeit, kann Schlichtungen durchführen und Empfehlungen verfassen.

Der Preisüberwacher beobachtet die Preisentwicklung und nimmt Meldungen aus der Bevölkerung entgegen und kann Preiserhöhungen verbieten oder Preissenkungen verfügen. Seine Mitteilungen haben in der Medienöffentlichkeit Gewicht.[10]

Die Erhaltung der Lebensgrundlagen, das »Super-Prinzip«[11] der Nachhaltigkeit und der Vollzug der Umweltvorschriften müssten uns so viel wert sein wie ein effizientes Finanzgebaren des Bundes oder der Schutz vor missbräuchlichen Preisen.[12]

> **Vorschlag 16.2:** Eine unabhängige Nachhaltigkeitskommission wacht darüber, dass politische Beschlüsse ökologisch relevantes übergeordnetes Recht respektieren und umsetzen, die planetaren Grenzen respektieren und dem Nachhaltigkeitsgebot entsprechen.

Ohne Kämpfe geht es nicht

Die dringend nötige Transformation der Gesellschaft wäre in der geltenden Bundesverfassung angelegt, setzte man deren Bestimmungen wirklich durch. Aber das ist nicht nur ein großes Programm, es hat Feinde, die es aktiv bekämpfen. Bestehende Instrumente zur Durchsetzung von Umweltrecht wie das Verbandsbeschwerderecht sind unter Druck. Es gilt, sie zu verteidigen. (Vgl. Vorschlag 10.1 S. 118)

Weit hinten, auf Seite 2669 seines Berichts, schreibt der Weltklimarat IPCC zur Transformation hin zu einer klimaresilienten Entwicklung auch noch: »Die Interaktionen zwischen den wichtigsten Akteuren der Regierung beinhalten neben der Zusammenarbeit auch Kämpfe und Verhandlungen [...] Transformative Maßnahmen stoßen auf den Widerstand genau derjenigen politischen, sozialen, wissensbasierten und technischen Systeme und Strukturen, die sie zu verändern versuchen.«[13]

Die Transformation hin zu einer umweltverträglichen Gesellschaft und Rechtsordnung ist also nicht einfach nur schwierig. Sie hat Feinde. Ohne Kämpfe wird es nicht gehen.

ANHANG

Überblick über die Vorschläge

Die Vorschläge entlang der entsprechenden Artikel in der geltenden Bundesverfassung.

geltende Bundesverfassung	Vorschläge	Bemerkungen
Präambel		
Präambel: ... *im Bewusstsein der gemeinsamen Errungenschaften und der Verantwortung gegenüber den künftigen Generationen, ... gewiss, ... dass die Stärke des Volkes sich misst am Wohl der Schwachen, ...*	beizubehalten.	
1. Titel: Allgemeine Bestimmungen		
Art. 2 Zweck: (2): *Sie fördert die gemeinsame Wohlfahrt, die nachhaltige Entwicklung...*	beizubehalten.	
Art. 2 Zweck: (4) *[Die Eidgenossenschaft] setzt sich ein für die dauerhafte Erhaltung der natürlichen Lebensgrundlagen ...*	beizubehalten. Die französische Fassung ist allenfalls den anderssprachigen Fassungen anzupassen – *bases naturelles de la vie* statt *ressources naturelles*.	
–	**Vorschlag 15.2:** Art. 5b Demokratieförderung (neu): *Bund und Kantone fördern die Demokratie und entwickeln sie weiter.*	Vorschlag Graf, Kuster 2022

geltende Bundesverfassung	Vorschläge	Bemerkungen
Art. 6 BV Individuelle und gesellschaftliche Verantwortung: *Jede Person nimmt Verantwortung für sich selber wahr und trägt nach ihren Kräften zur Bewältigung der Aufgaben in Staat und Gesellschaft bei.*	**Vorschlag 5-3:** prüfen: *… Verantwortung für sich selber, seine Umwelt und künftige Generationen wahr und …*	vgl. Verfassung des Kantons Glarus, Art. 22 *(Schutz der Umwelt)*

2. Titel: Grundrechte, Bürgerrechte und Sozialziele
1. Kapitel: Grundrechte

geltende Bundesverfassung	Vorschläge	Bemerkungen
persönliche Freiheit: *(1) Jeder Mensch hat das Recht auf Leben. Die Todesstrafe ist verboten.*	**Vorschlag 5.1:** In einem zusätzlichen oder im selben Artikel ergänzen: *Jeder Mensch hat das Recht auf ein Leben in einer gesunden Umwelt.* **Vorschlag 5.2:** prüfen: Das Recht auf Leben und persönliche Freiheit ist so zu erweitern, dass es die Freiheit künftiger Generationen mit einschließt.	vgl. Verfassung des Kantons Genf, Art. 19 *(Recht auf eine gesunde Umwelt)*
Art. 13 Schutz der Privatsphäre: *(1) Jede Person hat Anspruch auf Achtung ihres Privat- und Familienlebens, ihrer Wohnung sowie ihres Brief-, Post- und Fernmeldeverkehrs. (2) Jede Person hat Anspruch auf Schutz vor Missbrauch ihrer persönlichen Daten.*	**Vorschlag 14.6:** Die Schutzziele des Datenschutzes sind zu konkretisieren und auf gesellschaftliche Schutzziele auszuweiten, beispielsweise gemäß dem Vorschlag der Digitalen Gesellschaft.	vgl. Digitale Gesellschaft 2023
Art. 17 Medienfreiheit: *(1) Die Freiheit von Presse, Radio und Fernsehen sowie anderer Formen der öffentlichen fernmeldetechnischen Verbreitung von Darbietungen und Informationen ist gewährleistet.*	**Vorschlag 14.7:** beizubehalten. Die Medienfreiheit ist zu verteidigen und zu stärken.	
Art. 20 Wissenschaftsfreiheit: *Die Freiheit der wissenschaftlichen Lehre und Forschung ist gewährleistet.*	**Vorschlag 14.8:** beizubehalten. Die Wissenschaftsfreiheit ist zu verteidigen und durch ausreichende öffentliche Finanzierung zu stärken.	
Art. 26 Eigentumsgarantie: *(1) Das Eigentum ist gewährleistet.*	**Vorschlag 6.1:** *(1bis) Es [das Eigentum] verpflichtet gegenüber Mitmenschen und Umwelt.*	vgl. Kölz, Müller 1995, Art. 17

geltende Bundesverfassung	Vorschläge	Bemerkungen
Art. 26 Eigentumsgarantie	**Vorschlag 6.2:** *(1ter)* *Eigentum umfasst individuelles wie kollektives Eigentum und insbesondere auch das Gemeineigentum der Gesamtbevölkerung an natürlichen und ideellen Werten sowie öffentlichen Infrastrukturen.*	
–	**Vorschlag 6.1:** Ein neuer Art. 26a definiert eine Eigentumspolitik im Dienste der Allgemeinheit.	vgl. Verfassungsentwurf Expertenkommission 1977, Art. 30; Kölz, Müller 1995, Art. 50
–	**Vorschlag 13.9:** Art. 34a Recht auf Widerstand (neu): *(1) Gegen jeden, der es unternimmt, die verfassungsmässige Ordnung zu beseitigen, gibt es ein Recht auf Widerstand, wenn andere Abhilfe nicht möglich ist. (2) Gegen jeden, der es unternimmt, die natürlichen Lebensgrundlagen schwer zu schädigen, gibt es ein Recht auf Widerstand, wenn andere Abhilfe nicht möglich ist.*	vgl. Art. 20 Abs. 4 des Deutschen Grundgesetzes
–	**Vorschlag 10.2:** prüfen: Nichtmenschliche natürliche Entitäten haben Grundrechte.	
3. Titel: Bund, Kantone und Gemeinden **2. Kapitel: Zuständigkeiten** **1. Abschnitt: Beziehungen zum Ausland**		
Art. 54 Auswärtige Angelegenheiten: *(2) Der Bund [...] trägt namentlich bei [...] zur Erhaltung der natürlichen Lebensgrundlagen.*	**Vorschlag 3.7:** ergänzen oder im Gesetz präzisieren: Als Mitglied internationaler Organisationen und Entwicklungsbanken stimmt die Schweiz im Sinne der Erhaltung der natürlichen Lebensgrundlagen ab.	
Art. 54 Auswärtige Angelegenheiten	**Vorschlag 3.8:** *(2bis)*: *Auf dem Grundsatz der gemeinsamen, aber unterschiedlichen Verantwortlichkeiten und jeweiligen Fähigkeiten der Länder setzt sich der Bund ein für (a) eine solidarische Aufteilung der sich aus den globalen Umweltveränderungen ergebenden finanziellen Lasten und (b) die Gewährung von Aufenthalt für Menschen, die durch solche Umweltveränderungen ihre Heimat verlieren.*	angelehnt an Art. 3 Abs. 1 UN-Rahmenabkommen zum Klimawandel von 1992

geltende Bundesverfassung	Vorschläge	Bemerkungen
–	**Vorschlag 3.5:** Art. 54a Globale Verantwortung (neu): *(1) Die Schweiz anerkennt die Verantwortung für die Wirkungen ihres Handelns ausserhalb des eigenen Territoriums.* **Vorschlag 3.6:** *(2) Der Bund trifft Massnahmen zur weltweiten Stärkung der Respektierung der Menschenrechte und der Umwelt durch Unternehmen mit Sitz, Hauptverwaltung oder Hauptniederlassung in der Schweiz.*	Abs. 2 angelehnt an die 2020 verworfene Konzernverantwortungsinitiative
3. Abschnitt: Bildung, Forschung und Kultur		
–	**Vorschlag 14.3:** Ein neuer Artikel 64b (Technologiepolitik) definiert die Aufgaben der Technik. Sie hat im Dienste der Allgemeinheit zu stehen und die Technikentwicklung ist auf Nachhaltigkeit und die Stärkung gesellschaftlicher Resilienz auszurichten. **Vorschlag 14.4:** Die Technikfolgenabschätzung ist zu stärken.	
4. Abschnitt: Umwelt und Raumplanung		
Art. 73 Nachhaltigkeit: *Bund und Kantone streben ein auf Dauer ausgewogenes Verhältnis zwischen der Natur und ihrer Erneuerungsfähigkeit einerseits und ihrer Beanspruchung durch den Menschen anderseits an.*	**Vorschlag 2.1:** Die Nachhaltigkeit ist als das »Super-Prinzip«, das es ist (Anne-Christine Favre), ernstzunehmen.	
Art. 73 Nachhaltigkeit: *Bund und Kantone streben ein auf Dauer ausgewogenes Verhältnis zwischen der Natur und ihrer Erneuerungsfähigkeit einerseits und ihrer Beanspruchung durch den Menschen anderseits an.*	**Vorschlag 2.2:** neue Formulierung: *(1) Bund und Kantone stellen die Befriedigung der Grundbedürfnisse der heutigen Generation auf eine Weise sicher, welche die Chancen künftiger Generationen nicht schmälert, ihre Bedürfnisse zu befriedigen. (2) Jegliches Handeln respektiert die Belastungsgrenzen ökologischer [und ökosozialer] Systeme. Das Gesetz legt die nicht zu überschreitenden Grenzen auf wissenschaftlicher Grundlage fest. (3) Sind Belastungsgrenzen überschritten, sorgen Bund und Kantone für die Reduktion der Belastung. Beschädigte Ökosysteme werden soweit regeneriert, bis ihre Fähigkeit zur Selbstregulierung wiederhergestellt ist. (4) Nachhaltigkeit umfasst eine ökologische, eine soziale und eine ökonomische Dimension, wobei die ökologische Dimension die Grundlage bildet.*	angelehnt an die Definition im Brundtland-Bericht

geltende Bundesverfassung	Vorschläge	Bemerkungen
Art. 74 Umweltschutz: (2) Er [der Bund] sorgt dafür, dass solche Einwirkungen vermieden werden.	**Vorschlag 3.1 (optional):** Vorsorgeprinzip expliziter formulieren: (2bis) Im Sinne der Vorsorge sind Einwirkungen, die schädlich oder lästig werden könnten, frühzeitig zu begrenzen. (2ter) Schädliche und lästige Emissionen werden an der Quelle begrenzt. (2^{quater}) Unabhängig von der bestehenden Umweltbelastung sind Emissionen im Rahmen der Vorsorge so weit zu begrenzen, als dies technisch und betrieblich möglich und wirtschaftlich tragbar ist. ($2^{quinquies}$) Die Emissionsbegrenzungen werden verschärft, wenn feststeht oder zu erwarten ist, dass die Einwirkungen unter Berücksichtigung der bestehenden Umweltbelastung schädlich oder lästig werden.	Entspricht dem geltenden Umweltschutzgesetz, Art. 1 Abs. 2 sowie Art. 11 Abs. 1–3.
Art. 74 Umweltschutz: (2) Die Kosten der Vermeidung und Beseitigung tragen die Verursacher.	**Vorschlag 3.2:** Das Verursacherprinzip ist konsequent anzuwenden, wo es anwendbar ist. (Neue Absatznummer für das Verursacherprinzip: 2a.) **Vorschlag 3.3:** ($2a^{bis}$) Wo das Verursacherprinzip soziale Härten bewirkt, sind diese durch flankierende Massnahmen zu mildern. **Vorschlag 3.4/3.5.8:** ($2a^{ter}$) Wo das Verursacherprinzip nicht anwendbar ist, regelt das Gesetz die solidarische Finanzierung der Vermeidung lästiger und schädlicher Einwirkungen sowie die Folgekosten dieser Einwirkungen unter Berücksichtigung der gemeinsamen, aber unterschiedlichen Verantwortlichkeiten, jeweiligen Fähigkeiten sowie sozialen und wirtschaftlichen Lage.	
Art. 74 Umweltschutz	**Vorschlag 2.2:** (2b): Zum Zweck der Einhaltung der ökologischen Belastungsgrenzen kann der Bund Import, Produktion und Konsum von Stoffen begrenzen oder verbieten.	
–	**Vorschlag 4.1:** optional: Art. 74a Klima (neu): (1) Treibhausgasemissionen sind so schnell als möglich an der Quelle zu vermeiden. (2) Ab spätestens 2050 sorgt der Bund dafür, dass der Atmosphäre mehr Treibhausgase dauerhaft entzogen als emittiert werden. (3) Bund und Kantone handeln im Sinne umfassender Klimagerechtigkeit.	Abs. 2 entspricht Art. 3 Abs. 2 des Klimaschutzgesetzes. Abs. 3 angelehnt an Art. 16a Abs. 3 der Verfassung des Kantons Basel-Stadt.

geltende Bundesverfassung	Vorschläge	Bemerkungen
–	**Vorschlag 12.3:** Art. 74b Ressourcengerechtigkeit (neu): *Bund und Kantone streben einen ausgeglichenen Ressourcenverbrauch pro Kopf an.*	
–	**Vorschlag 16.2:** Art. 74c Nachhaltigkeitskommission (neu): *(1) Eine unabhängige Nachhaltigkeitskommission wacht darüber, dass politische Beschlüsse ökologisch relevantes übergeordnetes Recht respektieren und umsetzen, die planetaren Grenzen respektieren und dem Nachhaltigkeitsgebot entsprechen. (2) Sie kann gegen Beschlüsse der Bundesversammlung das Veto einlegen. Die Bundesversammlung kann das Veto gemäss Art. 159 Abs. 3 BV überstimmen.*	vgl. Kölz, Müller (1995), Art. 39bis
–	**Vorschlag 12.4:** Art. 80a Regeneration (neu): *Sind planetare Grenzen überschritten oder sind einzelne Ökosysteme zerstört, ist dafür zu sorgen, dass die Umweltbelastung soweit reduziert werden, dass die Grenzen wieder eingehalten sind. Beschädigte Ökosysteme sind zu renaturieren.*	vgl. Art. 29 Abs. 1 der Kantonsverfassung von Appenzell Ausserrhoden
–	**Vorschlag 8.5:** Die BV schafft ein mit der Schuldenbremse vergleichbares Instrument zur Einhaltung des Nachhaltigkeitsgebots.	
Art. 75 Raumplanung: *(1) Der Bund legt Grundsätze der Raumplanung fest. Diese obliegt den Kantonen und dient der zweckmässigen und haushälterischen Nutzung des Bodens und der geordneten Besiedlung des Landes.*	**Vorschlag 7.2:** *(1bis) Sie [die Raumplanung] bezweckt eine gute Durchmischung, kurze Wege und hohe Erreichbarkeiten, namentlich auch für Menschen mit Beeinträchtigungen, Kinder und alte Menschen.*	
Art. 76–80	**Vorschlag 4.2:** Die in diesen Artikeln geschützten natürlichen Einheiten sind unabhängig von einem (bekannten) Nutzen für die Menschheit zu schützen.	

geltende Bundesverfassung	Vorschläge	Bemerkungen
5. Abschnitt: Öffentliche Werke und Verkehr		
Art. 81 Öffentliche Werke: *Der Bund kann im Interesse des ganzen oder eines grossen Teils des Landes öffentliche Werke errichten und betreiben oder ihre Errichtung unterstützen.*	**Vorschlag 7.1 / 7.3:** *(2) Die öffentlichen Werke dienen der allgemeinen Wohlfahrt und schonen die Umwelt. (3) Sie sind auf die Befriedigung der Grundbedürfnisse ausgerichtet und bewirken einen sparsamen Gebrauch.*	
Art. 81a Öffentlicher Verkehr: *(1) Bund und Kantone sorgen für ein ausreichendes Angebot an öffentlichem Verkehr...*	**Vorschlag 7.1:** *...für eine ausreichende Grundversorgung...*	
Art. 82 Strassenverkehr: *(3) Die Benützung öffentlicher Strassen ist gebührenfrei. Die Bundesversammlung kann Ausnahmen bewilligen.*	**Vorschlag 7.6:** beizubehalten oder aber mit grösster Vorsicht zu modifizieren.	
Art. 83 Strasseninfrastruktur: *(1) Bund und Kantone sorgen für eine ausreichende Strasseninfrastruktur in allen Landesgegenden.*	**Vorschlag 7.1:** *...für eine ausreichende Grundversorgung mit Strasseninfrastruktur...* **Vorschlag 7.4:** *(1bis) Die Strassenkapazität wird nicht erhöht. Von dieser Beschränkung ausgenommen sind Umfahrungsstrassen, die Ortschaften vom Durchgangsverkehr entlasten. (1ter): Überkapazitäten im Nationalstrassennetz werden abgebaut.*	Abs 1bis weitet die Bestimmung aus Art. 84 (Alpenquerender Transitverkehr) Abs. 3 BV auf das gesamte Straßennetz aus.
Art. 84 Alpenquerender Transitverkehr: *(3) Die Transitstrassen-Kapazität im Alpengebiet darf nicht erhöht werden...*	Falls diese Bestimmung wie vorgeschlagen auf das gesamte Strassennetz ausgeweitet wird (siehe oben Art. 83 Abs. 1bis), kann hier Abs. 3 gestrichen werden.	
Art. 86 Verwendung von Abgaben für Aufgaben und Aufwendungen im Zusammenhang mit dem Strassenverkehr: *(3) Für folgende Aufgaben und Aufwendungen im Zusammenhang mit dem Strassenverkehr wird eine Spezialfinanzierung geführt:...*	**Vorschlag 7.7:** *(h) Rückbau von Überkapazitäten im Strassennetz inklusive Renaturierung.*	

geltende Bundesverfassung	Vorschläge	Bemerkungen
Art. 87 Eisenbahnen und weitere Verkehrsträger: *Die Gesetzgebung über den Eisenbahnverkehr, die Seilbahnen, die Schiffahrt sowie über die Luft- und Raumfahrt ist Sache des Bundes.*	**Vorschlag 7.4:** *(2) Die Kapazitäten von Flughäfen und Flugplätzen werden nicht erhöht.*	überträgt die Bestimmung aus Art. 84 (Alpenquerenden Transitverkehr) Abs. 3 BV auf den Luftverkehr. Entspricht einer Forderung von Frankreichs *Convention citoyenne pour le climat*.
Art. 87a Eisenbahninfrastruktur	**Vorschlag 7.1/7.4:** *(5) Die Eisenbahninfrastruktur ist an den Grundbedürfnissen auszurichten. Ihre Kapazitäten werden nur insoweit erhöht, als die Kapazitäten der Strasse im entsprechenden Umfang reduziert wird.*	
Art. 88 Fuss-, Wander- und Velowege	**Vorschlag 7.5:** neuer Titel: Fuss- und Veloverkehr. neu: *(1* [vor dem bestehenden Abs.1]*) Der Fussverkehr geniesst grundsätzlich erste Priorität unter den Verkehrsarten, der Veloverkehr geniesst Priorität gegenüber den motorisierten individuellen Verkehrsarten.*	Der Artikel Fuss- und Veloverkehr ist in der Abfolge der Artikel vor den öffentlichen und den Strassenverkehr (Art. 81a und 82) zu setzen.
6. Abschnitt: Energie und Kommunikation		
Art. 89 Energiepolitik: *(1) Bund und Kantone setzen sich im Rahmen ihrer Zuständigkeiten ein für eine ausreichende, breit gefächerte, sichere, wirtschaftliche und umweltverträgliche Energieversorgung sowie für einen sparsamen und rationellen Energieverbrauch.*	**Vorschlag 7.1:** *… ausreichende…* ist so zu verstehen, dass Bund und Kantone die Energie-Grundversorgung zu gewährleisten haben.	Kölz, Müller 1995 Art. 43 bietet eine Vorlage für eine mögliche Umformulierung des Energieartikels.

geltende Bundesverfassung	Vorschläge	Bemerkungen
Art. 89 Energiepolitik	**Vorschlag 12.2:** *(3bis) Der Bund strebt an, den Energieverbrauch auf maximal den Wert zu begrenzen, der einem Verbrauch von 2000 Watt pro Einwohnerin und Einwohner entspricht.*	vgl. beispielsweise Gemeindeordnung der Stadt Zürich Art. 10 Abs. 3 Bst. a
7. Abschnitt: Wirtschaft		
Art. 94 Grundsätze der Wirtschaftsordnung	**Vorschlag 13.4:** *(3bis) Sie [Bund und Kantone] unterstützen Unternehmen in ihrer Transformation zu Nachhaltigkeit und Umweltresilienz, wenn sie Transitionspläne erarbeiten. Dabei können sie vom Grundsatz der Wirtschaftsfreiheit abweichen.*	allenfalls als Übergangsbestimmung unter Art. 197
–	**Vorschläge 6.3 und 6.4:** Art. 94a Wirtschaftspolitik (neu): Der neue Artikel verpflichtet den Bund zu einer Wirtschaftspolitik im Interesse des Allgemeinwohls. Die Wirtschaft wird namentlich auf Nachhaltigkeit und Resilienz ausgerichtet. Dazu gehören griffige Too-big-to-fail-Regeln und die Förderung einer *économie de proximité*. Soweit es die Ziele der wirtschaftlichen Entwicklung, namentlich deren Nachhaltigkeitsziele, verlangen, kann der Bund in den Wirtschaftsablauf eingreifen.	vgl. Art. 31 des Verfassungsentwurfs von 1977 sowie Art. 44 Kölz, Müller. Zur *économie de proximité* vgl. den Entwurf für eine neue Walliser Kantonsverfassung, Art. 159 Abs. 1.
Art. 97 Schutz der Konsumentinnen und Konsumenten: *(1) Der Bund trifft Massnahmen zum Schutz der Konsumentinnen und Konsumenten.*	**Vorschlag 6.5:** *(1bis) Der Bund setzt der Werbung Schranken.*	Kölz, Müller 1995. Art. 46
–	**Vorschlag 8.6:** Art. 98a Nachhaltiger Finanzplatz (neu): *(1) Die Finanzmittelflüsse sind so auszurichten, dass sie den Zielen der Nachhaltigkeit, insbesondere den Klima- und Biodiversitätszielen, genügen. (2) Die Erschliessung und die Förderung neuer sowie die Ausweitung bestehender fossiler Energievorkommen und die grossflächige Zerstörung von Ökosystemen wie namentlich Wäldern und Feuchtgebieten dürfen weder finanziert noch versichert werden.*	

geltende Bundesverfassung	Vorschläge	Bemerkungen
Art. 99 Geld- und Währungspolitik: *(2) Die Schweizerische Nationalbank führt als unabhängige Zentralbank eine Geld- und Währungspolitik, die dem Gesamtinteresse des Landes dient…*	**Vorschlag 8.7:** Das »Gesamtinteresse des Landes« ist im Verfassungsartikel oder auf Gesetzesstufe so zu konkretisieren, dass auch die ökologische Stabilität darunterfällt.	
Art. 102 Landesversorgung: *(1) Der Bund stellt die Versorgung des Landes mit lebenswichtigen Gütern und Dienstleistungen sicher für den Fall machtpolitischer oder kriegerischer Bedrohungen sowie in schweren Mangellagen, denen die Wirtschaft nicht selbst zu begegnen vermag. Er trifft vorsorgliche Massnahmen.*	**Vorschlag 13.1:** *(1*[vor dem bestehenden Abs. 1]*) Der Bund fördert die Widerstandsfähigkeit der Wirtschaft gegen Krisen. (1bis) Er stellt die Versorgung… für den Fall machtpolitischer oder kriegerischer Bedrohungen, Umweltkrisen sowie in schweren Mangellagen…*	
Art. 102 Landesversorgung; *(2) Er kann nötigenfalls vom Grundsatz der Wirtschaftsfreiheit abweichen.*	**Vorschlag 13.4:** *… und unterstützt den Aufbau von Wirtschaftsbetrieben in strategischen Branchen, namentlich der erneuerbaren Energieversorgung…*	allenfalls als Übergangsbestimmung unter Art. 197
–	**Vorschlag 13.7:** Art. 102a Solidarität (neu): *Der Bund fördert namentlich in Notzeiten Initiativen solidarischer Hilfe.*	vgl. den Entwurf für eine neue Walliser Kantonsverfassung, Art. 7 Abs. 3.
Art. 104 Landwirtschaft: *(1) … eine nachhaltige und auf den Markt ausgerichtete Produktion…*	**Vorschlag 6.6:** *… auf den Markt ausgerichtete…* streichen, da obsolet und missverständlich.	
Art. 104a Ernährungssicherheit: *Zur Sicherstellung der Versorgung der Bevölkerung mit Lebensmitteln schafft der Bund Voraussetzungen für:*	**Vorschlag 6.7/13.3:** prüfen: *(f) die Produktion gesunder und kulturell angemessener Lebensmittel, (g) die Stärkung kleinbäuerlicher Strukturen und des lokalen Konsums landwirtschaftlicher Produkte.*	Ernährungssouveränität
Art. 104a Ernährungssicherheit: *… (c) eine auf den Markt ausgerichtete Land- und Ernährungswirtschaft…*	**Vorschlag 6.6:** streichen, da obsolet und missverständlich.	

geltende Bundesverfassung	Vorschläge	Bemerkungen
8. Abschnitt: Wohnen, Arbeit, soziale Sicherheit und Gesundheit		
Art. 110 Arbeit: (1) Der Bund kann Vorschriften erlassen über:	**Vorschlag 13.5:** *Der Bund unterstützt [Bund und Kantone unterstützen] Beschäftigte in Branchen, die von Umweltkrisen oder den gegen diese Krisen ergriffenen Massnahmen besonders betroffen sind, in der Umschulung.*	allenfalls als Übergangsbestimmung unter Art. 197
–	**Vorschlag 13.6:** Art. 110a Stärkung der Widerstandsfähigkeit (neu): *Der Bund unterstützt experimentelle Formen gesellschaftlicher und ökonomischer Organisation, die auf eine Stärkung der Widerstandsfähigkeit abzielen, sowie deren Evaluation.*	
Art. 111–117 (Sozialversicherungen)	**Vorschlag 13.2:** Die Sozialversicherungen sind so auszugestalten, dass sie von Wirtschaftswachstum unabhängig funktionsfähig sind.	
Art. 120 Gentechnologie im Ausserhumanbereich: (2) *Der Bund… trägt dabei der Würde der Kreatur sowie der Sicherheit von Mensch, Tier und Umwelt Rechnung und schützt die genetische Vielfalt der Tier- und Pflanzenarten.*	**Vorschlag 4.2:** beizubehalten, aber allenfalls vom Kontext der Gentechnologie zu lösen.	
3. Kapitel: Finanzordnung		
Art. 128 Direkte Steuern: (1) Der Bund kann eine direkte Steuer erheben: (a) von höchstens 11,5 Prozent auf dem Einkommen der natürlichen Personen; (b) von höchstens 8,5 Prozent auf dem Reinertrag der juristischen Personen.	**Vorschlag 8.2:** (c) *In Krisenzeiten kann der Bund höhere Steuern erheben.*	
Art. 131 Besondere Verbrauchssteuern:	**Vorschlag 8.4:** prüfen: (2ᵇⁱˢ): *Auf den Verbrauch natürlicher Ressourcen kann der Bund eine progressive Verbrauchssteuer erheben. Der für ein würdiges Leben benötigte Verbrauch ist abgabenfrei.*	

geltende Bundesverfassung	Vorschläge	Bemerkungen
–	**Vorschlag 8.1:** Art. 135a Subventionen (neu): *Subventionen sind auf ihre Umweltwirkung zu prüfen. Subventionen, die sich potenziell negativ auf die Umwelt auswirken, sind nur ausnahmsweise zuzulassen und bedürfen eines qualifizierten Mehrs nach Art. 159 Abs. 3 BV.*	vgl.. Übergangsbestimmung nach Art. 197

4. Titel: Volk und Stände
2. Kapitel: Initiative und Referendum (neu: Initiative, Referendum und Bevölkerungsrat)

–	**Vorschlag 15.1:** Art. 142b Bevölkerungsrat (neu): *(1) 50 000 [Zahl zu diskutieren] Stimmberechtigte können innert 6 Monaten seit der amtlichen Veröffentlichung die Einberufung eines Bevölkerungsrats zu einem bestimmten Thema verlangen. (2) Der Bevölkerungsrat umfasst X Mitglieder, die im Losverfahren repräsentativ für die Gesamtbevölkerung zusammengestellt werden. (3) Innert eines halben Jahres kann der Bevölkerungsrat Vorschläge zuhanden der Bundesversammlung [des Volks] ausarbeiten. Nach Ablauf der Frist wird er aufgelöst. (4) Der Bevölkerungsrat lässt sich von Expertinnen und Experten beraten. Er verfügt über ein Budget. (5) Mitglieder des Bevölkerungsrats werden für ihre Arbeit entschädigt.*	alternativ: Vorschlag Zukunftsrat (unter Art. 148)

geltende Bundesverfassung	Vorschläge	Bemerkungen
5. Titel: Bundesbehörden		
2. Kapitel: Bundesversammlung		
1. Abschnitt: Organisation		
Art. 148 Stellung: *(2) Die Bundesversammlung besteht aus zwei Kammern, dem Nationalrat und dem Ständerat; beide Kammern sind einander gleichgestellt.*	**Vorschlag 15.1:** *(3) Die Arbeit der Bundesversammlung wird ergänzt durch einen Zukunftsrat. – (In weiteren Artikeln:) Der Zukunftsrat wacht über die Nachhaltigkeit der Geschäfte der Bundesversammlung und berücksichtigt dabei insbesondere die Interessen künftiger Generationen. Er besteht aus X Mitgliedern, die im Losverfahren repräsentativ für die Gesamtbevölkerung zusammengestellt werden. Er kann Volk und Ständen Änderungen der Bundesverfassung vorschlagen und gegen die dem obligatorischen und fakultativen Referendum unterstehenden Beschlüsse der Bundesversammlung das Veto ergreifen. Das Veto des Zukunftsrates kann von der Bundesversammlung gemäss Art. 159 Abs. 3 BV überstimmt werden.*	Vorschlag Mathis 2023. Alternativ: Vorschlag Bevölkerungsrat (Art. 142b)
2. Abschnitt: Verfahren		
Art. 159: Verhandlungsfähigkeit und erforderliches Mehr: *(3) Der Zustimmung der Mehrheit der Mitglieder jedes der beiden Räte bedürfen jedoch:....*	**Vorschlag 15.1/16.2:** *(4) Beschlüsse, gegen die die Nachhaltigkeitskommission oder der Bevölkerungsrat [der Zukunftsrat] ein Veto eingelegt hat.*	
–	**Vorschlag 14.1:** Art. 161a Information der Bundesversammlung (neu): *(1) Die Bundesversammlung entscheidet in Kenntnis des verfügbaren wissenschaftlichen Wissens. (2) Zur Vermittlung des wissenschaftlichen Wissens an die Bundesversammlung und ihre Kommissionen werden die nötigen interdisziplinären Instanzen geschaffen. (3) Die Aufgabenteilung zwischen Wissenschaft und Politik bleibt gewahrt.*	

geltende Bundesverfassung	Vorschläge	Bemerkungen
3. Abschnitt: Zuständigkeiten		
Art. 170 Überprüfung der Wirksamkeit: *Die Bundesversammlung sorgt dafür, dass die Massnahmen des Bundes auf ihre Wirksamkeit überprüft werden.*	**Vorschlag 16.2:** (2) *Die unabhängige Nachhaltigkeitskommission prüft bestehende Beschlüsse des Bundes periodisch [alle fünf Jahre] auf ihre Verträglichkeit mit dem Grundsatz der Nachhaltigkeit. Sieht die Kommission diese Verträglichkeit verletzt, wird der entsprechende Beschluss der Bundesversammlung erneut vorgelegt.*	
4. Kapitel: Bundesgericht und andere richterliche Behörden		
Art. 190 Massgebendes Recht: *Bundesgesetze und Völkerrecht sind für das Bundesgericht und die anderen rechtsanwendenden Behörden massgebend.*	**Vorschlag 16.1:** streichen.	Ohne Art. 190 gilt in der Rechtsprechung die Normenhierarchie und das Bundesgericht kann eine konkrete Normenkontrolle (Verfassungsgerichtsbarkeit im Anwendungsfall) ausüben.
6. Titel: Revision der Bundesverfassung und Übergangsbestimmungen		
2. Kapitel: Übergangsbestimmungen		
Art. 197 Übergangsbestimmungen nach Annahme der Bundesverfassung vom 18. April 1999	**Vorschlag 8.1:** *Alle Subventionen sind auf ihre Umweltwirkung zu überprüfen. Umweltschädigende Subventionen sind innert einer nützlichen Übergangsfrist aufzuheben. Ausnahmen bedürfen eines qualifizierten Mehrs nach Art. 159 Abs. 3 BV.*	vgl. Art. 135a Subventionen (neu)

geltende Bundesverfassung	Vorschläge	Bemerkungen
Art. 197 Übergangsbestimmungen nach Annahme der Bundesverfassung vom 18. April 1999	**Vorschlag 8.3:** *Zur Finanzierung zusätzlicher Kosten der Transition sind Lenkungsabgaben im Sinne des Verursacherprinzips einzusetzen. Wo Lenkungsabgaben zu sozialen Härten führen, sind Ausgleichsmassnahmen vorzusehen.*	
Art. 197 Übergangsbestimmungen nach Annahme der Bundesverfassung vom 18. April 1999	**Vorschlag 13.4:** *Bund und Kantone unterstützen Unternehmen in ihrer Transformation zu Nachhaltigkeit und Umweltresilienz, wenn sie Transitionspläne erarbeiten. Dabei können sie vom Grundsatz der Wirtschaftsfreiheit abweichen.*	allenfalls in Art. 94
Art. 197 Übergangsbestimmungen nach Annahme der Bundesverfassung vom 18. April 1999	**Vorschlag 13.4:** *Der Bund unterstützt den Aufbau von Wirtschaftsbetrieben in strategischen Branchen, namentlich der erneuerbaren Energieversorgung…*	allenfalls in Art. 102
Art. 197 Übergangsbestimmungen nach Annahme der Bundesverfassung vom 18. April 1999	**Vorschlag 13.5:** *Der Bund unterstützt [Bund und Kantone unterstützen] Beschäftigte in Branchen, die von Umweltkrisen oder den gegen diese Krisen ergriffenen Massnahmen besonders betroffen sind, in der Umschuldung.*	allenfalls in Art. 110

Die wichtigsten Eigenheiten und Begriffe des schweizerischen Politsystems

Die **Bundesversammlung** ist das Parlament. Sie ist nach dem Vorbild des US-amerikanischen Kongresses gebildet und besteht aus dem National- und dem Ständerat. Die beiden Parlamentskammern sind gleichberechtigt; Parlamentsbeschlüsse werden von beiden Kammern gefällt. Die 200 Mitglieder des **Nationalrats** sind proportional zur Bevölkerungsgröße auf die 26 Kantone verteilt. Im **Ständerat** sind 20 Kantone mit je zwei, sechs Kantone (Ob- und Nidwalden; Appenzell Ausser- und Innerrhoden; Basel-Stadt und Basel-Landschaft) mit je einem Sitz vertreten. Die Bundesversammlung tagt regulär in jährlich vier **Sessionen**; meist wird zudem im Frühjahr eine kurze Sondersession eingeschoben. Die Mitglieder beider Räte werden alle vier Jahre vom Volk gewählt (zuletzt 2023), die Mitglieder des Nationalrats im Proporz-, die des Ständerats im Majorzverfahren.

Der **Bundesrat** ist die Regierung. Er ist nach dem Vorbild des Direktoriums der französischen Revolutionsverfassung von 1795 gebildet. Seine sieben Mitglieder werden von der Bundesversammlung jeweils in deren erster Session nach den Parlamentswahlen einzeln gewählt. Seit 1959 gilt die ungeschriebene »Zauberformel«, wonach die drei größten Parteien Anspruch auf je zwei und die viertgrößte Partei Anspruch auf einen Sitz im Bundesrat hat. Es handelt sich dabei nicht um eine Koalition. Parteien, die im Bundesrat vertreten sind, können gleichzeitig in Opposition zum Bundesrat stehen. Die Bundesverwaltung untersteht dem Bundesrat und ist in sieben **Departemente** (Ministerien) gegliedert. Das Präsidium des Bundesrats wechselt jedes Jahr.

Der Bund kennt drei Gerichte: das **Bundesverwaltungsgericht**, das **Bundesstrafgericht** und, als höchste Instanz, das **Bundesgericht**. In Fällen, die die Menschenrechte betreffen, ist der **Europäische Gerichtshof für Menschenrechte** (EGMR) des Europarats in Staßburg höchste Instanz.

Das Volk kann in Sachfragen durch zwei direktdemokratische Instrumente mitentscheiden: die Volksinitiative und das Referendum. Mit der **Volksinitiative** kann jede Person oder Organisation eine Verfassungsänderung vorschlagen, wenn sie innerhalb von achtzehn Monaten 100 000 gültige Unterschriften sammelt. Der Bundesrat muss eine Volksinitiative dem Volk zur Abstimmung vorlegen, es sei denn, die Initiatorinnen und Initiatoren (schweizerisch: Initiantinnen und Initianten) ziehen ihre Initiative zurück. Bundesrat wie Parlament können zu einer Volksinitiative einen Gegenvorschlag auf Verfassungs- oder Gesetzesebene ausarbeiten. Volksinitiativen werden häufig zugunsten eines Gegenvorschlags zurückgezogen, da Gegenvorschläge in Volksabstimmungen in der Regel die besseren Chancen haben.

Ein **Referendum** ist eine Volksabstimmung über eine Parlamentsentscheidung. Über Verfassungsänderungen muss abgestimmt werden – **obligatorisches Referendum**. Über Gesetzesänderungen wird abgestimmt, wenn innerhalb von hundert Tagen 50 000 Unterschriften gegen das Gesetz gesammelt werden – **fakultatives Referendum**. Gegen Ausgabenbeschlüsse der Bundesversammlung kann kein Referendum ergriffen werden.

Gesetzesänderungen, über die abgestimmt wird, bedürfen eines **einfachen Mehrs** der abgegebenen Stimmen. Verfassungsänderungen bedürfen des **doppelten Mehrs**, das heißt, sowohl die Mehrheit der Abstimmenden als auch die Mehrheit der Kantone müssen einer Vorlage zustimmen, wobei die Kantone mit nur einem Ständeratssitz halb zählen.

In der **Vernehmlassung** können Kantone, Gemeinden, Parteien, betroffene Verbände sowie Einzelpersonen in einer frühen Phase im Gesetzgebungsverfahren einen Entwurf kommentieren und Änderungen vorschlagen. Die Vernehmlassung wird im Wesentlichen dazu genutzt, eine Vorlage so auszugestalten, dass sie in einer allfälligen Volksabstimmung gute Erfolgschancen hat. Auch zu Verordnungen, die der Bundesrat erlässt, können sich interessierte Kreise in Vernehmlassungen äußern.

Für detaillierte Informationen über das politische System vgl. ch.ch; das Parlamentswörterbuch, www.parlament.ch/de/über-das-parlament/parlamentswörterbuch.

Zitierte Rechtstexte

Schweizerische Rechtstexte, inklusive die Kantonsverfassungen und die von der Schweiz ratifizierten internationalen Verträge: www.fedlex.admin.ch

Bundesverfassung

Bundesverfassung von 1999 in allen Landessprachen: Fedlex-Suche, Suchbegriff (SR-Nr.) *101*

Bundesverfassung von 1874 (außer Kraft): www.fedlex.admin.ch/eli/cc/1/1_1_1/de

Bundesgesetze, Verordnungen und Botschaften

Bundesgesetze und Verordnungen: Fedlex-Suche. Bundesrätliche Botschaften, Bundesblatt (BBl): Fedlex-Suche, Suchbegriff in Anm.

Kantonale Verfassungen

Kantonale Verfassungen: Fedlex-Suche, Suchbegriff (SR-Nr.) *131*

Entwurf für eine totalrevidierte Kantonserfassung der Verfassungskommission des Kantons Appenzell Ausserrhoden, 16. Dezember 2021: ar.ch/regierungsrat/totalrevision-kantonsverfassung

Gescheiterter Entwurf für eine totalrevidierte Kantonsverfassung des Verfassungsrats des Kantons Wallis, 25. April 2023: www.vs.ch/de/web/constituante

Internationale Rechtstexte

Internationale Rechtstexte, die Bestandteil des schweizerischen Rechtssystems sind, Systematische Rechtssammlung (SR): Fedlex-Suche

Zusatzprotokoll zur Europäischen Menschenrechtskonvention, von der Schweiz nicht ratifiziert, 20. März 1952: rm.coe.int/168006377b

Dokumente der Vereinten Nationen, in den UN-Sprachen: documents.un.org; ältere Dokumente nicht immer zuverlässig aufzufinden, deshalb hier einzeln:

1972 Déclaration de la Conférence des Nations unies sur l'environnement (Déclaration de Stockholm): un-documents.net/unchedec.htm

1992   Rio-Erklärung über Umwelt und Entwicklung: documents.un.org, Suchbegriff A/CONF.151/26, Annex I

1992   Rahmenübereinkommen der Vereinten Nationen über Klimaänderungen (UNFCCC): SR 0.814.01.

1992   Übereinkommen über die Biologische Vielfalt: SR 0.451.43

2015   Übereinkommen von Paris (Klimaübereinkommen): SR 0.814.012

2018   Déclaration des Nations Unies sur les droits des paysans et des autres personnes travaillant dans les zones rurales. Résolution adoptée par l'Assemblée générale le 17 décembre: documents.un.org, Suchbegriff A/RES/73/165

2020   Harmonie avec la nature. Résolution adoptée par l'Assemblée générale le 21 décembre: documents.un.org, Suchbegriff A/RES/75/220

2021   Droit à un environnement propre, sain et durable. Résolution adoptée par le Conseil des droits de l'homme le 8 octobre: documents.un.org, Suchbegriff A/HRC/RES/48/13

2022   Droit à un environnement propre, sain et durable. Résolution adoptée par l'Assemblée générale le 28 juillet: documents.un.org, Suchbegriff A/RES/76/300

Parlamentarische Vorstöße

Parlamentarische Vorstöße: www.parlament.ch, Geschäftsnummer; zweistellige Ziffer vor dem Punkt steht für Eröffnungsjahr

Gerichtsentscheide

Entscheide des Bundesgerichts: www.bger.ch

Entscheide des Bundesverwaltungsgerichts: bvger.weblaw.ch

Entscheid des Europäischen Gerichtshofs für Menschenrechte Verein Klimaseniorinnen gegen die Schweiz: hudoc.echr.coe.int, Fallnummer 53600/20

Entscheid des deutschen Bundesverfassungsgerichts zur Verfassungsbeschwerde gegen das Klimaschutzgesetz, 24. März 2021: www.bverfg.de/e/rs20210324_1bvr265618

Verfassungen anderer Staaten

Bolivien Constitución Política del Estado de 2009, 7 de febrero de 2009: www.lexivox.org/norms/BO-CPE-20090207.html

Brasilien Constitução da República federativa do Brasil, 5 de outubro de 1988: www.verfassungen.net/br/verf88.htm

Deutschland Grundgesetz für die Bundesrepublik Deutschland: www.gesetze-im-internet.de/gg/

Ecuador Constitución de Ecuador de 2008: es.wikisource.org/wiki/Constitución_de_Ecuador_de_2008

Irland Bunreacht na hÉireann – Constitution of Ireland: www.irishstatutebook.ie/eli/cons/en/html

Island A Proposal for a new Constitution for the Republic of Iceland, drafted by Stjórnlagaráð, a Constitutional Council; english translation (nicht in Kraft): www.stjornlagarad.is/other_files/stjornlagarad/Frumvarp-enska.pdf

Kolumbien Constitución política de Colombia de 1991: www.alcaldiabogota.gov.co/sisjur/normas/Norma1.jsp?i=4125

Ungarn Magyarország Alaptörvénye (Grundgesetz Ungarns), 25. April 2011: www.verfassungen.eu/hu/index.htm

Anmerkungen

Einleitung

1 Geschäftsnummer 24.053, Ständerat, und 24.054, Nationalrat.
2 www.bundes-verfassung.ch; Trägerin ist die Stiftung für direkte Demokratie.
3 »Angesichts des steigenden Drucks auf die natürlichen Ressourcen und der Auswirkungen des steigenden Konsums auf Umwelt und soziale Bedingungen reicht klassischer Umweltschutz nicht aus, um das Wohlergehen heutiger und künftiger Generationen zu sichern.« ARE/Deza 2018, S. 40.
4 IPCC 2022a, S. 175.
5 Volksinitiative »Für ein gesundes Klima«, (Gletscher-Initiative)«, BBl 2021 1972.
6 Bundesgesetz über die Ziele im Klimaschutz, die Innovation und die Stärkung der Energiesicherheit (KlG), 30. September 2022.
7 Ich habe meinen Weg von der Pariser Klimakonferenz zur Gletscher-Initiative und zum Klimaschutzgesetz (KlG) für *Heidi* beschrieben; Hänggi 2022. Vgl. ders. 2018, S. 193.
8 2023 trat die Schweiz wieder aus der »Koalition der Hochambitionierten« aus; Häne 2023.
9 SR 0.814.012. (»SR« steht für »Systematische Rechtssammlung«. Die schweizerischen Rechtstexte finden sich mit der SR-Nummer auf der Website fedlex.admin.ch.)
10 Vgl. ausführlicher Hänggi 2023a.
11 Vgl. Illich 1974; Hänggi 2011.
12 Vgl. Mann, Wainwright 2018; Schaible 2023.
13 Richter, Ulrich 2024, insbes. S. 298–305.
14 Sinaï et al. 2015, S. 22.
15 Die Wissenschaft spricht von »Grenzen der Anpassung« (limits to adaptation), jenseits derer Anpassung nicht mehr möglich ist: »Langsame und unzureichende Maßnahmen zur Abschwächung und Anpassung führen zunehmend zu weichen und harten Grenzen der Anpassung, von denen einige bereits erreicht sein könnten.« UNEP 2023, S. XVII.
16 »Widerstandsfähig« ist der Begriff, den die amtliche deutsche Fassung des Übereinkommens von Paris (Klimaübereinkommen) verwendet; in den Uno-Sprachen Französisch und Englisch lautet der entsprechende Begriff »résilient« respektive »resilient«.
17 In Frankreich ist das Staatsziel der »nachhaltigen Entwicklung« nicht in der Verfassung von 1958 selbst festgeschrieben, sondern in der Präambel und in Art. 6 der Umweltcharta (Charte de l'environnement) von 2004, die im französischen Rechtssystem Verfassungsrang genießt.
18 Kahl 2018, S. 8.
19 Rausch 2022.

20 Brunner 2022, S. 446 f.
21 Im »Erläuternden Bericht« zur Gletscher-Initiative habe ich geschrieben, dass diese nur nötig sei, um bestehende, aber unerfüllte Bestimmungen aus Art. 2, 73, 74, 89 BV zu konkretisieren (Hänggi, Verein Klimaschutz Schweiz 2019, S. 14).

1 Die Bundesverfassung vom 18. April 1999

1 Lang (2024).
2 Expertenkommission 1977a und b.
3 Häner 2003, S. 217.
4 Meadows et al. 1972.
5 Vgl. zu Binswanger 2006, 2009a und zur Totalrevision der Bundesverfassung Binswanger 1978.
6 Kölz, Müller 1995 (1984).
7 Häner 2003.
8 Einen Überblick über den Prozess der Verfassungsrevision mit den relevanten Dokumenten bietet das Bundesamt für Justiz; bj.admin.ch, Suchstichwort »Reform der Bundesverfassung«.

2 Nachhaltigkeit

1 Favre 2020, S. 2135.
2 Griffel 2023, S. 24.
3 World Commission on Environment and Development 1987, Kap. 2, Abs. IV, Erw. 1.
4 Auf Deutsch ist Artikel 73 mit »Nachhaltigkeit«, auf Französisch mit »Développement durable«, auf Italienisch mit »Sviluppo sostenibile« und auf Rätoromanisch mit »Persistenza« überschrieben.
5 »Areas of concern«. World Commission of Environment and Development 1987, Einleitung »From One Earth to One World«, Erw. 11.
6 Ebd., Kap. 2, Erw. 6.
7 Beispielsweise Griffel 2023, S. 20.
8 Daly 1990, S. 36.
9 Griffel 2023, S. 22.
10 Errass 2023, S. 2283, Rz. 28: »Abgesehen davon ist es auch sachlich nicht gerechtfertigt, die drei Dimensionen des internationalen Verständnisses von Nachhaltigkeit gleich zu behandeln: Art. 73 bringt mit seiner Formulierung zum Ausdruck, dass ohne dauerhafte Erhaltung der natürlichen Lebensgrundlagen die Schweiz künftig nicht bestehen kann.« Vgl. Marquardt 2003, Flückiger 2006.
11 Flückiger 2006, Brunner 2022.
12 ARE 2012, S. 2 f.
13 Vgl. Biermann 2021.

3 Vorsorge- und Verursacherprinzip

1 Griffel 2023, S. 27.
2 Ebd., S. 25.

3 BBl 1970 I 776. Der Bundesrat wiederholte die Aussage in seiner Botschaft zum Umweltschutzgesetz (BBl 1979 III 775).
4 BGE 124 II 219, Erw. 8a. Vgl. Bähr/Brunner 2016, S. 222 f.
5 Griffel 2023, S. 30.
6 Ott 2005.
7 Artikel 9 des Kernenergiehaftpflichtgesetzes (KHG) schreibt AKW-Betreibern vor, mit einem Versicherer für »mindestens eine Milliarde Franken zuzüglich zehn Prozent dieses Betrages für Zinsen und gerichtlich zuerkannte Kosten je Kernanlage [...] einen Deckungsvertrag abzuschliessen«.
8 Griffel 2023, S. 33–44.
9 Landis 2024, S. 22–25.
10 Die Volksinitiative »Für verantwortungsvolle Unternehmen – zum Schutz von Mensch und Umwelt« (BBl 2017 6335) wurde am 29. November 2020 von 50,7 Prozent der Stimmenden angenommen, aber von 14,5 gegen 8,5 Kantonen abgelehnt.
11 Richtlinie des Europäischen Parlaments und des Rates über die Sorgfaltspflichten von Unternehmen im Hinblick auf Nachhaltigkeit.
12 Besson 2021, S. 67 f.
13 SR 0.814.01.
14 Die Konzernverantwortungsinitiative schlug einen Artikel 101a vor.

4 Schutzobjekte und Schutzmotive

1 Alain Griffel spricht von einer »Rechtszersplitterung«, das schweizerische Umweltrecht beruhe »nicht auf einer Gesamtkonzeption, weder auf Verfassungs- noch auf Gesetzesstufe« (Griffel 2023, S. 3).
2 Die italienische und die rätoromanische Fassung entsprechen hier der deutschen.
3 BBl 1961 I 1097.
4 BBl 1985 II 1462.
5 Saladin/Schweizer 1996, S. 65, Rz. 119.
6 EKAH 2000.

5 Grundrechte und Grundpflichten

1 Resolution A/RES/76/300. Die Generalversammlung folgte damit einem Beschluss des UN-Menschenrechtsrats vom Vorjahr (A/HRC/RES/48/13). Für eine detaillierte Geschichte des Rechts auf eine gesunde Umwelt vgl. Magistro 2017, für einen knappen Überblick OHCR, UNEP, UNDP 2022.
2 UN News 2022.
3 Rapporteur spécial 2018, Annex. Der Zugang zu umweltrelevanten Informationen und die Mitsprache bei umweltrelevanten Entscheiden gewährt die von der Schweiz ratifizierte Aarhus-Konvention von 1998, SR 0.814.07.
4 PACE 2021.
5 Heri 2024.
6 Vgl. Egli, Bächler, Belser 2022; ausführlich: Magistro 2017.
7 BVerfG-Urteil 1 BvR 2656/18.

8   Das BVerfG spricht in seinem Urteil von der »intertemporalen Freiheitssicherung«, die das Grundgesetz gewähre (Rz. 122 und 183). Zum Begriff der »intertemporalen Freiheitssicherung« vgl. Calliess 2021.
9   Requête no 53600/20, Affaire Verein Klimaseniorinnen et autres c. Suisse.
10 Geschäftsnummern 24.053, Ständerat, und 24.054, Nationalrat. Bregy sagte im Nationalrat im Namen der Rechtskommission, der EGMR habe »ein neues Menschenrecht geschaffen, das in Artikel 8 unter ›Recht auf Achtung des Privat- und Familienlebens‹ subsumiert wird. Ein Menschenrecht auf gesunde Umwelt gab es bis anhin nicht.«
11 Erw. 445 bis 448 des Urteils.
12 Diese Meinung vertritt für Deutschland ausdrücklich Calliess (2024). Der Vorschlag, ein allgemeines Umwelt- beziehungsweise Klimagrundrecht im Grundgesetz zu verankern, vermittle »keinen Mehrwert«. Trotz etwas anderer Rechtslage lässt sich seine Argumentation cum grano salis auf die Schweiz übertragen.
13 Magistro 2017, S. 278 f.
14 Lanciert wurde die Diskussion von Stone 1972.
15 Ich danke Corina Heri für ihren Hinweis auf diesen Umstand.
16 Art. 22 (Schutz der Umwelt) Abs. 1 der Glarner Kantonsverfassung: »Jedermann ist verpflichtet, die Umwelt zu schonen.« – Art. 26 (Persönliche Pflichten) Abs. 1 der Ausserrhoder Kantonsverfassung: »Jede Person trägt Verantwortung für sich selbst sowie Mitverantwortung für die Gemeinschaft und die Erhaltung unserer Lebensgrundlagen für künftige Generationen.«

6   Eigentum und Wirtschaftsfreiheit

1   Kersten 2023, S. 265.
2   Ich danke Stefan Schlegel, der zum Eigentumsrecht habilitiert, für seine Informationen und Einschätzungen im persönlichen Gespräch.
3   Art. 641 Abs. 1 ZGB.
4   Art. 641a Abs. 1 Zivilgesetzbuch (ZGB): »Tiere sind keine Sachen.« – Dieser Artikel wurde 2003 ins ZGB eingefügt.
5   Art. 76 Abs. 4 BV: »Über die Wasservorkommen verfügen die Kantone. Sie können für die Wassernutzung in den Schranken der Bundesgesetzgebung Abgaben erheben.«
6   Art. 10 der irischen Verfassung: »Alle natürlichen Ressourcen, einschließlich der Luft und aller Formen potenzieller Energie […] sowie alle Lizenzgebühren und Konzessionen innerhalb dieser Gerichtsbarkeit gehören dem Staat.«
7   Art. 699 Abs. 1 Zivilgesetzbuch (ZGB): »Das Betreten von Wald und Weide und die Aneignung wildwachsender Beeren, Pilze u. dgl. sind in ortsüblichem Umfange jedermann gestattet, soweit nicht im Interesse der Kulturen seitens der zuständigen Behörde einzelne bestimmt umgrenzte Verbote erlassen werden.«
8   Binswanger 2009b, S. 189. Binswanger fordert, »patrimoniale Bestandteile in das Eigentumsrecht einzubauen«. »Eigentumsrechte dürfen im Wesentlichen nur als Relationen zwischen den Ansprüchen der verschiedenen Eigentümer aufgefasst werden […], nicht aber als ein für alle Mal definierter Zugriff auf die Natur bzw. die Umwelt.«

9 Ähnlich beispielsweise die Verfassung der Föderativen Republik Brasilien von 1988, Art. 5 Abs. XXIII: »Das Eigentum soll seine soziale Funktion erfüllen.«
10 Artikel 22ter der Bundesverfassung von 1874.
11 Expertenkommission 1977, Art. 30.
12 Wilkinson, Pickett 2024.
13 Urteil 1C_391/2022, 3. Mai 2023, Erw. 5.8. Die Volksinitiative »Hochdorf heizt erneuerbar« wurde schließlich abgelehnt, ein Gegenvorschlag angenommen.
14 Expertenkommission 1977, Art. 31.
15 Kölz, Müller 1995 (1984), Art. 44 (Wirtschaft).
16 »In dieser Hinsicht kann die Anwendung des Nachhaltigkeitsprinzips (vgl. Art. 73 BV) – grundlegende rechtliche Säule einer vernünftigen Wirtschaftskultur – als immanente Begrenzung der Wirtschaftsfreiheit gesehen werden. In seiner integrativen Perspektive stellt das Nachhaltigkeitsprinzip keine spezifische Norm für den Umweltbereich dar, sondern die begrenzende Grundlage für die menschliche Wirtschaftstätigkeit. Seine Anwendung stellt daher keine Abweichung vom Grundsatz der Wirtschaftsfreiheit im Sinne von Art. 94 Abs. 4 BV dar.« Brunner 2022, S. 310.
17 Parlamentarische Initiative 20.433; Schlusstext: BBl 2024 682.
18 Vgl. etwa Kanton Neuenburg: »Développer l'économie de proximité«: www.ne.ch/autorites/DESC/NECO/Pages/Developper-economie-presentielle.aspx, Kanton Genf (2023): »Développement de l'économie de proximité: appel à projets«: www.ge.ch/actualite/developpement-economie-proximite-appel-projets-18-04-2023.
19 Expertenkommission 1977, Art. 33, S. 8.
20 2C_36/2023, 2C_38/2023, Arrêt du 5 juin 2024: Ein Verbot kommerzieller Werbung sei »verhältnismäßig angesichts der angestrebten Ziele«, nämlich »die Qualität der kommunalen Landschaft und des Lebensumfelds zu schützen, die Mobilität von Personen im öffentlichen Raum zu erleichtern, die visuelle Verschmutzung zu bekämpfen sowie der Bevölkerung zu ermöglichen, sich unerwünschter Werbung zu entziehen und so deren Folgen zu vermeiden, nämlich Überkonsum, geplante Obsoleszenz und Überschuldung«; Erw. 7.6, 9.2.
21 Richtlinie (EU) 2024/1799 des Europäischen Parlaments und des Rates vom 13. Juni 2024 über gemeinsame Vorschriften zur Förderung der Reparatur von Waren.
22 Art. 35i Abs. 1 Bst. a USG.
23 Artikel 104a fordert die Marktausrichtung für die »Land- und Ernährungswirtschaft«, Artikel 104 nur für die Landwirtschaft.
24 In der restlichen Bundesverfassung finden sich lediglich zwei Komposita mit dem Wort »Markt«, nämlich »marktmächtig« (Art. 96 BV) und »Marktstaat« (Art. 129a). Die Marktausrichtung stand in keinem der beiden Initiativtexte, die am Ursprung der Verfassungsartikel 104 und 104a stehen, sondern wurde jeweils vom Parlament in den Gegenentwurf hineingeschrieben.
25 WAK-S 2016.
26 Resolution A/RES/73/165. Für eine umfassendere Definition vgl. La Via Campesina 2023.
27 Volksinitiative »Für Ernährungssouveränität. Die Landwirtschaft betrifft uns alle«, BBl 2017 1611.

28 Parlamentarische Initiative 08.457 »Ernährungssouveränität« von Jacques Bourgeois, FDP.
29 Standesinitiative 09.324 des Kantons Bern, »Bewahrung der Ernährungssouveränität«. Es existiert auch eine Parlamentarische Gruppe Ernährungssouveränität mit Mitgliedern aus den Fraktionen der Sozialdemokratischen Partei, der Grünen und der SVP.
30 Marquardt 2003, S. 207.

7 Suffizienz und eingebaute Wachstumsspirale

1 BFE 2020.
2 Bundesrat 2021.
3 Auch in der Strategie des »Programms EnergieSchweiz« des Bundesamts für Energie, das das Energiesparen fördern soll, ist Suffizienz kein Thema. BFE 2019.
4 Im Verfassungsentwurf von Kölz, Müller (1995) ist die »Gewährleistung der Energieversorgung für Grundbedürfnisse« der erste Zweck der Energiepolitik des Bundes.
5 BBl 1996 IV 1081.
6 ElCom 2021.
7 Art. 1 der Verordnung über die Bereitstellung eines temporären Reservekraftwerks in Birr, 23. September 2022, SR 531.64.
8 A-1706/2023 Urteil, 19. Februar 2024, Erw. 9.3, S. 40.
9 So schrieb die SVP (2023, S. 30) in ihrer Stellungnahme gegen das Klimaschutzgesetz: » [Das] Stromfresser-Gesetz bedeutet eine Abkehr von der verfassungsmässigen Energiepolitik. Ihr Auftrag lautet, die Versorgung ›breit gefächert‹, ›sicher‹ sowie ›umweltfreundlich‹ und ›wirtschaftlich‹, also kostengünstig, sicherzustellen.«
10 Das Attribut »haushälterisch« fand mit der Totalrevision 1999 Eingang in den Raumplanungsartikel der Bundesverfassung. Im ansonsten sehr ähnlich lautenden Raumplanungsartikel 22^{quater} der alten Bundesverfassung von 1874, der 1969 eingefügt worden war, fehlte dieser Begriff.
11 Persönliches Gespräch mit Alain Griffel, 18. Juni 2024.
12 BBl 1932 I 610.
13 Die Prozentangaben beziehen sich auf das Bruttoeinkommen. Nicht enthalten sind die externen Kosten des Verkehrs, ebensowenig der Anteil der allgemeinen Steuern, der in den Unterhalt von Verkehrsinfrastrukturen fliesst. Die Zahl von 1912 ist mit der von 2021 nur bedingt vergleichbar, da die Erhebungsmethoden sich geändert haben. Der Anstieg dürfte tatsächlich sogar deutlicher gewesen sein. Von 1912 bis 1989 nahmen die Ausgaben, mit derselben Methode erhoben, von 1,87 auf 10,54 Prozent des Haushaltsbudgets zu. Bundesamt für Statistik.
14 Vgl. Hänggi 2011, Kap. »Raum und Zeit«.
15 Vgl. »Langsamverkehr«, Bundesamt für Strassen, www.astra.admin.ch/astra/de/home/themen/langsamverkehr.html.
16 Artikel 37 Absatz 2 der Bundesverfassung von 1874 war ausführlicher als Artikel 82 Abschnitt 3 der geltenden Verfassung: »Für den Verkehr auf Strassen, die im Rahmen ihrer Zweckbestimmung der Öffentlichkeit zugänglich sind, dürfen keine Gebühren erhoben werden.«

17 Vgl. Bundesamt für Strassen, »Mobility Pricing«, www.astra.admin.ch/astra/de/home/themen/mobility-pricing.html.
18 Vgl. VCS 2021, WWF, »Energieeffizienz«, www.wwf.ch/de/unsere-ziele/energieeffizienz.

8   Finanzordnung

1   EFV 2017. Das Projekt begann unter dem Namen »ökologische Steuerreform« und wurde später in »Lenkungssystem im Klima- und Energiebereich« umbenannt. Es sollte Bestandteil der Energiestrategie 2050 sein, die der Bundesrat nach dem Super-Gau im Atomkraftwerk Fukushima im März 2011 aufgegleist hatte. 2017 lehnten Stände- und Nationalrat es ab, auf die Vorlage einzutreten.
2   Die Chefin des Finanzdepartements, Bundesrätin Karin Keller-Suter, sagte am 25. September 2023 in einem Gespräch mit der *Neuen Zürcher Zeitung*: »Wenn man ein Ausgabenproblem hat, sollte man bei den Ausgaben ansetzen und nicht bei den Einnahmen« (Fischer, Schmutz 2023) – als wäre ein Defizit nicht immer die Folge einer Inkongruenz von Ausgaben und Einnahmen.
3   Gubler, Ismail, Seidl 2020.
4   Wilkinson, Pickett 2024.
5   Artikel 35a bis 35c Umweltschutzgesetz (USG, SR 814.01).
6   Motion 24.3388 der UREK-S.
7   Erstes CO_2-Gesetz, 1999, Artikel 3 Abschnitt 2 (BBl 1999 8713).
8   Jonas Kampuš zieht in seiner unveröffentlichten Bachelorarbeit (2024, S. 39) über progressive Energiepreise die vorsichtige Schlussfolgerung: »Progressive Strompreise können eine Lösung für die Energiekrise sein, indem sie den Gesamtverbrauch senken und die negativen Auswirkungen von Preiserhöhungen für Haushalte mit niedrigem Einkommen abfedern. Die erfolgreiche Umsetzung hängt jedoch in hohem Maße von der Gestaltung des Preisschemas, der Wahrnehmung der Preise und der Struktur der Elastizitätsfunktion ab.«
9   Wälchli et al., SES 2023, S. 11.
10 Beispielsweise Griffel 2023, S. 21; für Deutschland Kahl 2018, S. 9 f.
11 Die Bundesverfassung verwendet den Begriff »Schuldenbremse« nicht beziehungsweise nur im Sachverzeichnis.
12 Der St. Galler Volkswirtschaftsprofessor Reto Föllmi verteidigt die Schuldenbremse am 7. Oktober 2023 in einem Interview mit der *Neuen Zürcher Zeitung* mit dem Argument, dass eine weniger strikte Handhabung »gefährlich« sei, weil »die vorbildliche Budgetdisziplin der Schweiz darunter leiden« könne, gesteht aber ein, dass man sie »aus ökonomischer Sicht« auch weniger strikt handhaben könne. Steck 2023.
13 Parlamentarische Initiative »CO_2-Bremse« 19.404; Postulat Ryser, »Klimabremse. Ein Pendant zur Schuldenbremse für die Klimapolitik«, 20.4239.
14 Schweizerische Nationalbank, »Fragen und Antworten zur Verwaltung der Anlagen«, www.snb.ch/de/the-snb/mandates-goals/investment-assets/assets-qas#t023.
15 Zuletzt lehnte der Nationalrat am 17. April 2024 die Parlamentarische Initiative 23.409, »Schweizerische Nationalbank. Stabile Geldpolitik dank Berücksichtigung von Klimarisiken«, aus den Reihen der SP, Mitte, EVP, Grünen und Grünliberalen mit 111 zu 72 Stimmen ab.

9 Kantonale Verfassungen

1 Im Rahmen der Revision des Jahres 2024 hat die Regierung diese Verfassung lediglich auf einen neuen Stand gebracht, ohne inhaltlich viel zu ändern. Eine inhaltliche Revision soll später erfolgen.
2 Vgl. Hänggi 2024.
3 Vgl. Lenz 2021.
4 Persönliches Gespräch mit Pascal Mahon am 16. Februar 2024.
5 Laut dem Kommentar zur Graubündner Kantonsverfassung bedeutet »nachhaltig« hier »einerseits [...] die langfristige Sicherung der Arbeitsplätze, andererseits den verantwortungsvollen Umgang mit den natürlichen Ressourcen durch die Wirtschaft«; Michel 2006, S. 6.
6 Motion 12.3712 von Thomas Minder, »Einführung der eidgenössischen Volksmotion«.

10 Pacha Mama und Rechte der Natur

1 Dabei stütze ich mich hauptsächlich auf Gutmann 2021.
2 Sanchez Perez 2023. Gutmann betont, dass Pachamama auch im indigenen Denken »kein einheitliches Konzept« sei; 2021, S. 108.
3 Mahon 2023, S. 424.
4 Graeber, Wengrow 2021, Kap. 2.
5 Gutmann 2021, S. 264; für eine kurze Darstellung vgl. Gutmann 2022.
6 Ebd., S. 21.
7 Ebd., S. 44, 204 und 266.
8 IPBES 2019, Summary for Policymakers, Erw. D4 (S. 17); vgl. Erw. 31, S. 40, Erw. 40, S. 43.
9 Erw. D.2.1, S. 29; vgl. ebd., Erw. D.5.2, S. 33.
10 Gilbert 1992, S. 96.
11 Vgl. Haraway 2018. Dieses Denken in der Biologie reicht weiter zurück, etwa zu den Arbeiten der US-amerikanischen Biologin Lynn Margulis (1938–2011); erst nach der Jahrhundertwende begann es sich aber breiter durchzusetzen.
12 Z. B. Latour 1995. In den Politikwissenschaften fordert Biermann (2021, S. 64) einen »Paradigmenwechsel« und die Überwindung der »überholten Dichotomie von ›Menschen‹ und ›Natur‹«.
13 Gesetz 19/2022 vom 30. September 2022 über die Anerkennung der Rechtspersönlichkeit der Lagune Mar Menor und ihres Einzugsgebiets.
14 A/RES/75/220, Erw. s, S. 5.
15 Watts 2024.
16 Stone 1972. Vgl. Adloff und Busse 2022; Kramm 2023; Intergovernmental Science-Policy Platform on Biodiversity and Ecosystem Services, »Policy instrument – Rights of Nature (RoN)«, www.ipbes.net/policy-support/tools-instruments/rights-nature-ron; das Programm »Harmony with Nature« der Vereinten Nationen (www.harmonywithnatureun.org) sowie das Center for Democratic and Environmental Rights (www.centerforenvironmentalrights.org).
17 Leimbacher 1988.

18 Postulat 17.4312, »Die Gletscher mit Rechtspersönlichkeit ausstatten und Rechtswege einrichten. Eine gute Gelegenheit für unser Land?«, von Lisa Mazzone.

19 Die gleichlautenden Parlamentarischen Initiativen 21.436 bis 21.440, »Recht auf gesunde Umwelt und Rechte der Natur«, von Marionna Schlatter (Grüne), Beat Flach (GLP), Anna Giacometti (FDP), Nik Gugger (EVP) und Jon Pult (SP).

20 Zwar stellte das Bundesgericht fest, dass der Kanton nur sich selbst und den Gemeinden, nicht aber Privaten vorschreiben könne, ein Grundrecht für Tiere zu respektieren, weil eine solche Vorschrift für Private als zivilrechtliche Angelegenheit dem Bund vorbehalten sei. Somit wäre der Bund selber aber befugt, allgemein gültige Grundrechte für Tiere einzuführen. Urteil 1C_105/2019, 16. September 2020.

21 Auch nichtnatürliche Entitäten wie künstlich intelligente Systeme oder Kulturgüter wären als Rechtssubjekte vorstellbar (Rochel 2021). Sie sollen hier nicht Thema sein.

22 Eine Rechtspraxis muss sich noch bilden. Verschiedene Lösungen werden entwickelt. So werden die Persönlichkeitsrechte des neuseeländischen, für die dortigen Maori heiligen Flusses Whanganui von zwei Flusswächtern oder Flusswächterinnen vertreten; das sind ein Angehöriger oder eine Angehörige des Maori-Stamms und eine Vertreterin oder ein Vertreter des neuseeländischen Staats. Sie werden unterstützt von einem Rat, in dem andere Interessengruppen, vom Tourismus bis zu Umweltorganisationen, Einsitz haben. Hofmann 2019.

23 »Ökosystemintegrität bezieht sich auf die Fähigkeit von Ökosystemen, wichtige ökologische Prozesse aufrechtzuerhalten, sich von Störungen zu erholen und sich an neue Bedingungen anzupassen.« IPCC 2022a, Summary for Policymakers, S. 32, Fn. 50.

24 Leimbacher 1990, S. 451.

25 Surma 2024.

26 Rechtliche Grundlage des Verbandsbeschwerderechts sind Artikel 55 bis 55e des Umweltschutzgesetzes (USG) und Artikel 12 bis 12f des Natur- und Heimatschutzgesetzes (NHG).

27 Art. 17 des kantonalen Tierschutzgesetzes, 2. Juni 1991. Der Tieranwalt ist bei der zuständigen Direktion der kantonalen Verwaltung angesiedelt. Die Stiftung für das Tier im Recht sieht das Zürcher Modell kritisch: »Die durch diese Regelung entstandene Vermischung von Verwaltungs- und Strafrechtspflege ist nicht unbedenklich, weil die Veterinärdienste bei der strafrechtlichen Verfolgung von Tierschutzverstößen teilweise große Zurückhaltung an den Tag legen.« »Tieranwalt«, in: Lexikon Tierschutzrecht, www.tierimrecht.org/de/recht/lexikon-tierschutzrecht/Tieranwalt.

28 Persönliches Gespräch mit Andreas Gutmann, 14. Mai 2024.

29 Verheyen, Endres 2023.

30 Egli, Bächler, Belser 2022, S. 16.

31 Surma 2024. Greene sagt aber auch, dass die Durchsetzung des Rechts in Ecuador schwierig sei, zumal viele Bergbauprojekte illegal seien. Mit dem weitgehenden Zusammenbruch der Staatlichkeit in Ecuador nach der Covid-19-Pandemie und dem Regierungswechsel von linken Regierungen zum rechten Präsidenten Daniel Noboa Ende 2023 dürften diese Schwierigkeiten noch größer geworden sein.

32 Jüngstes Beispiel der Einschränkung des Verbandsbeschwerderechts ist die Parlamentarische Initiative 19.409, »Kein David gegen Goliath beim Verbandsbeschwerderecht«, des Mitte-Nationalrats Philipp Matthias Bregy, die der Nationalrat im April 2024 angenommen hat und die das Verbandsbeschwerderecht gegen Baubewilligungen von kleineren Projekten wie beispielsweise Einfamilienhäuser ausschließt. Mit ihrer Volksinitiative »Verbandsbeschwerderecht: Schluss mit der Verhinderungspolitik – Mehr Wachstum für die Schweiz!« (BBl 2007 4347) wollte die FDP das Verbandsbeschwerderecht einschränken. Die Volksinitiative war im November 2008 chancenlos; sie fand in keinem einzigen Kanton eine Mehrheit.

11   System, Systemstabilität und Kipppunkte

1 IPCC 2018, Summary for Polcy Makers, Erw. C.2.
2 Übereinkommen von Paris (SR 0.814.012), Art. 2 Abs. 1 Bst. B, c; Art. 7 Abs. 1; Art. 7 Abs. 9 Bst. e; Art. 8 Abs. 4 Bst. H; Art. 10 Abs. 1.

12   Verfassungszweck der Mitigation: Grenzen

1 Bundesrat 1961, BBl 1961 I 1097.
2 Vgl. Hänggi 2019; Levermann 2023.
3 Rockström et al. 2009.
4 Eidgenossenschaft 2013, S. 6.
5 »Würden alle Länder ihre Ressourcen so verbrauchen wie die Schweiz, wären die planetaren Belastbarkeitsgrenzen noch weiter überschritten.« Bundesrat 2022b, S. 13.
6 Der Bundesrat begründet die Ablehnung der Umweltverantwortungsinitiative in seiner Botschaft (BBl 2024 109) »insbesondere« durch die zu kurze Frist. Ob er eine Festschreibung der planetaren Grenzen bei einer längeren Frist befürworten würde, lässt er offen.
7 Illich 1974.
8 Vgl. Hänggi 2011.
9 »Langfristige Vision: [...] Der Primärenergiebedarf ist auf 2000 Watt pro Person stabilisiert.« Bundesrat 2016, S. 22.
10 Landis 2024, S. 7–11.
11 Khalfan et al., Oxfam 2023.
12 IPBES 2019, Fig. 9, S. 40. Auch das IPCC (2022b, SPM, Erw. C.10.4, S. 34) stellt fest: »Die Bekämpfung der Ungleichheit und vieler Formen des Statuskonsums und die Konzentration auf das Wohlergehen unterstützen die Bemühungen zur Eindämmung des Klimawandels (hohes Vertrauen).«
13 SRU 2024, S. 15-17.
14 Harvey 2024.
15 G20 2024, Erw. 13.
16 Volksinitiative »1:12 – Für gerechte Löhne«, BBl 2012 637.
17 Volksinitiative »Stopp der Überbevölkerung – zur Sicherung der natürlichen Lebensgrundlagen«, Ecopop, BBl 2013 8693. Vgl. Glättli, Niklaus 2014.
18 Volksinitiative »Keine 10-Millionen-Schweiz! Nachhaltigkeitsinitiative)«, SVP, BBl 2023 1588.
19 Offiziell »Verordnung zur Wiederherstellung der Natur«.

20 Artikel 38a des Gewässerschutzgesetzes (GSchG). Der Artikel geht auf einen indirekten Gegenvorschlag zur Volksinitiative »Lebendiges Wasser (Renaturierungsinitiative)«, lanciert vom Schweizerischen Fischerei-Verband, zurück (BBl 2007 5511.).
21 Bafu 2021, S. 4.
22 Pro Agricultura 2018.
23 Die Vision Dreiseenland 2050 wird von Bird Life, Pro Natura, dem Schweizerischen Fischerei-Verband, der Stiftung Landschaftsschutz Schweiz und dem WWF getragen. www.dreiseenland2050.ch/vision.

13 Verfassungszweck der Anpassung: Resilienz

1 https://bedrohte-ordnungen.de.
2 Frie, Meier 2023, S. 490–492.
3 Die Hitzewelle von 2003 tötete in der Schweiz 975 Menschen; Grize et al. 2005.
4 Vgl. Mann, Wainwright 2018, Schaible 2023.
5 IPCC 2022a, »Headline Statements«, B. 5: »Die Auswirkungen und Risiken des Klimawandels werden immer komplexer und sind schwieriger zu bewältigen. Mehrere Klimagefahren werden gleichzeitig auftreten und mehrere klimatische und nicht klimatische Risiken werden sich gegenseitig beeinflussen, was zu einer Erhöhung des Gesamtrisikos und zu Risikokaskaden in verschiedenen Sektoren und Regionen führt. Einige Reaktionen auf den Klimawandel führen zu neuen Auswirkungen und Risiken (hohes Vertrauen).«
6 IPCC 2022a, S. 2734, FAQ 18.2: »Klimaresiliente Entwicklung ist ein Prozess der Umsetzung von Treibhausgasminderungs- und Anpassungsoptionen zur Förderung einer nachhaltigen Entwicklung für alle, die die Gesundheit und das Wohlergehen der Menschen und des Planeten sowie Gleichheit und Gerechtigkeit unterstützt.«
7 Kemp et al. 2022.
8 Van Westen, Kliphuis, Dijkstra 2024.
9 Schneider, Kaul, Pressel, 2019.
10 Der Bundesrat hat 2012 seine erste Strategie »Anpassung an den Klimawandel in der Schweiz« präsentiert (Bundesrat 2012). Es existiert ein Aktionsplan 2020–2025 des Bundesamts für Umwelt (Bafu 2020) und ein Pilotprogramm des National Center for Climate Services (NCCS 2024). Das Bundesamt für Bevölkerungsschutz hat 2021 Resultate seines Projekts »Auswirkungen des Klimawandels auf den Bevölkerungsschutz in der Schweiz« präsentiert (BABS, EBP Schweiz 2021).
11 Beispielsweise ist die Anpassung an Klimaschäden im Bericht »Nationalstrassen und Umwelt 2023« des Bundesamts für Strassen kein Thema, obwohl gerade die Verkehrsinfrastrukturen durch stärkere und häufigere Extremregen, Murgänge und Bergstürze besonders gefährdet sind. Astra 2023.
12 Die »Grenzen der Anpassung« (limits to adaptation), jenseits derer Anpassung nicht mehr möglich ist, sind ein wichtiges Thema im jüngsten Anpassungsbericht des UN-Umweltprogramms (UNEP 2023).
13 Vgl. zur Notwendigkeit von Redundanz Grabher 1994.
14 Der Entwurf für eine neue Walliser Kantonsverfassung sah die Förderung kurzer Wertschöpfungsketten vor; Art. 159 Abs. 1.

15 Kölz, Müller 1995 (1984) schlagen vor, »genossenschaftliche Formen wirtschaftlicher Betätigung« zu fördern; Art. 44 Abs. 1 Bst. o.
16 Wie gesellschaftliche Systeme vom Wirtschaftswachstum unabhängig gemacht werden könnten, zeigen Seidl, Zahrnt 2010.
17 Klimastreik 2021.
18 Kölz, Müller (1995 [1984]), Art. 44 »Wirtschaft« Abs. 1 Bst. l.
19 IPCC 2022a, S. 2668.
20 Telefonat mit Ewald Frie, 27. Mai 2024.
21 IPCC 2022a, S. 29, D. 2.
22 Ebd., S. 27, C.4.
23 Ebd., S. 2573.
24 Ebd., S. 2576.
25 Ebd., S. 2705.
26 Ebd., u. a. S. 160, 974, 986, 1231, 1749 f., 2698 f.
27 Art. 3 (Grundsätze) Abs. 1 UNFCCC: »Die Vertragsparteien sollen auf der Grundlage der Gerechtigkeit und entsprechend ihren gemeinsamen, aber unterschiedlichen Verantwortlichkeiten und ihren jeweiligen Fähigkeiten das Klimasystem zum Wohl heutiger und künftiger Generationen schützen.«
28 Bundesrat 2024b, S. 9–37.
29 SR 352.3, 952.3.
30 Geschäft 23.007.
31 Parlamentarische Initiative 24.427.
32 Urteil A-1706/2023 vom 19. Februar 2024.
33 Richter, Ulrich, S. 28.
34 Beispielsweise Mann, Wainwright 2018.
35 Schaible 2023, S. 106.

14 Verfahren der Information

1 Dyttrich 2024.
2 Ritter sagte im Zusammenhang mit der Parlamentsdebatte über Biodiversitätsförderflächen im Juni 2024: »Eine Biodiversitätskrise kann ich nicht erkennen.« Dass landwirtschaftliche Betriebe auf mindestens 3,5 Prozent ihrer Fläche die Biodiversität fördern müssen, lehnten beide Räte ab. Häne 2024b.
3 Beispielsweise wusste Nationalrat Michael Graber (SVP/VS), Mitglied der Umweltkommission UREK-N und Kampagnenleiter der SVP gegen das Klimaschutzgesetz im Jahr 2023, nicht genau, was der Intergovernmental Panel on Climate Change (IPCC) ist, als ich ihn darauf ansprach. Hänggi 2023b.
4 Bundesgesetz gegen den unlauteren Wettbewerb (UWG), Art. 3 »Unlautere Werbe- und Verkaufsmethoden und anderes widerrechtliches Verhalten«.
5 Die Parlamentarische Initiative Glättli, »Für Abstimmungskämpfe mit lauteren Argumenten« (23.444), scheiterte im Nationalrat. Es handelte sich um die Wiederaufnahme einer ebenfalls gescheiterten Parlamentarischen Initiative von 1999 der CVP-Nationalrätin Judith Stamm (99.427).
6 Buser 2015.
7 Vgl. Schneider 2020.

8   https://sciencetaskforce.ch.
9   Vgl. für Kriterien für einen guten Umgang mit Technik Hänggi 2015, S. 234–237.
10 Malhotra und Schmidt 2020.
11 Das »Collingridge-Dilemma«; Collingridge 1982.
12 Gestützt auf das Bundesgesetz über die Förderung der Forschung und der Innovation (FIFG), 14. Dezember 2012, Art. 11.
13 Erklärung der Pflichten und Rechte der Journalistinnen und Journalisten, www.presserat.ch.
14 Bakom 2021, S. 2.
15 Rechtsgrundlage der Antirassismusstrafnorm ist das Internationale Übereinkommen zur Beseitigung jeder Form von Rassendiskriminierung von 1965 (SR 0.104), das die Bundesversammlung 1993 genehmigt hat.
16 Verordnung (EU) 2022/2065 des Europäischen Parlaments und des Rates vom 19. Oktober 2022 über einen Binnenmarkt für digitale Dienste und zur Änderung der Richtlinie 2000/31/EG (Gesetz über digitale Dienste). Amtsblatt der Europäischen Union L 277, 27. Oktober 2022, S. 1–102.
17 Telefonat mit Erik Schönenberger, 12. Juni 2024.
18 Digitale Gesellschaft 2023.
19 Bundesgesetz über ein Massnahmenpaket zugunsten der Medien, an der Urne am 13. Februar 2022 abgelehnt; BBl 2021 1495.
20 »Halbierungsinitiative«, offiziell »200 Franken sind genug! (SRG-Initiative)«, BBl 2022 1263.
21 Hänggi 2013.

15   Verfahren der Entscheidungsfindung

1   IPCC 2018, Summary for Policy Makers, Erw. C.2.
2   Bauer, Imboden, Kuster (2024), 34:50.
3   SR 0.814.012.
4   BBl 2021 1972.
5   KlG; SR 814.310.
6   Vgl. ausführlicher zu meinen Erfahrungen mit Gletscher-Initiative und Klimaschutzgesetz Hänggi 2023a.
7   Beispielsweise sagte die Sprecherin der SRF-Tagesschau vier Tage nach der Abstimmung so selbstsicher wie falsch: »Die Annahme des Klimaschutzgesetzes führt es glasklar vor Augen: Die Schweiz braucht mehr Energie.«
8   Convention citoyenne 2021.
9   Hardegger 2021.
10 Zum Begriff der »*frames*« vgl. die sehr gute Einführung, Wehling 2016.
11 Der Verfassungsrechtler Peter Saladin bot an der Universität Basel 1984 ein Seminar über die Rechte künftiger Generationen an; Saladin, Zenger 1988. Der Neuenburger Verfassungsrechtler Pascal Mahon sagte in seiner Abschiedsvorlesung 2023: »Man müsste ernsthaft darüber nachdenken, den künftigen Generationen in unserer direkten Demokratie ein stärkeres Gewicht zu geben.« Mahon 2023, S. 421, 423.
12 Karnein 2016, S. 87. Karnein befasst sich in ihrem Aufsatz mit der Frage, wie die Vertretung künftiger Generationen Legitimation erlangen kann.
13 Für das Folgende: Anderson 2018.

14 »Ungarn erkennt das Recht eines jeden auf eine gesunde Umwelt an und setzt dieses Recht durch.« Ungarisches Grundgesetz, Artikel XXI.
15 The Well-Being of Future Generations (Wales), Act 2015.
16 www.futuregenerations.wales/about-us/future-generations-commissioner.
17 Anderson 2021, S. 24.
18 Ebd., S. 6 f.
19 Artikel. 153 der Bundesverfassung sieht vor, dass das Parlament Kommissionen schafft. Welche Kommissionen das sind, regelt das Bundesgesetz über die Bundesversammlung; ParlG; SR 171.10.
20 OECD 2020.
21 Landemore 2020, passim.
22 Vgl. Graf, Stern 2018.
23 Landemore 2020, S. xvi, 153. Ich stütze mich bezüglich Island hauptsächlich auf Landemore.
24 www.stjornlagarad.is/other_files/stjornlagarad/Frumvarp-enska.pdf.
25 Artikel 34 des Verfassungsentwurfs: »Die natürlichen Ressourcen Islands, die nicht Privateigentum sind, sind das gemeinsame und dauerhafte Eigentum der Nation. Niemand kann die natürlichen Ressourcen oder damit verbundene Rechte als Eigentum oder zur dauerhaften Nutzung erwerben, und sie dürfen weder verkauft noch verpfändet werden.«
26 Landemore 2020, S. xvi.
27 Gagnebin et al. 2019.
28 Phalnikar 2021.
29 citizensassembly.ie.
30 Irische Verfassung, Artikel 41 Absatz 1, »Die Familie«: »(1) Der Staat erkennt insbesondere an, dass die Frau durch ihr häusliches Leben dem Staat eine Stütze ist, ohne die das Gemeinwohl nicht erreicht werden kann. (2) Der Staat ist daher bestrebt, dafür zu sorgen, dass die Mütter nicht durch wirtschaftliche Notwendigkeit gezwungen werden, unter Vernachlässigung ihrer häuslichen Pflichten einer Erwerbstätigkeit nachzugehen.«
31 www.buergerdialog.be.
32 »Bürgerdialog in Ostbelgien«, Website des Parlaments der Deutschsprachigen Gemeinschaft Belgiens: www.buergerdialog.be.
33 environnement.brussels/citoyen/nos-actions/plans-et-politiques-regionales/assemblee-citoyenne-pour-le-climat-construisons-ensemble-la-ville-de-demain.
34 www.demoscan.ch.
35 Heimann et al. 2023.
36 www.buergerinnenrat.ch.
37 www.pnyx25.uzh.ch/de.html.
38 Parlamentarische Initiative »Als Antwort auf die Klimakrise die Demokratie erweitern. Einen durchs Los bestimmten Klimarat schaffen«, Geschäftsnummer 20.467.
39 SPK-N 2021.
40 Seneviratne et al. 2023.
41 Kölz, Müller 1995 (1984), Art. 36 Abs. 3, Art. 39bis.
42 Binswanger, Wepler 2009.
43 Kahl 2018, S. 111–123.

44 Mathis 2023.
45 Graf, Kuster 2022.

16 Instanzen des Entscheidungsvollzugs

1 Rausch 2022.
2 Kölz 2004, S. 625.
3 Im Bundesgesetz über den Erwerbsersatz (EOG), Artikel 16b–h.
4 Looser 2023, S. 4489.
5 Bundesrat 1996b, S. 428.
6 Reich 2023, S. 4477.
7 Gleichlautende Motionen »Grundrechte und Föderalismus stärken und die Rechtsstaatlichkeit festigen. Ein neuer Anlauf zur Einführung der Verfassungsgerichtsbarkeit« Engler 21.3689, Zopfi 21.3690.
8 Bundesgesetz über die Eidgenössische Finanzkontrolle (FKG), 28. Juni 1967.
9 Bundesgesetz über die Eidgenössische Finanzmarktaufsicht (FINMAG), 22. Juni 2007.
10 Rechtliche Grundlage sind der Artikel 96 der Bundesverfassung »Wettbewerbspolitik« und das Preisüberwachungsgesetz (PüG).
11 Favre 2020, S. 2135.
12 Eine solche Kommission könnte wie die Eidgenössische Finanzkontrolle auf der Basis von Artikel 173 Absatz 2 der Bundesverfassung installiert werden: »Die Bundesversammlung behandelt ausserdem Geschäfte, die in die Zuständigkeit des Bundes fallen und keiner anderen Behörde zugewiesen sind.«
13 IPCC 2022a, S. 2669.

Literatur

Adloff, Frank, und Tanja Busse, BpB (Bundeszentrale für politische Bildung) (2022), *Welche Rechte braucht die Natur? Wege aus dem Artensterben*, Bonn

Anderson, Victor (2018), *Protecting the interests of future generations*, CUSP Working Paper 14, Guildford

Arbeitsgemeinschaft Vision 3-Seen-Land 2050 (o. J.), »Vision 3-Seen-Land 2050«. dreiseenland2050.ch

ARE (Bundesamt für Raumentwicklung) (2012), *Leitlinien für die Politik der Nachhaltigen Entwicklung*

ARE (Bundesamt für Raumentwicklung) (2023), *Externe Kosten und Nutzen des Verkehrs in der Schweiz. Strassen-, Schienen-, Luft- und Schiffsverkehr 2020*

ARE (Bundesamt für Raumentwicklung), Deza (Direktion für Entwicklung und Zusammenarbeit) (2018), *Die Umsetzung der Agenda 2030 für nachhaltige Entwicklung durch die Schweiz. Bestandsaufnahme der Schweiz als Grundlage für den Länderbericht 2018*, 20. Juni

Astra (Bundesamt für Strassen) (2023), *Nationalstrassen und Umwelt 2023*, Ittigen

Aubert, Jean-François, und Pascal Mahon (2003), *Petit commentaire de la Constitution fédérale de la Confédération suisse du 18 avril 1999*, Zürich

BABS (Bundesamt für Bevölkerungsschutz), EBP Schweiz (2021), *Was der Klimawandel für den Schweizer Bevölkerungsschutz bedeutet. Ergebnisse des Projekts ›Auswirkungen des Klimawandels auf den Bevölkerungsschutz in der Schweiz‹*, Zürich, Bern

Bafu (Bundesamt für Umwelt) (2020), *Anpassung an den Klimawandel in der Schweiz, Aktionsplan 2020–2025*, Ittigen

Bafu (Bundesamt für Umwelt) (2021), *Renaturierung der Schweizer Gewässer. Stand Umsetzung Revitalisierungen 2011–2019*, Ittigen

Bähr, Cordelia, und Ursula Brunner (2016), »Ist das Schweizer Klimaziel verfassungskonform?«, *Aktuelle juristische Praxis*, Nr. 9, S. 1219–1228

Bakom (Bundesamt für Kommunikation) (2021), *Intermediäre und Kommunikationsplattformen. Auswirkungen auf die öffentliche Kommunikation und Ansätze einer Governance*, 17. November

Bauer, David, Priscilla Imboden und Vivienne Kuster (2024), »Was ist Ihr Verhältnis zur Wissenschaft, Herr Rösti?«, *Republik*, 17. Mai (Aufzeichnung des Live-Gesprächs mit Bundesrat Albert Rösti vom 6. Mai 2024 in Bern)

Bauer, Karin (2023), »Unser täglich Fleisch – Von Gülle, Jobs und Umweltschäden«. Dokumentarfilm SRF Dok

Becker, Udo J. (2016), *Grundwissen Verkehrsökologie. Grundlagen, Handlungsfelder und Maßnahmen für die Verkehrswende*, München

Besson, Samantha (2021), *La Due Diligence en Droit International*, Boston

BFE (Bundesamt für Energie) (2019), *Programmstrategie EnergieSchweiz 2021 bis 2030*, Ittigen

BFE (Bundesamt für Energie) (2020), *Energieperspektiven 2050+. Kurzbericht*

Biermann, Frank (2021), »The future of ›environmental‹ policy in the Anthropocene. Time for a paradigm shift«, *Environmental Politics*, Bd. 30 (1 f.), S. 61–80

Binswanger, Hans Christoph (1978), *Eigentum und Eigentumspolitik. Ein Beitrag zur Totalrevision der Schweizerischen Bundesverfassung*, Zürich

Binswanger, Hans Christoph (2006), *Die Wachstumsspirale*, Marburg

Binswanger, Hans Christoph (2009a), *Vorwärts zur Mäßigung. Perspektiven einer nachhaltigen Wirtschaft*, Hamburg

Binswanger, Hans Christoph (2009b), »Eigentum verpflichtet. Patrimonium statt Dominium«, in: ders. 2009a, S. 179–195

Binswanger, Hans Christoph, und Claus Wepler (2009), »Ein Ökologischer Rat als Vertreter der Interessen künftiger Generationen«, in: Binswanger 2009a, S. 207–213

Brunner, Dunia (2022), *Vers une économie circulaire durable en Suisse – Analyse systémique et prospective des apports et limites du cadre juridique*, Lausanne

Brunner, Ursula, Matthias Hauser und Nina von Büren (2019), *Internationale Klimafinanzierung. Verfassungsrechtliches Gutachten zuhanden von Alliance-Sud betreffend die rechtlichen Anforderungen an zusätzliche Finanzierungsinstrumente*, Zürich

Bundesrat (1961), *Botschaft über die Ergänzung der Bundesverfassung durch einen Artikel 24^{sexies} betreffend den Natur- und Heimatschutz*, 19. Mai (BBl 1961 I 1093)

Bundesrat (1970), *Botschaft des Bundesrates an die Bundesversammlung über die Ergänzung der Bundesverfassung durch einen Artikel 24^{septies} betreffend den Schutz des Menschen und seiner natürlichen Umwelt gegen schädliche oder lästige Einwirkungen*, 6. Mai, (BBl 1970 I 761)

Bundesrat (1979), *Botschaft zu einem Bundesgesetz über den Umweltschutz (USG)*, 31. Oktober (BBl 1979 III 749)

Bundesrat (1985), *Botschaft über die Volksinitiative »zum Schutz der Moore – Rothenthurm-Initiative« und zur Revision der Bestimmungen über den Biotopschutz im Bundesgesetz über den Natur- und Heimatschutz*, 11. September (BBl 1985 II 1445)

Bundesrat (1996a), *Botschaft zum Energiegesetz (EnG)*, 21. August (BBl 1996 IV 1005)

Bundesrat (1996b), *Botschaft über eine neue Bundesverfassung*, 20. November (BBl 1997 I 1)

Bundesrat (2012), *Anpassung an den Klimawandel in der Schweiz. Ziele, Herausforderungen und Handlungsfelder*. Erster Teil der Strategie des Bundesrates, 2. März

Bundesrat (2015), *Switzerland's intended nationally determined contribution (INDC) and claryfying information*

Bundesrat (2016), *Strategie Nachhaltige Entwicklung*, 27. Januar

Bundesrat (2021), *Langfristige Klimastrategie der Schweiz*, 28. Januar

Bundesrat (2022a), *Botschaft zur Revision des CO_2-Gesetzes für die Zeit nach 2024*, 16. September

Bundesrat (2022b), *Umweltbericht 2022*, 16. Dezember

Bundesrat (2024a), *Botschaft zur Volksinitiative »Für eine verantwortungsvolle Wirtschaft innerhalb der planetaren Grenzen (Umweltverantwortungsinitiative)«*, 10. Januar (BBl 2024 109)

Bundesrat (2024b), *Anwendung von Notrecht. Bericht des Bundesrates vom 19. Juni 2024 in Erfüllung der Postulate 23.3438 vom 24. März 2023 und 20.3440 vom 6. Mai 2020*

Bundestag (1998), *Abschlußbericht der Enquete-Kommission ›Schutz des Menschen und der Umwelt – Ziele und Rahmenbedingungen einer nachhaltig zukunftsverträglichen Entwicklung‹). Konzept Nachhaltigkeit. Vom Leitbild zur Umsetzung*, Berlin

Buser, Denise (2015), »Gibt es Grenzen der Einflussnahme Privater in Abstimmungskampagnen? Eine Auslegeordnung«, *Jusletter*, 18. Mai

Calliess, Christian (2021), »›Elfes‹ Revisited? Der Klimabeschluss des Bundesverfassungsgerichts«. *Verfassungsblog.de*, 25. Mai

Calliess, Christian (2024), »Brauchen wir ein neues Klimagrundrecht?«, *Legal Tribune Online*, 22. Mai

Caritas Schweiz (Hg.) (2024), *Wie wir klimaverträgliche Mobilität bezahlbar machen. Caritas-Positionspapier zu klima- und sozialverträglicher Verkehrspolitik*

Cavalli, Rolf (2024), »Wir wollen keine Klima-Justiz«, *Blick*, 9. April

Chakrabarty, Dipesh (2022), *Das Klima der Geschichte im planetarischen Zeitalter*, Berlin

Collingridge, David (1982), *The Social Control of Technology*, London

Convention citoyenne pour le climat (2021), *Les propositions de la Convention citoyenne pour le climat*. Version corrigée 29 janvier 2021

Copernicus Climate Change Service (2024), »2023 is the hottest year on record, with global temperatures close to the 1.5°C limit«. Medienmitteilung, 9. Januar, climate.copernicus.eu/copernicus-2023-hottest-year-record

Daly, Herman (1990), »Sustainable Development. From Concept and Theory to Operational Principles«, *Population and Development Review*, Nr. 16, Supplement: »Resources, Environment, and Population. Present Knowledge, Future Options«

Digitale Gesellschaft (2023), *Datenschutzkonzept*

Digitale Gesellschaft, Algorithm Watch und Stiftung Mercator Schweiz (2022), *Joint Statement Plattformregulierung für die Schweiz*

Dyttrich, Bettina (2024), »Im Moor steht nun eine Tankstelle«, *WOZ Die Wochenzeitung*, Nr. 23 (6. Juni)

Ecoplan (2023), *Auswirkungen des Netto-Null-Ziels in der Klimapolitik auf die öffentlichen Finanzen in der langen Frist. Grundlagen für die »Langfristperspektiven der öffentlichen Finanzen für die Schweiz 2024«*. Im Auftrag der Eidgenössischen Finanzverwaltung, Bern, November

EFD (Eidg. Finanzdepartement) (2024), *Langfristperspektiven der öffentlichen Finanzen der Schweiz 2024. Alterung und Netto-Null-Ziel*, Bern, April

EFV (Eidg. Finanzverwaltung) (2017): »Lenkungssystem im Klima- und Energiebereich (2011–2017)«, www.efv.admin.ch/efv/de/home/themen/projekte/lenkungssys_klima_energieb/uebersicht.html

Egli, Sandra, Thea Bächler und Eva Maria Belser (2022), »Das Recht auf eine saubere, gesunde und nachhaltige Umwelt«, *Jusletter*, 20. Juni

EGMR (Europäischer Gerichtshof für Menschenrechte) (2024), »Violations de la Convention européenne, faute de mise en œuvre de mesures suffisantes pour lutter contre le changement climatique«. Pressemitteilung, 9. April

Eidgenossenschaft, Interdepartementale Task Force Post-2015 (2013), *Schweizer Position zur Agenda für eine Nachhaltige Entwicklung post-2015*. Stand: Juni

ElCom (Eidgenössische Elektrizitätskommission) (2021), *Stromversorgungssicherheit Schweiz 2025. Studie beauftragt von ElCom und BFE*. Bern, Oktober

EKAH (Eidgenössische Ethikkommission für die Biotechnologie im Ausserhumanbereich) (2000), *Würde der Kreatur bei Pflanzen. Die moralische Berücksichtigung von Pflanzen um ihrer selbst willen*

Ekardt, Felix (2006), *Generationengerechtigkeit und Zukunftsfähigkeit. Philosophische, juristische, ökonomische, politologische und theologische Neuansätze*. Studien zu Gerechtigkeit, Verfassung und Steuerung, Band 2

Errass, Christoph (2023), »Art. 73. Nachhaltigkeit«, in: Ehrenzeller, Bernhard et al., *Die schweizerische Bundesverfassung. St. Galler Kommentar. Art. 73–197*, 4. Auflage, Zürich, St. Gallen

Expertenkommission für die Vorbereitung einer Totalrevision der Bundesverfassung (1977a), *Verfassungsentwurf*, Bern

Expertenkommission für die Vorbereitung einer Totalrevision der Bundesverfassung (1977b), *Bericht*, Bern

Fanning, Andrew L., und Jason Hickel (2023), »Compensation for atmospheric appropriation«, *Nature Sustainability*, Band 6, Nr. 9, S. 1077–1086

Favre, Anne-Christine (2020), »La constitution environnementale«, in: Zelger, Ulrich et al. (Hg.), *Verfassungsrecht der Schweiz | Droit constitutionnel suisse*, Zürich, S. 2021–2049

Flückiger, Alexandre (2006), »Le développement durable en droit constitutionnel suisse«, *Umweltrecht in der Praxis*, Band 20, Nr. 5, S. 471–526

Fontana, Katharina (2024), »Absurdes Urteil gegen die Schweiz: Straßburg betreibt Klimapolitik von der Richterbank herab«, *Neue Zürcher Zeitung*, 9. April (Print 10. April)

Frie, Ewald, und Mischa Meier (2023), *Krisen anders denken. Wie Menschen mit Bedrohungen umgegangen sind und was wir daraus lernen können*, Berlin

G20 (2024), »The Rio de Janeiro G20 Ministerial Declaration on International Tax Cooperation«

Gagnebin, Murielle, Patrick Graichen und Thorsten Lenck, Agora Energiewende (2019), *Die Gelbwesten-Proteste. Eine (Fehler-)Analyse der französischen CO_2-Preispolitik*

Gerny, Daniel, und Kathrin Alder (2020), »Bundesrichter Donzallaz geht mit seiner Partei hart ins Gericht: ›Die SVP instrumentalisiert die Justiz‹«, *Neue Zürcher Zeitung*, 8. September

Gilbert, Walter (1991), »A Vision of the Grail«, in: Kevles und Hood (Hg.) (1992), *The Code of Codes. Scientific and Social Issues of the Human Genome Project*, Cambridge, Mass., S. 83–97

Gisler, Monika (2023), *Paul Scherrer und die Anfänge der Kernforschung*, Zürich

Glättli, Balthasar, und Pierre-Alain Niklaus (2014), *Die unheimlichen Ökologen. Sind zu viele Menschen das Problem?*, Zürich

González-Ricoy, Iñigo, und Axel Gosseries (2016), *Institutions for future generations*, Oxford

GPK-N/S (Geschäftsprüfungskommissionen der eidgenössischen Räte) (2022), *Krisenorganisation des Bundes für den Umgang mit der Covid-19-Pandemie (Januar bis Juni 2020)*, 17. Mai

Grabher, Gernot (1994), *Lob der Verschwendung. Redundanz in der Regionalentwicklung. Ein sozioökonomisches Plädoyer*, Berlin

Graeber, David, und David Wengrow (2021), *The Dawn of Everything. A New History of Humanity*, London

Graf, Daniel uind Claudio Kuster (2022), »Demokratie stärken. Eine Skizze für einen Verfassungsartikel«. Blogpost vom 15. Juni, www.demokratie.ch/blog/demokratie-initiative

Graf, Daniel, und Maximilian Stern (2018), *Agenda für eine digitale Demokratie. Chancen, Gefahren, Szenarien*, Zürich

Griffel, Alain (2023), *Umweltrecht in a Nutshell*, 3. Auflage, Zürich, St. Gallen

Griffel, Alain (2024), »Umsetzung der 13. AHV-Rente: Bitte möglichst kompliziert!« Gastkommentar, *Neue Zürcher Zeitung*, 8. März

Grize, Leticia et al. (2005), »Heat wave 2003 and mortality in Switzerland«, *National Library of Medicine*, Nr. 135

Gubler, Lena, Sascha A. Ismail und Irmi Seidl (2020), Biodiversitätsschädigende Subventionen in der Schweiz. Grundlagenbericht. Überarbeitete 2. Auflage (WSL Berichte Nr. 96), Birmensdorf

Gutmann, Andreas (2021), *Hybride Rechtssubjektivität. Die Rechte der ›Natur oder Pacha Mama‹ in der ecuadorianischen Verfassung von 2008*, Baden-Baden

Gutmann, Andreas (2022), »Der globale Trend zu Rechten der Natur. Entsteht ein dekoloniales und ökologisches Recht von unten?«, in: Adloff, Busse, S. 133–146

Häne, Stefan (2023), »Klimaschützer zielen auf Rösti – sein Departement kontert«, in: *Tages-Anzeiger*, 11. Dezember

Häne, Stefan (2024a), »Dieses Klima-Urteil birgt eine Gefahr«, *Tages-Anzeiger*, 9. April (Print 10. April)

Häne, Stefan (2024b), »Für Bauernchef Ritter gibt es keine Krise der Biodiversität«, *Tages-Anzeiger*, 11. Juni (Print 12. Juni)

Häner, Isabelle (2003), »Der private Verfassungsentwurf Kölz/Müller – seine Wirkungen«, in: dies. (Hg.), *Nachdenken über den demokratischen Staat und seine Geschichte. Beiträge für Alfred Kölz*, Zürich

Hänggi, Marcel (2011), *Ausgepowert. Das Ende des Ölzeitalters als Chance*, Zürich

Hänggi, Marcel (2013), *Cui bono? Wer bestimmt, was geforscht wird? Eine Studie über die Beziehung zwischen öffentlicher Wissenschaft und Industrie in der Schweiz*, Basel

Hänggi, Marcel (2016), »Paris ernst nehmen«, auf *Politblog* von Newsnet, 6. Mai

Hänggi, Marcel (2018), *Null Öl. Null Gas. Null Kohle. Wie Klimapolitik funktioniert*, Zürich

Hänggi, Marcel (2019), »Die Freiheit am Ende des fossilen Zeitalters«, in: Marti, Min Li, und Jean-Daniel Strub (Hg.), *Freiheit. Grundwert in Bedrängnis*, Baden

Hänggi, Marcel (2022), »Comment j'ai tout plaqué après la COP21 pour pousser la Suisse à respecter l'accord de Paris«, *Heidi*, 10. November

Hänggi, Marcel (2023a), »Die Klimakrise bedroht uns in der Existenz. Was hilft da eine Volksinitiative?«, *Republik*, 13. Juli

Hänggi, Marcel (2023b), »Der Klimaskeptiker und ich« (Porträt von Michael Graber), *Das Magazin*, 23. September

Hänggi, Marcel (2024), »Das Tschugger-Land der Zukunft«, *Republik*, 26. Februar

Hänggi, Marcel, Verein Klimaschutz Schweiz (2019), *Erläuternder Bericht der Initiantinnen und Initianten zur Volksinitiative für ein gesundes Klima (Gletscher-Initiative)*, Zürich, 16. April

Haraway, Donna (2018), *Unruhig bleiben. Die Verwandtschaft der Arten im Chthuluzän*, Frankfurt am Main

Hardegger, Angelika (2021), »Klimapolitik: Das Wunder von Glarus«, *Neue Zürcher Zeitung*, 7. September

Hardin, Garret (1968), »The Tragedy of the Commons«, *Science*, Nr. 162

Harvey, Fiona (2024), »Global rich must pay more to tackle climate crisis, says architect of Paris deal«, *The Guardian*, 4. Juni

Heimann, Andri, Robin Gut, Robin, Francesco Veri, Daniel Kübler und Nenad Stojanović (2023), *Bürgerpanels für mehr Klimaschutz im Kanton Zürich. Schlussbericht*. Studienberichte des Zentrums für Demokratie Aarau Nr. 20, Aarau

Heri, Corina (2024), »Slouching towards Strasbourg? Recognizing the Right to a Healthy Environment at the Council of Europe«, Blogpost vom 27. Mai, Global Network for Human Rights and the Environment, gnhre.org

Hofmann, Markus (2019), »Der befreite Schimpanse und der befreite Fluss: Das anthropozentrische Fundament des Rechts bekommt Risse«, *umweltblog.ch*, 11. Januar

Hoggett, Paul (2023), *Paradise Lost? The Climate Crisis and the Human Condition*

IGH (Internationaler Gerichtshof) (1996), *Licéité de la menace ou de l'emploi d'armes nucléaires, avis consultatif, C.I.J. Recueil 1996. Avis consultatif du 8 juillet*

Illich, Ivan (1974), *Die sogenannte Energiekrise oder Die Lähmung der Gesellschaft*, Reinbek

Illich, Ivan (1978), »Energie und Gerechtigkeit«, in: ders., *Fortschrittsmythen*, Reinbek, S. 74–114

IPBES (Intergovernmental Science-Policy Platform on Biodiversity and Ecosystem Services) (2019), *Summary for policymakers of the global assessment report on biodiversity and ecosystem services*

IPCC (Intergovernmental Panel on Climate Change) (2018), *Global Warming of 1,5°*, Genf

IPCC (Intergovernmental Panel on Climate Change) (2022a), *Climate Change 2022. Sixth Assessment Report. Impacts, Adaptation and Vulnerability*, Genf

IPCC (Intergovernmental Panel on Climate Change) (2022b), *Climate Change 2022. Mitigation of Climate Change*, Genf

Kahl, Wolfgang (2018), *Nachhaltigkeitsverfassung. Reformüberlegungen*, Tübingen

Kampuš, Jonas (2024), *A Solution for the Energy Crisis? An Empirical Analysis of Progressive Electricity Pricing in Switzerland*. Unveröffentlichte Bachelorarbeit, Zürich

Karnein, Anja (2016), »Can we Represent Future Generations?«, in: González-Ricoy und Gosseries, S. 135–155

Kemp, Luke *et al.* (2022), »Climate Endgame: Exploring catastrophic climate change scenarios«, *PNAS*, Bd. 119, Nr. 34

Kersten, Jens (2023), »Die dritte Revolution. Plädoyer für ein neues Grundgesetz«, *Blätter für deutsche und internationale Politik*, S. 259–270

Khalfan, Ashfaq et al., Oxfam (2023), *Climate Equality: A planet for the 99%*. Campaign Report, Oxford

Klimaseniorinnen (2022), *Klageschrift an den Europ. Gerichtshof für Menschenrechte* (Application No. 53600/20), Zürich und London

Klimastreik Schweiz (2021), *Klimaaktionsplan*

Kölz, Alfred (2004), *Neuere Schweizerische Verfassungsgeschichte. Ihre Grundlinien in Bund und Kantonen seit 1848*, Bern

Kölz, Alfred, und Jörg Paul Müller (1995), *Entwurf für eine neue Bundesverfassung vom 16. Mai 1984*. Dritte, überarb. Aufl. vom 23. März 1995, Bern

Kotz, Maximilian, Anders Levermann und Leonie Wenz, »The economic commitment of climate change«, *Nature*, Bd. 628, S. 551–557

Kramm, Matthias (Hrsg.) (2023), *Rechte für Flüsse, Berge und Wälder. Eine neue Perspektive für den Naturschutz?*, München

Landemore, Hélène (2020), *Open Democracy. Reinventing Popular Rule for the Twenty-First Century*, Princeton NJ

Landis, Florian (2024), *Distributional Impacts of Swiss Climate Policy* (Studie im Auftrag von Caritas Schweiz). Zusammenfassung: cms.caritas.ch/sites/default/files/2024-06/Factsheet_CO$_2$_D_Internet.pdf

Lang, Jo (2024), »Weltweit fortschrittlichste Verfassung«. Separatum aus: ders. (2020), *Demokratie in der Schweiz*, Baden

Latour, Bruno (1995), *Wir sind nie modern gewesen. Versuch einer symmetrischen Anthropologie*, Berlin

La Via Campesina (2023), *La souveraineté alimentaire du point de vue de La Via Campesina*, Medienmitteilung, 23. Dezember

Läubli, Martin, und Stefan Häne (2023), »Die Halbwahrheiten der SVP«, *Tages-Anzeiger*, 11. Mai

Lenz, Christoph (2021), »Das Wunder von Ausserrhoden«, *Das Magazin*, 10. Juni

Leimbacher, Jörg (1988), *Die Rechte der Natur*. Dissertation, Basel

Levermann, Anders (2023), *Die Faltung der Welt. Wie die Wissenschaft helfen kann, dem Wachstumsdilemma und der Klimakrise zu entkommen*, Berlin

Looser, Martin E., »Art. 190 Massgebendes Recht«, in: Ehrenzeller, Bernhard et al. (2023), *Die schweizerische Bundesverfassung. St. Galler Kommentar*, 4. Auflage, Zürich, S. 4481–4512

Loske, Reinhard (2007), »Allen wohl und keinem wehe. Ein kritischer Blick auf den Brundtland-Bericht«, Ökologisches Wirtschaften, Nr. 1, S. 11

MacKenzie, Michael K. (2016), »Institutional Design and Sources of Short-Termism«, in: Gonzáles, Gosseries, S. 24–46

Magistro, Francesca (2017), *Le droit à un environnement sain revisité. Étude de droit suisse, international et comparé*, Genf

Mahon, Pascal (2023), »Urgence, climat et droit (constitutionnel)«, *Zeitschrift für schweizerisches Recht*, Bd. 142/I, S. 405–428

Malhotra, Abishek, und Tobias S. Schmidt (2020), »Accelerating Low-Carbon Innovation«, in: *Joule*

Mann, Geoff, und Joel Wainwright (2018), *Climate Leviathan. A Political Theory of Our Planetary Future*, London

Marquardt, Bernd (2003), »Die Verankerung des Nachhaltigkeitsprinzips im Recht Deutschlands und der Schweiz«, *Umweltrecht in der Praxis*, 17(3), S. 201–234

Mathis, Klaus (2023), »Vorschlag für einen Zukunftsrat auf Bundesebene«, in: Seneviratne et al., S. 121–135

Meadows, Donella, William W. Behrens, Dennis Meadows und Jørgen Randers (1972), *Die Grenzen des Wachstums. Bericht des Club of Rome zur Lage der Menschheit*, Reinbek

Michel, Jürg (2006), »Wirtschaftspolitik«, in: BMT Bänziger, Mengiardi, Toller & Partner (Hg.), *Kommentar zur Verfassung des Kantons Graubünden*, Chur

NCCS (National Center for Climate Services) (2024), *Lösungen des Pilotprogramms Anpassung an den Klimawandel*

OECD (Organisation for Economic Co-operation and Development) (2020), *Innovative Citizen Participation and New Democratic Institutions. Catching the Deliberative Wave*, Paris

OHCR, UNEP, UNDP (2022), *What is the Right to a Healthy Environment?* Information Note

Ostrom, Elinor (1999), *Die Verfassung der Allmende. Jenseits von Staat und Markt*, Tübingen

Ott, Walter et al. (2005), *Konsequente Umsetzung des Verursacherprinzips*. Bundesamt für Umwelt, Wald und Landschaft. (Umwelt-Materialien Nr. 201)

Patt, Anthony (2022), »Klimaschutz bringt wirtschaftlichen Gewinn«, *ETH Zürich Zukunftsblog*, 26. Oktober

PACE (Parliamentary Assembly of the Council of Europe) (2021), »Anchoring the right to a healthy environment. Need for enhanced action by the Council of Europe«, Recommendation 2211

Pfaff, Tino (Hg.) (2023), Ökozid. Wie ein Gesetz schwere Umweltschäden bestrafen und Lebensgrundlagen besser schützen kann, München

Phalnikar, Sonia (2021), »France's citizen climate assembly. A failed experiment?«, *Deutsche Welle*, 16. Februar

Pro Agricultura Seeland (2018), *Dritte Juragewässerkorrektion als Beitrag zur nationalen Ernährungssicherung*. Arbeitspapier vom 1. März, Ins

Potential Energy (2023), Later is Too Late. A comprehensive analysis of the *messaging that accelerates climate action in the G20 and beyond*, November

Rapporteur spécial sur les droits de l'homme et l'environnement (2018), *Rapport du Rapporteur spécial sur la question des obligations relatives aux droits de l'homme se rapportant aux moyens de bénéficier d'un environnement sûr, propre, sain et durable*, A/HRC/37/59

Rausch, Heribert (2019), »Tempo, Tempo!«, *Schweizerisches Zentralblatt für Staats- und Verwaltungsrecht*, 4, S. 169–170

Rausch, Heribert (2022), »Zum 50-Jahre-Jubiläum des Umweltschutzartikels in der Bundesverfassung. Ein kritischer Essay«, *Umweltrecht in der Praxis*, 2, S. 129–166

Reich, Johannes (2023), »Art. 189 Zuständigkeiten des Bundesgerichts«, in: Ehrenzeller, Bernhard et al. (Hg.), *Die schweizerische Bundesverfassung. St. Galler Kommentar*, 4. Auflage, Zürich, S. 4459–4480

Reinecke, Milena (2022), »Bhutans Bruttonationalglück – Ein buddhistischer Weg aus dem Kapitalismus?«, *Deutschlandfunk Kultur*, 17. Juli

République Française – Conseil économique, social et environnemental (2010), »L'économie de proximité. Une réponse aux défis majeurs de la société française«

Richardson, Katherine et al. (2023), »Earth beyond six of nine planetary boundaries«, *Science Advances*, Nr. 9

Richter, Hedwig, und Bernd Ulrich (2024), *Demokratie und Revolution. Wege aus der selbstverschuldeten ökologischen Unmündigkeit*, Köln

Rochel, Johan (2021), »Des invités dans la Constitution cantonale ? Réflexions sur l'intégration de nouvelles entités dans le catalogue des droits fondamentaux de la Constitution valaisanne«, *Schweizerisches Zentralblatt für Staats- und Verwaltungsrecht*, 2, S. 67–89

Rockström, Johan et al. (2009), »Planetary boundaries. Exploring the safe operating space for humanity«, *Ecology and Society*, 14(2)

Rockström, Johan et al. (2024), »The planetary commons. A new paradigm for safeguarding Earth-regulating systems in the Anthropocene«, in: *Proceedings of the National Academy of Sciences*, 121(5)

Saladin, Peter, und Rainer J. Schweizer (1996), »Art. 24^{novies}«, in: Aubert, Jean-François et al. (Hg.), *Kommentar zur Bundesverfassung der schweizerischen Eidgenossenschaft vom 29. Mai 1874*, Bd. 2, Basel

Saladin, Peter, und Christoph Andreas Zenger (1988), *Rechte künftiger Generationen*, Basel

Sanchez Perez, Jorge (2023), »The Quechua idea ›pacha‹ urges us beyond narrow self-concern«, *Psyche*, 25. April

Schaible, Jonas (2023), *Demokratie im Feuer. Warum wir die Freiheit nur bewahren, wenn wir das Klima retten – und umgekehrt*, München

Schneider, Peter (2020), *Follow the science? Ein Plädoyer gegen wissenschaftsphilosophische Verdummung und für wissenschaftliche Artenvielfalt*, Berlin

Schneider, Tapio, Colleen M. Kaul und Kyle G. Pressel (2019), »Possible climate transitions from breakup of stratocumulus decks under greenhouse warming«, in: *Nature Geoscience*, (12), S. 163–167

Seidl, Irmi, und Angelika Zahrnt (Hg.), *Postwachstumsgesellschaft. Konzepte für die Zukunft*, Marburg, S. 155–166

Seneviratne, Sonia, Laura Zimmermann, Markus Notter und Andreas Spillmann (2023), *Mit einem Zukunftsrat gegen die Klimakrise. Warum die Schweiz eine dritte Parlamentskammer braucht*, Zürich

Sennett, Richard (2012), *Zusammenarbeit. Was unsere Gesellschaft zusammenhält*, Berlin

Sieber-Gasser, Charlotte (2023), »Das Recht auf Leben in einer gesunden Umwelt«, in: Seneviratne et al., S. 71–73

Sinaï, Agnès *et al.* (2017), *Petit traité de résilience locale*. Montréal

Slade, Giles (2006), *Made to Break. Technology and Obsolescence in America*, Cambridge Mass., London

SPK-N (Staatspolitische Kommission des Nationalrats) (2021), »20.467 n Pa. Iv. G. Als Antwort auf die Klimakrise die Demokratie erweitern. Einen durchs Los bestimmten Klimarat schaffen. Bericht der Staatspolitischen Kommission«, 5. November

SRF (2024), »Finden Sie es gut, wenn sich Gerichte in die Klimapolitik einmischen? SRG SSR Dialog« (Umfrage), 9. April

SRU (Sachverständigenrat für Umweltfragen) (2024), Suffizienz als »Strategie des Genug«. Eine Einladung zur Diskussion, Berlin

Steck, Albert (2023), »Ist die Schweiz zu sparsam? Ja, sagen Ökonomen«, *Neue Zürcher Zeitung*, 7. Oktober

Stojanović, Nenad (2023), »Conseil citoyen, Losverfahren, Deliberation«, in: Seneviratne et al., S. 89–90

Stone, Christopher D. (1972), »Should trees have standing? Toward legal rights for natural objects«, *Southern California Law Review*, 45, S. 450–501

Strasser, Matthias (2021), »Paul Scherrer und die Bombe«. *Zeitblende*, Radio SRF, 4. Dezember

Surma, Katie (2024), »How the Drug War and Energy Transition Are Changing Ecuadorians' Fight For The Rights of Nature«, *Inside Climate News*, 14. Mai

SVP (2023), *Nein zum teuren und verlogenen Stromfresser-Gesetz. Argumentarium des Komitees gegen das Stromfresser-Gesetz vom 24. März*

Turner, Simon, Colin Waters, Jan Zalasiewicz und Martin J. Head (2024), »What the Anthropocene's critics overlook – and why it really should be a new geological epoch«, *The Conversation*, 12. März

UN News (2022), »UN General Assembly declares access to clean and healthy environment a universal human right«, Medienmitteilung, 28. Juli

UNCTAD (United Nations Conference on Trade and Development) (2024), Trade and Development Report 2023. Growth, Debt, and Climate. Realigning the Global Financial Architecture, Genf

UNEP (United Nations Environment Programme) (2019), *Global Judicial Handbook on Environmental Constitutionalism*, Third Edition

UNEP (United Nations Environment Programme) (2023), *Adaptation Gap Report 2023. Underfinanced. Underprepared. Inadequate investment and planning on climate adaptation leaves world exposed*, Nairobi

UNFCCC (United Nations Framework Convention on Climate Change) (2024), Compilation and synthesis of inputs on the ninth technical expert dialogue and first meeting under the ad hoc work programme on the new collective quantified goal on climate finance, 19. April, Bonn van Westen, René M., Michael Kliphuis und Henk A. Dijkstra (2024), »Physics-based early warning signal shows that AMOC is on tipping course«, *Science Advances*, Bd. 10, Nr. 6

VCS (Verkehrsclub der Schweiz) (2021), *VCS-Positionspapier Mobility Pricing*

Verfassungsrat Kanton Wallis (2020), *Bericht der Kommission 4 (Aufgaben des Staates I: Grundsätze, Finanzen und Wirtschaftsentwicklung) zuhanden des Büros des Verfassungsrates*, 15. April, S. 9

Verheyen, Roda, und Alexandra Endres (2023), »Vor Gericht klagen im Namen eines sterbenden Waldes?«, *Die Zeit*, 14. Mai

von Hayek, Friedrich August (2005), *Die Verfassung der Freiheit*, Tübingen

WAK-S (Kommission für Wirtschaft und Abgaben des Ständerats) (2016), *Für Ernährungssicherheit. Volksinitiative Gegenentwurf und Fristverlängerung.* Bericht der Kommission für Wirtschaft und Abgaben vom 3. November

Wälchli, Thomas et al., SES (Schweizerische Energiestiftung) (2023), *Energie-suffizienz – Energie intelligent nutzen statt verschwenden. Massnahmen für die Schweiz.* Kurzstudie. Zürich

Watts, Jonathan (2024), »Could 2024 be the year nature rights enter the political mainstream?«, *The Guardian*, 1. Januar

Wehling, Elisabeth (2016), *Politisches Framing. Wie eine Nation sich ihr Denken einredet – und daraus Politik macht*, Köln

Wilkinson, Richard G., und Kate E. Pickett (2024), »Why the world cannot afford the rich«, *Nature*, Bd. 627, Nr. 14. März, S. 268–270

Witze, Alexandra (2024), »Geologists reject the Anthropocene as Earth's new epoch – after 15 years of debate«, *Nature*, 6. März

World Commission on Environment and Development (1987), *Our Common Future*

Nachwort

Daniel Graf, Stiftung für direkte Demokratie,
und Georg Klingler, Greenpeace Schweiz

»Machen ist wie wollen, nur krasser!« So lautet ein Spruch auf einem Klimastreik-Sticker, der noch da und dort an Straßenlaternen klebt. Er erinnert an die Zeit, als weltweit Millionen Menschen auf die Straße gingen, um für mehr Klimaschutz zu demonstrieren.

In der Schweiz hat die Klimastreik-Bewegung mitgeholfen, die Gletscher-Initiative ins Ziel zu tragen, um Netto-Null-Emissionen gesetzlich festzuschreiben. Zugleich hat sie eine noch breitere Diskussion ausgelöst: Ist unser politisches System der Klimakrise gewachsen? Gibt es stabile Mehrheiten für den nötigen Wandel?

Marcel Hänggi zeigt hier die immensen Herausforderungen auf, die anstehen. Wir müssen, wie er schreibt, »uns und unsere demokratischen Systeme vor der Umwelt schützen, wenn diese aus den Fugen gerät«. Denn die Klimakrise ist längst auch eine Existenzbedrohung für die Demokratie, indem sie vorhandene gesellschaftliche Spannungen verschärft. Statt Aufbruch erleben wir zunehmend parteipolitische Grabenkämpfe, Blockaden und Stagnation.

Wir haben heute die Chance, nicht nur die Klima- und die Biodiversitätskrise einzudämmen, sondern auch die

Demokratie krisenfester zu machen. Noch kann niemand fertige Konzepte liefern, aber es gibt Instrumente und Ansätze, die erfolgversprechend erscheinen. An erster Stelle steht das bewährte Instrument des Referendums. Damit können Vorlagen bekämpft werden, die einer umweltadäquaten Politik entgegenstehen.

Bewährt sind Referenden aus drei Gründen. Erstens sind sie an der Urne oft erfolgreich. Zweitens können sie von Bürgerinnen- und Bürgerbewegungen ergriffen und finanziert werden, was die nötige Unabhängigkeit von bestehenden Strukturen und Akteuren gewährleistet, die oft an gesetzgeberischen Prozessen beteiligt sind und dadurch zuweilen den Blick für das Ganze verlieren. Und drittens entstehen im Rahmen von Unterschriftensammlungen und Abstimmungskampagnen neue Netzwerke und Allianzen, die genutzt werden können, um vernünftige, dem Gemeinwohl dienende Lösungsvorschläge auf die politische Agenda zu setzen.

Ein zweites Instrument, das mit sich verschärfenden Krisen an Bedeutung gewinnt, ist der Gang vor Gericht. Damit lassen sich die Grundrechte, wie sie in der Verfassung und in der Menschenrechtskonvention verankert sind, verteidigen. Hänggi belegt, dass unsere Verfassung wertvolle Grundsätze zum Schutz der Lebensgrundlagen und der Demokratie enthält. Das Problem besteht darin, dass sie von der Politik und den Behörden oft nicht ernst genommen werden oder mit kurzfristigen Zielen konkurrieren, die allzu oft von der Wirtschaft oder Finanzindustrie diktiert werden.

Das Schweizer Rechtssystem hat zudem seit seinen Anfängen einen Konstruktionsfehler, der nie behoben wurde, und zwar die Abwesenheit einer Verfassungsgerichtsbarkeit auf Bundesebene. Artikel 190 der Bundesverfassung bestimmt, dass die Gerichte Bundesgesetze auch dann anwenden müssen, wenn sie der Verfassung widersprechen. Eine Initiative zur Änderung von Artikel 190 wäre eine Möglichkeit, dieses Defizit zu beheben (vgl. Vorschlag 16.1 S. 195).

Ein weiteres Feld, das schwer mit den von Hänggi beschriebenen Nachhaltigkeitsgarantie der Verfassung vereinbar ist, ist die auf Wachstum ausgerichtete Wirtschaftspolitik.

Obschon die Ressourcen des Planeten Erde begrenzt sind, haben wir uns zu einer Gesellschaft entwickelt, die vom wachsenden Ressourcenverbrauch abhängig ist. Würde unsere heutige Wirtschaft über einen längeren Zeitraum schrumpfen, etwa weil mehr Menschen ihre privaten Güter reparieren anstatt immer neue kaufen, wäre die Folge eine soziale Krise.

Damit der Übergang von der heutigen Wegwerfwirtschaft zu einer umwelt- und sozialverträglichen Kreislaufwirtschaft gelingen kann, muss das Paradigma des Wirtschaftswachstums überwunden werden. Es gilt, Lösungen zu finden, um den Lebensunterhalt der Menschen zu sichern, deren Arbeit heute von nicht planetverträglichem Handeln abhängt. Das klingt mühsam, birgt aber eine große Chance, die Konzentration auf das Wesentliche. Es geht im Sinne der Mehrdimensionalität der Nachhaltigkeit darum, mehr Menschen dauerhaft zu einem guten Leben zu verhelfen, anstatt den Reichtum weniger immer weiter zu vermehren. (Vgl. Kap. 2)

Als Bürgerinnen und Bürger haben wir eine Reihe von Möglichkeiten, dieses Ziel zu verwirklichen. Ein Beispiel ist die Stärkung des Service Public. Indem wir die gemeinschaftliche Versorgung mit grundlegenden Dienstleistungen und Gütern stärken, entziehen wir Lebensbereiche der Wachstumslogik. Mögliche Ansätze sind ein kostengünstiger öffentlicher Verkehr, lokale Energieinfrastrukturen, sozialer Wohnungsbau, solidarische Lebensmittelkooperativen zwischen Stadt und Land, Teilen statt Besitzen.

Es stellt sich auch die Frage, was wir eigentlich messen, wenn wir von Wirtschaftswachstum sprechen. Die damit verbundenen Denkmuster spielen bei politischen Entscheidungen eine zentrale Rolle. Das Bruttoinlandsprodukt ist heute die wichtigste Kennzahl. Doch wie steht es mit Wohlstand und Ungleichheit? Wirkt sich unsere Wirtschaft insgesamt negativ oder positiv auf die Umwelt aus? Nimmt die Armut zu oder ab? Wie steht es mit der Gleichstellung oder der Wohnungsnot?

Ein neuer, faktengestützter Referenzrahmen könnte uns als Gesellschaft helfen, bessere Entscheidungen für die Zukunft zu treffen. Eine Volksinitiative, die die Entwicklung von Wohlfahrtsindikatoren für die Schweiz fordert, könnte einen wichtigen Beitrag zu einer breiten Diskussion über die Wachstumsfalle leisten.

Für Maßnahmen gegen die sich verschärfenden Multikrisen brauchen wir allerdings nicht nur verlässlichere Zahlen, sondern, wie Hänggi schreibt, »gesellschaftspolitische Fantasie«. Solche Fantasie entsteht im sozialen Austausch. Und eine Demokratie braucht lebendige Foren, um Zukunftsvisionen zu entwickeln.

Hänggi bringt Formen deliberativer Demokratie ins Spiel (vgl. Vorschlag 15.1 S. 188). Die Ausgangslage dafür ist günstig. In den letzten Jahren wurden in der Schweiz vielfältige Erfahrungen mit neuen partizipativen Beteiligungsformen gesammelt. Die Frage ist, wie sich neue Formen in das bestehende politische System integrieren und mit Kompetenzen ausstatten lassen.

Ein Umweg zum Ziel eines nationalen Bürgerinnen- und Bürgerrats sind möglicherweise föderale Demokratielabore. Darin ließe sich auf kantonaler Ebene ausprobieren, ob sich das Instrument eines ständigen Bürgerinnen- und Bürgerrates bewährt, bevor ein solcher gesamtschweizerisch institutionalisiert würde. Pilotprojekte könnten über Volksinitiativen lanciert werden. Diese Vorgehensweise verschafft kantonalen Bürgerinnen- und Bürgerräten die nötige Legitimation, die solchen Versuchen in der Schweiz bisher gefehlt hat.

Werden Bürgerinnen- und Bürgerräte mit digitalen Plattformen kombiniert, ermöglicht dies einen effizienten Umgang mit der Komplexität, die der demokratischen Entscheidungsfindung eigen ist. Mit Unterstützung von künstlicher Intelligenz (KI) könnten solche Plattformen in absehbarer Zeit Realität werden. Die KI bietet die Möglichkeit, Tausende Menschen gleichzeitig an Diskussionen zu beteiligen. Mit Hilfe von KI lassen sich riesige Datenmengen unmittelbar analysieren; man hätte schnell einen Überblick über die unterschiedlichen Meinungen und Lösungsansätze. Solche Ansätze weisen auf das enorme Potenzial hin, das die Gesellschaft für die deliberative Entscheidungsfindung nutzen könnte.

Ein beliebtes Instrument der direkten Demokratie, um politische Veränderung in Gang zu setzen, darf nicht unerwähnt bleiben: die Volksinitiative. Sie hat allerdings einen Schwachpunkt. Ein Grundsatz der Initiative ist die »Einheit der Materie«, das heißt, zwischen ihren einzelnen Inhalten muss ein enger sachlicher Zusammenhang bestehen. Das hat zur Folge, dass sich Initiativen nur mit einem spezifischen Problem befassen. Tiefgreifende Reformen sind daher mit einer einzelnen Initiative kaum möglich. Gerade in politischen Bereichen mit vielen Überschneidungen wie Landwirtschaft, Ernährung und Gesundheit wirkt dieser Grundsatz einschränkend.

Für systemverändernde Reformen sind weiterreichende Schritte erforderlich, etwa ein Update der Bundesverfassung. In der Schweiz sind die Instrumente dafür vorhanden. Aufgrund des Artikels 138 der Bundesverfassung können die Bürgerinnen und Bürger Verantwortung übernehmen und notwendige Veränderungen anstoßen. Dafür genügen 100 000 Unterschriften.

Es geht darum, die bestehende Bundesverfassung zu überprüfen, zu erkennen, was weiterhin sinnvoll ist, wo Lücken bestehen und was verbessert werden muss. Auf der Grundlage der Analyse in diesem Buch können Anpassungen vorgeschlagen werden. Die Stiftung für direkte Demokratie arbeitet seit 2023 an einer Initiative für eine zeitgemäße Bundesverfassung. Die Initiative baut eine breite Bürgerinnen- und Bürgerbewegung auf, um die Demokratie weiterzuentwickeln. In einem nächsten Schritt ist eine digitale Plattform geplant, um die Arbeitsabläufe in einem Bürgerinnen- und Bürgerverfassungsrat zu testen. Wenn sich der Prototyp der Plattform bewährt, soll der Entwurf einer neuen Verfassung erarbeitet werden.

Die Neugestaltung der Demokratie für ein planetenverträgliches Zusammenleben ist angesichts der damit verbundenen Herausforderungen zweifellos ein Abenteuer. Hänggis Analyse zeigt, dass die Schweizer Verfassung dafür gute Grundlagen enthält. Jetzt braucht es mutige und vielleicht auch »krasse« Maßnahmen, wie sie von der breiten Klimaschutzbewegung gefordert werden, um die Lebensgrundlagen zu sichern und gleichzeitig die Widerstandsfähigkeit der Demokratie zu stärken.

Dank

Ein Buch entsteht nicht im stillen Kämmerlein. Als einer, der nie Recht studiert hat, sich aber anmaßt, über Recht zu schreiben, war ich neben der Literatur auf zahlreiche Gespräche mit Fachleuten angewiesen. Es war mir eine Freude, wie ich mit meinen Fragen auf Interesse stieß und wie viele Fachleute mir ihre Zeit schenkten, um meine Fragen zu beantworten.

Zuallererst danke ich Daniel Graf von der Stiftung für Direkte Demokratie und Georg Klingler von Greenpeace Schweiz, die mich veranlassten, dieses Buch zu schreiben.

Von den vielen Fachpersonen, die mir Auskunft gaben, möchte ich Heribert Rausch besonders hervorheben. Mit dem emeritierten Professor für öffentliches Recht, besonders Umweltrecht, der Universität Zürich durfte ich den Initiativtext für die Gletscher-Initiative verfassen; er war mein erster juristischer Lehrmeister. Ferner danke ich Bea Albermann, Cordelia Bähr, Thomas Bernauer, Astrid Björnsen, Dunia Brunner, Sarah Caspers, Ewald Frie, Alexandra Gavilano, Balthasar Glättli, Alain Griffel, Meret Grob, Mitina Grosz, Andreas Gutmann, Corina Heri, Cyrill Hess, Agnes Jezler, Jonas Kampuš, Helen Keller, Adrian Krebs, Raphaël Mahaim, Pascal Mahon, Nadia Mazouz, Jörg Paul Müller, Oliver Nachtwey, Bernd Nilles, Romano Paganini, Hedwig Richter, Johan Rochel, Stefan Schlegel, Tobias Schmidt, Erik Schönenberger, Irmi Seidl, Isabelle Stadelmann-Steffen, Nenad Stojanović, Matthias Weishaupt, Nesa Zimmermann und Sandra Zrinski.

Ich danke Christiane Schmidt, Patrizia Grab und Elisabeth Erler vom Rotpunktverlag dafür, dass sie mein Buch publizieren, und für die gute Zusammenarbeit.

Finanziell unterstützt haben mich Martin Seiz mit seiner Hamasil Stiftung, Greenpeace Schweiz, Martin Looser, Otmar und Angelika Bucher Waldis, Marcus Bosshard, Sebastian Bott, Annette Gigon, Alexandra Heeb, Markus Ulrich, Brigitte Wolf sowie 134 weitere Personen, die im Rahmen eines Crowdfunding über die Plattform wemakeit.ch zum Gelingen beigetragen haben.

Foto Raffael Thielmann

Marcel Hänggi, 1969 geboren, hat an der Universität Zürich Geschichte und Germanistik studiert. Er ist Journalist und Buchautor. 2016 entwickelte er die Idee einer klimapolitischen Volksinitiative, die 2019 vom Verein Klimaschutz Schweiz (VKS) unter dem Namen Gletscher-Initiative eingereicht wurde. Bis 2024 war Hänggi als wissenschaftlicher Mitarbeiter für die Initiative respektive für den Gegenvorschlag, das Klimaschutzgesetz, tätig.

2006 erhielt Hänggi den Zürcher Journalistenpreis, 2017 für sein Buch *Fortschrittsgeschichten* den Conrad-Matschoß-Preis für Technikgeschichte. 2024 verlieh ihm die Kultur- und sozialwissenschaftliche Fakultät der Universität Luzern das Ehrendoktorat.

Im Rotpunktverlag sind von ihm erschienen: *Wir Schwätzer im Treibhaus* (2008), *Ausgepowert* (2011) und *Null Öl. Null Gas. Null Kohle.* (2018).